Kristina Avenstrup
Sine Hudecek

Komm, wir spielen!

Das Spiel als pädagogische Methode

Komm, wir spielen!
Das Spiel als pädagogische Methode

Autorinnen
Kristina Avenstrup, Sine Hudecek

Übersetzung aus dem Dänischen
Katja Zöllner für Lund Languages, Köln

Gestaltung
Jeanette Frieberg, Buchgestaltung | Mediendesign, Leipzig

Lektorat
Verena Zansinger

Bildnachweis
Kristina Avenstrup, Sine Hudecek

Druckerei
LASERLINE, Berlin
Gedruckt auf chlorfrei gebleichtem Papier

Die dänische Originalausgabe erschien unter dem Titel
Kom ind i legen! Fælles legemanuskripter som pædagogisk metode
© 2016 Dafolo, Kristina Avenstrup & Sine Hudecek

Verlag
Bananenblau – Der Praxisverlag für Pädagogen
E-Mail: info@bananenblau.de
www.bananenblau.de

© Bananenblau 2019
ISBN 978-3-946829-32-4

Inhaltsverzeichnis

Vorwort

Ditte Winther-Lindqvist

Das vorliegende Buch habe ich mit großer Begeisterung gelesen. Meine Begeisterung ist in erster Linie auf die Tatsache zurückzuführen, dass das Buch von zwei fähigen Praktikerinnen verfasst wurde, die auch in der Theorie erfahren sind. Dadurch erschaffen die Autorinnen ein fantastisches Verbindungsglied zwischen Forschung und Praxis – als Vermittler zwischen beiden Teilen. Einerseits lassen sich hierdurch enge Verbindungen zwischen der Forschung zu Spielen, Entwicklung, Wohlbefinden und Aktivitäten der Kinder in der Kita schaffen. Andererseits wird die Beziehung zu den Pädagogen[1], Assistenten und Leitern, die sich der Aufgabe gegenübersehen, optimale Bedingungen für das Leben der Kinder in der Einrichtung zu gewährleisten, hergestellt. Pädagogen werden wissbegierig, sachkundig, neugierig, kritisch und realistisch zugleich die Spielanleitungen studieren und praxisnah in der Kita umsetzen. Kaum ein Gebiet ist stärker durch politische Erwartungen, internationale Vergleiche, Forderungen, Veränderungen, Zusammenlegungen, Kürzungen und Versuche externer Qualitätssicherung belastet als der Bereich der Pädagogik. Vor diesem Hintergrund ist es beeindruckend, dass so viele Pädagogen nach wie vor ihren Optimismus, ihre Freude an der Arbeit mit den Kindern und deren Familien sowie die Offenheit, etwas Neues auszuprobieren und dazuzulernen, bewahrt haben.

Mit diesem Buch und dieser Methode ist es den Autorinnen gelungen, ein theoretisches Angebot in ein konkretes pädagogisches Instrument zu verwandeln. Die Arbeit zur Erstellung gemeinsamer Spielanleitungen ist wichtig, um gute Bedingungen für das Spielen der Kinder in der Kita zu gewährleisten. Die Notwendigkeit das Spielen der Kinder zu unterstützen, wird fundiert dargestellt. Die Botschaft, die das vorliegende Buch vermitteln soll, besteht in der Achtsamkeit auf das Spielen der Kinder. Das Spielen sollte nicht für selbstverständlich gehalten werden. Ebenso sind gute Spielbedingungen in der Kita unabdingbar.

Das Spiel kommt nicht richtig in Gang

In den vergangenen Jahren habe ich von gestandenen Erziehern häufig folgende Aussage gehört: „Es scheint, als ob die Kinder keine richtigen Ideen haben, was sie machen könnten, und sie spielen nicht lange am Stück. Früher war das nicht so.“

1 Um den Lesefluss nicht zu behindern, haben wir im Fließtext meistens die männliche Form gewählt. Es dürfen sich aber immer alle Geschlechter angesprochen fühlen.

Heutzutage gibt es viele Kinder, denen es schwerfällt, intensiv in ein Fantasiespiel einzutauchen. Die Spiele sind häufig kurz und nicht besonders intensiv – gleichzeitig scheinen die Spiele inhaltlich nicht so einfallsreich zu sein, wie wir es früher wahrgenommen haben. Vielleicht ist dies kein Trend, den alle wiedererkennen, sondern der nur vereinzelnd wahrgenommen wird. Ich befürchte jedoch, dass einige Pädagogen tatsächlich erleben, dass es mehreren Kindern in ihrer Gruppe schwerfällt, gut zusammen zu spielen und ein Fantasiespiel über einen längeren Zeitraum auf eine vertiefte Art und Weise aufrechtzuerhalten.

Wie kann das sein? Wie kommt es, dass es den Kindern nicht mehr von sich aus gelingt, so vertieft, so vielfältig, so lange zu spielen, wie sie es früher getan haben? Als ich in den Jahren 2002 bis 2003 meine ersten Spielbeobachtungen machte, konnte ich sicher sein, dass die Kinder mittwochs Fantasiespiele mit Inspirationen aus der dänischen Fernsehsendung *LilleNørd* mit Jeppe und Marie spielten, die sie alle am Dienstagabend im Kinderprogramm gesehen hatten. Heute sehen die Kinder abends auch fern und spielen mit dem iPad, aber sie sehen sehr selten das Gleiche. Viele Einrichtungen werden heute auch von Kindern mit ganz unterschiedlichen Eltern und kulturellen Hintergründen besucht, was die gemeinsame Erfahrungswelt verkleinert. Möglicherweise sind die Kinder heutzutage auch die ganze Zeit durch iPad, Fernsehen usw. unterhalten, sodass sie selten die notwendige Ruhe haben, um in Spielstimmung zu kommen. Einige Kinder sind möglicherweise einfach nur ständig beschäftigt, durch zu viele Hobbys und Unternehmungen der Eltern, die sie ständig begleiten. Sehr viele Kinder leben auch in Familien mit Eltern, die viel arbeiten, und sind somit nicht so sehr in die täglichen Aktivitäten involviert.

Um in eine Stimmung zum Spielen, in der die Welt einen Als-ob-Charakter annimmt, zu kommen, sind Ruhe und Zeit unabdingbar – und wenn man dies gemeinsam tun soll, ist gemeinsames Wissen erforderlich. Ungeachtet der Ursachen stellen wir leider immer häufiger fest, dass Kinder im Alter von 4 bis 6 Jahren, die von ihrer Entwicklung und Erfahrung her in der Lage sein sollten, auf eigene Faust und aus eigener Initiative lange vertiefte und fantasievolle gemeinsame Spiele zu spielen, beim gemeinsamen Spielen ins Stocken geraten. Oder sie spielen in einer Weise, die sehr vereinfacht ist und nur ein begrenztes Handlungsrepertoire (das dann immer wieder wiederholt wird) beinhaltet. Wenn man noch nie in einer Bäckerei war, dann weiß man nicht, wie die Kuchen in der Bäckerei heißen oder wie man sich in einem Geschäft verhält. Dann wird es schwierig, ein Spiel zu spielen, bei dem man Bäcker, Angestellter und Kunde ist.

Was können wir spielen?

Im Jahr 2006 habe ich ein Buch mit dem Titel *Skal vi lege? Leg, identitet og fællesskaber i børnehaven*[2] geschrieben. Heute hätte ich es so genannt: *Was können wir spielen?* Denn dies scheint ein neues Problem zu sein, auf das Kinder stoßen, wenn sie zusammen spielen wollen. Kürzlich habe ich in einem Praxisentwicklungsprojekt in einigen Einrichtungen in der Gemeinde Lyngby-Taarbæk Spielbeobachtungen von Erziehern in Kindergärten und Krippen analysiert. Hier kamen wir zu dem Ergebnis, dass es nicht ausreichend ist, den Kindern besseren physischen Raum zum Spielen bereitzustellen – auch wenn dies sicherlich eine positive Auswirkung auf das Spielen der Kinder hätte. Es reicht auch nicht aus, das Spielen der Kinder in den Tagesroutinen und -strukturen zu berücksichtigen (die Kinder spielen zu lassen, auch wenn es gerade Obst gibt usw.). Das grundlegende Problem, auf das Kinder stoßen, wenn sie anfangen zusammen zu spielen, ist vielmehr, dass ihnen das Wissen und die gemeinsamen Erfahrungen für ein gemeinsames Spiel fehlen. Hier ist es das Vater-Mutter-Kind-Spiel, auf das sie zurückgreifen, weil es allen am vertrautesten ist. Sie haben klare Bilder davon, was eine Rolle als Mutter (an Handlungen und Worten) im Spiel beinhalten kann und welche Rolle das Baby einnimmt. Jedoch wird man beim Lesen der Spielbeobachtungen nicht gerade von Ideenreichtum und Kreativität überwältigt. Ich will die Behauptung wagen, dass es sich um eine Entwicklung handelt, die in den letzten 10 bis 15 Jahren stattgefunden hat. Was ich sehe, sind eher wiederholte Versuche, ein gemeinsames Spieluniversum zu erschaffen, die nur teilweise erfolgreich sind. Ich bin mir sicher, dass die Motivation der Kinder, zusammen zu spielen, so stark ist wie zuvor und dass es vielmehr das gemeinsame Wissen und die gemeinsamen Erfahrungen sind, die den Kindern fehlen. Ich kann das Problem des mangelnden gemeinsamen Wissens und der fehlenden Inspiration anhand eines Beispiels aus den Beobachtungen veranschaulichen, bei dem deutlich wird, dass die Kinder sehr gerne zusammen spielen wollen, aber es nicht richtig schaffen herauszufinden, wie sie es bewerkstelligen sollen.

2 deutsch: „Sollen wir spielen? Spiel, Identität und Gemeinschaft im Kindergarten“

Eine Gruppe von drei Mädchen im Alter von vier Jahren beschäftigte sich seit einiger Zeit im Gemeinschaftsraum und probierte verschiedene Dinge aus. Sie bewegten sich zwischen den verschiedenen Spielumgebungen umher und nahmen probeweise verschiedene Dinge in die Hände. Sie machten mehrere Vorschläge für verschiedene Spiele und unternahmen einige Anläufe, um sich auf etwas Gemeinsames zu einigen: „Sollen wir so tun, als ob wir Prinzessinnen wären?" ... Doch dann dauerte es nicht lange, bis ein neuer Vorschlag auftauchte und die vorherige Idee verwarf. Doch auch die neue Idee setzte sich nicht durch. „Sollen wir nicht so tun, als ob wir Pferde wären?" Ja – und dann wurden die Blicke wieder leer ...

Die leeren Blicke besagten: Wie fangen wir ein Spiel an, in dem wir Pferde sind? Was kann man als Pferd eigentlich machen? Die Kinder können in diesem Fall nicht selbst erklären, womit sie Schwierigkeiten haben. Sie erleben auch keine große Frustration oder sehen ihre Freundschaft gefährdet. Doch ihre Interaktion ist geprägt von der Verhandlung darüber, was, wer und wo etwas geschehen soll, anstatt dass sie zu einem gemeinsamen versunkenen Fantasiespiel wird. Warum passiert das nicht mehr? In Anlehnung an die Spieltheorie von Ivy Schousboe, die mich selbst inspiriert und weiterentwickelt hat, betreten die Kinder nicht die fiktive Sphäre, in der das Spiel tatsächlich gespielt wird, sondern verbleiben in der Regiesphäre, in der sie das Thema und die Rollenverteilung des Spiels aushandeln. Ich glaube, ich werde noch häufiger auf diese Problematik stoßen, sowohl beim Beobachten von Kindern als auch, wenn ich mit Erziehern darüber spreche.

Spielen, Fantasie und Kreativität müssen erlernt werden

Fantasie und Kreativität sind keine angeborenen Fähigkeiten, sondern etwas, das durch persönliche und kulturelle Erfahrungen angeeignet und erworben wird. Das Gleiche gilt für das Spielen. Es sind die Erwachsenen, die dem Säugling das Spielen beibringen, indem sie in der Interaktion mit ihm spielerisch agieren. Auch Kleinkinder und ältere Kinder werden von erfahreneren Menschen (Erwachsene oder Kinder) inspiriert und angeleitet. Wenn es also einer Kindergruppe von etwa fünf Jahren gelingt, gemeinsam zu spielen, ist dies ein Ausdruck für einen vorausgehenden langen Erfahrungs- und Lernweg. Dies zeigt sich ganz deutlich, wenn man das Spielen von Krippenkindern und Kindergartenkindern vergleicht: Sie können nicht dasselbe, und ihre Entwicklung und Erfahrung (sowohl die persönliche als auch die kulturelle) geben den Rahmen dafür vor, wie sie spielen und womit sie spielen. Wenn wir sagen, dass Kinder enorm einfallsreich sind, passt das eigentlich nicht. Teenager und Erwachsene sind viel fantasievoller, weil sie einen viel größeren Erfahrungsschatz haben, durch den sie einfallsreich sein können. Je mehr Erfahrungen man mit allen möglichen Dingen gesammelt hat, desto vielseitiger und kreativer kann man sie auf neue Weise zusammensetzen. Eine Analogie zum Komponieren von Musik kann dies veranschaulichen. Man muss zuerst sein Instrument beherrschen und lernen, bereits komponierte Melodien zu spielen, bevor man selbst neue Musik erschaffen kann. Dies bedeutet, dass man Erfahrungen mit seinem Instrument und mit den Regeln für das Spielen darauf haben muss. Krach kann jeder auf einem Instrument machen, aber das gemeinsame Spielen von Musik erfordert grundlegende Übung, Koordination, Konzentration und Reaktionsfähigkeit. Erst wenn man die Vorlage kennt, kann man damit beginnen, daraus auszubrechen, neue Formen zu erschaffen oder auf kreative Weise eine Gratwanderung zu unternehmen. Nach dieser Analogie ist es daher offensichtlich, dass Kleinkinder davon abhängig sind, dass ihre Erwachsenen sie einbeziehen, ihr Wissen mit ihnen teilen und sie in die Welt – auch in die Welt des Spielens – einführen. Und im Leben der Kita sind es gemeinsame Aktivitäten und Spielanleitungen, die die Wissensbasis bilden, auf deren Grundlage fantasievoll gespielt werden kann.

Das vorliegende Buch schlägt gute Angebote vor, wie die pädagogischen Fachkräfte den Kindern dabei helfen können, ein gemeinsames „Repertoire" zu erlangen, auf dessen Grundlage sie zusammen spielen können. Der Gedanke ist nicht, dass die Kinder angewiesen werden sollen, auf eine ganz bestimmte Weise zu spielen, sondern ihnen soll eine gemeinsame Grundlage in Form von Vorlagen gegeben werden, mit denen und auf denen aufbauend sie selbst spielen können. Bereits in der Krippe kann damit begonnen werden, gemeinsam mit den Kindern an der Einführung von Spielanleitungen zu arbeiten, sodass sie Erfahrungen damit sammeln können, was verschiedene Spielthemen beinhalten, welche Rollen man im Spiel übernehmen kann und zu welchen Handlungen die einzelnen Rollen anregen können.

Das Spielen im Fokus

Es besteht eine lange Tradition, mit der Einbeziehung der Kinder zu arbeiten und die Interessen und Wünsche der Kinder in den Aktivitäten, die in den Einrichtungen angeboten werden, zu berücksichtigen. Das bedeutet auch, dass wir den Kindern Platz, Zeit und Raum zum Spielen geben, denn was Kinder am allerliebsten wollen, ist zu spielen. Auf die Frage „Was ist das Beste am Kindergarten?" nennen die meisten Kinder das Spielen mit ihren Freunden. Wir betreiben eine Kitapraxis, die auf dem Spielen basiert und auf der Überzeugung beruht, dass genau der Altersbereich von 0 bis 6 Jahren mit Spielen, guten Freunden und guten Erziehern am wichtigsten für die Entwicklung, das Lernen und das Wohl der Kinder ist. Diese spielbasierte Praxis müssen wir schützen. Dies tun wir am besten, indem wir in der Praxis ein gutes Spielumfeld für die Kinder sicherstellen und gezielt daran arbeiten, das Spielen zu fördern. Das vorliegende Buch ist ein willkommenes Angebot für eine pädagogische Methode, mit dem Spielen der Kinder auf eine Weise zu arbeiten, die klar und dennoch flexibel auf die spezifischen Interessen der Kinder und Erzieher abgestimmt ist. Wenn wir die Aufgabe vernachlässigen, den Kindern ein gutes Spielumfeld zu bieten, befürchte ich, dass die starken politischen Kräfte, die eigentlich wollen, dass die Kinder sich mit etwas Vernünftigerem als Spielen beschäftigen, so viel Rückenwind erhalten, dass die spielbasierte Kita allmählich verschwinden wird. Wir sind schon auf dem Weg! Als ich Kind war und in den Kindergarten ging, fragten mich meine Eltern immer, wenn sie mich abholten: Was hast du heute gespielt? Heute fragen die meisten Eltern ihre Kinder: Was hast du heute gemacht? Oft mit der Erwartung, dass ihren Kindern angeboten wurde, an einer Aktivität teilzunehmen, bei der sie etwas Wichtiges lernen. Ich unterstütze spannende und lehrreiche Aktivitäten, aber nicht, wenn dies auf Kosten der Zeit und Gelegenheit für die Kinder geschieht, zu spielen. Spielen ist wichtig! Sowohl, weil die Kinder selbst es für wichtig halten, als auch, weil das Spielen die Entwicklung der Kinder (in jeglicher Hinsicht: emotional, motorisch, kognitiv, sozial, sprachlich usw.) unterstützt und fördert. Die internationale Forschung auf diesem Gebiet zeigt, dass Kinder, die in einen Kindergarten gegangen sind, in dem sie spielen durften, in der Schule genauso gut und in mancher Hinsicht sogar besser zurechtkamen (auch fachlich) als Kinder, die bereits im Vorschulalter die „Schulbank gedrückt" haben. Es ist also an der Zeit, dass das Kinderspiel (wieder) in den Mittelpunkt der erzieherischen Tätigkeit im Altersbereich von 0 bis 6 Jahren rückt. Und dies vor dem Hintergrund der Herausforderungen des modernen Lebens – wo wir es nicht (mehr) als selbstverständlich betrachten können, dass die Kinder über die notwendige gemeinsame Erfahrung verfügen, auf deren Grundlage sie spielen können.

Vielleicht besteht in dieser Hinsicht auch eine Umerziehungsaufgabe der Eltern. Wenn die Kinder heute gut gespielt haben, dann ist heute etwas Wichtiges passiert. Und jeder, der einen Einblick in die erzieherische Aufgabe hat, weiß, dass es eine schwierige pädagogische Aufgabe ist, die Kinder dabei zu unterstützen, gut zusammen zu spielen. Das vorliegende Buch ist ein Ausgangspunkt mit Anregungen und konkreten Vorschlägen zur Stärkung des Spielumfelds in der Kita. Davon werden alle sehr profitieren!

Vielen Dank an die Autorinnen für die Entwicklung einer Methode, die jeder anwenden kann – und zwar so anwenden, dass sie genau zu ihnen und ihrer Kindergruppe passt.

Viel Spaß beim Start ins Spielen!

Ditte Winther-Lindqvist ist Dozentin für Entwicklungspsychologie am Dänischen Institut für Pädagogik und Ausbildung (DPU) der Universität Aarhus. Ihre Untersuchungen belegen die kindliche Entwicklung von Identität und Vorstellungskraft durch das Spielen in der Kita, mit dem Schwerpunkt auf dem sozialen, physischen und pädagogischen Spielumfeld.

Vorwort der Autorinnen

Komm, wir spielen! führt die neue pädagogische Methode der gemeinsamen Spielanleitungen ein, die die Spielgemeinschaft in der Kita fördert.

Das Buch ist ein praxisorientiertes Handbuch, das sich an Erzieher, Pädagogikstudenten, pädagogische Leiter und Berater sowie an andere Personen richtet, die sich für das Spielen von Kindern und die Qualität der Tagesbetreuung interessieren.

Dieses Werk ist in einer Zeit entstanden, in der die Kitapädagogik am Scheideweg stand. Die Schulreform von 2014 (Dänemark), in der mit einem neuen Ansatz für die pädagogischen und Unterrichtstraditionen experimentiert wird, steckt noch in den Kinderschuhen, und es wird diskutiert, ob auch die Notwendigkeit für eine Reform im Bereich der Kitas besteht. Einige der Themen, die Politiker derzeit im Zusammenhang mit dem zukünftigen Angebot an Kitas beschäftigen, sind Wohlbefinden, Lernen, Sprache und soziale Mobilität. Unter den führenden Theoretikern des Landes wird darüber diskutiert, in welchem Verhältnis Spielen und Lernen steht und welche Formen des Lernens den Kindern und der Gesellschaft langfristig am besten dienen werden. Diese Veränderungen und Umbrüche stellen höhere Anforderungen an die pädagogische Professionalität. In pädagogischen Fachkreisen wird u. a. über die Herausforderungen gesprochen, die besondere pädagogische Expertise zu dokumentieren und sichtbar zu machen, das vielseitige spielerische Lernen messbar zu machen und die (unterschiedlichen) Voraussetzungen und Initiativen der Kinder durch professionelle Improvisation anzunehmen. Dieses Buch wurde konzipiert, um diesen Herausforderungen zu begegnen.

Die Methode der gemeinsamen Spielanleitungen wurde auf Grundlage der aktuelleren Spielforschung entwickelt und vor dem Hintergrund der Praxiserfahrungen der Erzieher, die gezeigt haben, dass die guten Spiele nicht immer von selbst zustande kommen. Die Inspiration für die Entwicklung der Methode stammt hauptsächlich von Ditte Winther-Lindqvist, deren Forschung zum Kinderspiel wir sehr viel verdanken. Die Erzieher in den Kinderhäusern *Kokkedal* und die Erzieherin Bente Marianne Jacobsen im Kinderhaus *Ålsgårde* in der Gemeinde Helsingør haben dazu beigetragen, indem sie verschiedene Versionen der Methode ausprobiert und großzügigerweise ihre Erfahrungen dabei geteilt haben. Die Pädagogin Ulla Helweg Nissen hat auf Grundlage ihrer großen Praxiserfahrung einen Beitrag zur Entwicklung der gemeinsamen Spielanleitungen, die im Spieleverzeichnis des Buches vorgestellt werden, geleistet. Die einleitenden Überlegungen, allen Kindern in der Kita Wissen über ein ge gemeinsame Fantasiespiele zu vermitteln, entstanden unter dem Einfluss der integrierten Einrichtung *Ydre Nørrebro* in Kopenhagen, die sich damals unter der Leitung von May-Britt Andersen und Jacob Graack befand, die von Ditte Winther-Lindqvist besucht worden ist.

Wir hoffen, dass das Buch und die disziplinübergreifende Methode dazu beitragen, ein gemeinsames Verständnis von Spielen und Lernen als gegenseitige Voraussetzung zu entwickeln und das Interesse für Kinderspiel als Lebens- und Lernraum wieder stärker in den Blick zu rücken. Der Einstieg in das Spielen bedeutet für die Kinder, dass sie in die Gemeinschaft und in eine Welt voller Erfahrungs- und Lernmöglichkeiten hineintreten. Professionell in das Spielen einzusteigen heißt für die Erzieher, durch die Rückeroberung einer pädagogischen Trumpfkarte in den Kampf um die Existenzberechtigung des Erzieherberufs einzutreten. *Komm, wir spielen!* kann als Beitrag dazu gesehen werden, für die Umwelt sichtbar zu machen, auf wie vielen Saiten die pädagogische Fachtradition spielen kann!

Kristina Avenstrup und Sine Hudecek
August 2016

Einleitung

Das Schaffen guter Bedingungen für das gemeinsame Spielen von Kindern ist aus unserer Sicht das Kernstück der pädagogischen Arbeit. Wenn Kinder ein gemeinsames Spiel mit anderen Kindern beginnen, betreten sie dabei eine Welt voller Möglichkeiten. Beim Spielen agieren sie auf eine Art und Weise, die Teil ihrer anhaltenden Eroberung der Welt bildet. Mit diesem Buch wird das Spielen als pädagogischer Schwerpunktbereich in den Mittelpunkt gestellt. Es ist allgemein anerkannt, dass gemeinsame Fantasiespiele ein zentraler Lern- und Erlebnisraum der Kindheit sind. Die Interaktionsformen und -fähigkeiten, die Kinder im gemeinsamen Fantasiespiel anwenden, sind recht umfangreich. Die Spielkompetenzen sind in vielerlei Hinsicht eng mit dem allgemeinen Wohlbefinden, der Entwicklung und dem Lernen der Kinder verknüpft – sowohl in der Kita als auch in der Schule und im späteren Leben. Die Teilnahme am Spielen mit anderen Kindern trägt entscheidend zur Vorbereitung des Kindes auf das moderne Leben bei (Ellegaard 2014). Daher gibt es allen Grund, sich für eine Stärkung des Spielens einzusetzen.

In diesem Buch stellen wir die Methode der gemeinsamen Spielanleitungen vor, deren Ziel darin besteht, das gemeinsame Fantasiespiel der Kinder zu stärken. Die Methode wurde entwickelt, um die Möglichkeit eines jeden Kindes zu unterstützen, Erfahrungen als wichtiger Akteur im Fantasiespiel mit anderen Kindern zu sammeln. Wir konzentrieren uns in erster Linie auf die Arbeit mit den gemeinsamen Spielanleitungen in der Krippe und im Kindergarten. Wir empfehlen dringend, die Methode bereits in der Krippe anzuwenden. Je früher Kinder gute Voraussetzungen für und Erfahrungen mit der Teilnahme an gemeinsamen Fantasiespielen haben, desto größer ist der positive Effekt (Sommer 2015). Die Methode kann mit einfachen Anpassungen auch in Freizeiteinrichtungen und Schulen angewendet werden. Die Spielaktivitäten auf Grundlage der gemeinsamen Spielanleitungen können als intensive Aktivitäten mit kleineren Gruppen von Kindern und als offene Aktivitäten, z. B. auf dem Spielplatz während der Mittagsstunde oder am Nachmittag, wenn mehrere Gruppen zusammengelegt werden, organisiert werden.

Die Entwicklung der Methode ist insbesondere von der Forschung der Kindheitsforscherin Ditte Winther-Lindqvist zum Spielverhalten von Kindergartenkindern inspiriert. Winther-Lindqvist hat u. a. untersucht, was eine gezielte pädagogische Planung der Rahmenbedingungen für das Spielen bedeutet. Sie weist darauf hin, dass die Organisation, zusammen mit dem Eingreifen des Erziehers in das Spiel, sowohl kurz- als auch langfristig einen signifikanten positiven Einfluss auf die Teilnahmemöglichkeiten, das Wohlbefinden und die vielseitige Entwicklung der Kinder haben kann (Winther-Lindqvist 2006; 2010a). Ähnliche Ergebnisse, die zeigen, dass eine „moderate Anleitung und Teilnahme durch Erwachsene, die auf dem Kind im Mittelpunkt basieren, von großer Bedeutung sind“, werden in der umfangreichen internationalen Forschung sichtbar (Sommer 2015, S. 68).

Gemeinsame Spielanleitungen basieren auf der pädagogischen Tradition des ganzheitlichen Denkens und eines soziokulturellen Lernverständnisses. Das bedeutet, Lernen wird sowohl in Hinsicht auf die Entwicklung als auch akademisch als Erwerb spezifischer Spielkompetenzen und als Identitätsbildung verstanden. Die Methode weist den Erwachsenen durch Aufmerksamkeit, das Setzen von Rahmenbedingungen, Einbeziehung und Beteiligung eine zentrale Funktion in Bezug auf die Schaffung der besten Bedingungen für das Spielen der Kinder zu. Zunächst erläutern wir die Hintergründe dafür, warum es wichtig war, eine Methode zur Stärkung des Spielens zu entwickeln.

Gutes Spielen erfordert Input

Unter Forschern besteht ein breiter Konsens darüber, dass gemeinsame gelungene Fantasiespiele der Kinder überaus wertvoll sind, sowohl in Bezug auf das Wohlbefinden als auch auf das Lernen. Es besteht jedoch Uneinigkeit darüber, wie zu definieren ist, was Spielen überhaupt ist. Spielen wird typischerweise durch innere Motivation, Ausrichtung auf den Prozess, Handlungsorientierung, das Tun-als-ob, das Fehlen äußerer Regeln und aktiv beteiligte Teilnehmer charakterisiert (Andersen und Kampmann 2002). Mit der Wahrnehmung des Spielens als eine primär positive Aktivitätsform riskiert man, die Komplexität zu übersehen, die das Spielen tatsächlich in sich birgt. Das Spielen bietet nicht automatisch gute Erfahrungen für die Kinder: „Kinder können sich durch das Spielen aneinander annähern und sich gegenseitig wegstoßen. Durch das gemeinsame Spielen der Kinder kann sich der soziale Kontext sowohl in eine Richtung entwickeln, die wünschenswert und erfreulich für die Kinder ist, als auch in eine Richtung, die problematisch ist.“ (Winther-Lindqvist 2013, S. 161). Es ist ein weit verbreitetes Missverständnis, dass die kindliche Fähigkeit zum Fantasieren und zum gemeinsamen Eintauchen in Fantasiewelten mit anderen Kindern von selbst entsteht. Nicht alle Kinder wissen, wie man spielt, und einige brauchen möglicherweise die Unterstützung von Erwachsenen, um es zu lernen (Lohmander und Samuelsson 2014; Winther-Lindqvist 2015). Für viele Kinder ist Fantasieren eine Fähigkeit, die durch Interaktion mit Erwachsenen oder erfahreneren Spielkameraden entwickelt und erlernt werden muss. Außerdem haben nicht alle Kinder die gleichen Möglichkeiten auszuwählen, mit wem sie spielen möchten, was sie spielen könnten, welchen Raum oder welche Rolle sie im gemeinsamen Spiel einnehmen können, wann sie sich an einem Spiel beteiligen können oder wie sich das Spiel entwickelt (Winther-Lindqvist 2010a; 2007). Das Spielen kann zu schlechten Erfahrungen führen, es kann ausschließen, Machtpositionen einfrieren und Kinder von Entwicklungs- und Lernmöglichkeiten abschneiden. Daher ist es eine falsche Annahme, dass das gute, lustige und freiwillige Spielen für den Menschen selbstverständlich ist. Diese romantische Annahme ist leider immer noch vorherrschend (Andersen und Kampmann 2002).

Das Spielen reflektiert die Beziehungen, die die Kinder bereits vorher untereinander hatten, und gleichzeitig setzt es die Rahmenbedingungen für diese Beziehungen. Das Spiel wirkt sich auf die Beziehungen aus, sowohl wenn die Kinder am Spiel teilnehmen, als auch dann, wenn sie nicht spielen und wenn sie vom Spiel ausgeschlossen sind. Das Spielen ist somit ein zentraler Bestandteil des Alltags der Kinder in der Kita. Es kann dazu beitragen, die Beziehungen der Kinder zueinander zu verschieben: „Das Spielen enthält besondere Potenziale als verändernde Kraft in der Gemeinschaft der Kindergruppe, weil die Kinder hier sowohl durch eine reale als auch eine symbolische Identität agieren." (Winther-Lindqvist 2013, S. 160). Die Spielmöglichkeiten bilden somit eine wesentliche Voraussetzung für das Wohlbefinden, die Entwicklung und das Lernen der Kindergruppe und des einzelnen Kindes. Der Status des Spielens als wichtige Tätigkeit wird durch die Tatsache unterstrichen, dass das Spielen in der UN-Kinderrechtskonvention als Recht aufgeführt wird. Kinder haben also ein Recht auf Spielen (UNICEF 2015).

Ein Spiel entsteht aus dem, womit die Kinder zu tun haben, z. B. verfügbare Spielmaterialien, Normen für soziale Interaktion und gemeinsame kulturelle Narrative. Das Spielen wird durch die Voraussetzungen, die dafür gegeben werden, geformt und geschaffen (Winther-Lindqvist in der Presse). Gleichzeitig trägt das Spielen dazu bei, die Kinder zu formen, unabhängig davon, ob sie am Spiel beteiligt sind oder nur zusehen. Wie alle anderen Formen der menschlichen Interaktion muss das Spielen gepflegt und kultiviert werden, um sich angemessen entfalten und entwickeln zu können. Der Schwerpunkt dieses Buches liegt auf der Arbeit zur Entwicklung der Spielkultur und zur Unterstützung der Spielkompetenzen von Kindern.

Das Ideal des freien Spielens

Studien zeigen, dass sich nur 45 Prozent der Erzieher und Assistenten in Kitas im Laufe eines Arbeitstages am Spielen der Kinder beteiligen. Dies ist u. a. auf die weit verbreitete Ansicht zurückzuführen, dass die Erwachsenen das Spielen der Kinder stören, wenn sie daran teilnehmen (Fahnøe 2014). In dänischen Kitas wird es weitgehend als Ideal angesehen, dass das Spielen frei von der Beobachtung und Intervention durch Erwachsene sein sollte (Broström 2002).

„Ein häusliches Dogma lobpreist [...] die Annahme, dass freies Spielen ohne die Beteiligung von Erwachsenen der Königsweg zum Lernen und zur Entwicklung ist. Doch hier zeigen Belege, dass eine moderate, auf das Kind bezogene Beteiligung von Erwachsenen (basierend auf ‚dem ganzen Kind' und ‚spielerischem Lernen') in größerem Maße zum nachhaltigen Lernen von Kleinkindern beiträgt." (Sommer 2015, S. 77).

Eine historische Erklärung dafür, wie die Vorstellung des freien, lustvollen Spielens entstanden ist, ist die Vorstellung von Spielen als das Gegenteil von Arbeit. Wo die Arbeit in den Industrieländern traditionell mit Zwang in Verbindung gebracht wurde, war das Spielen mit dem Gegenteil verbunden, nämlich mit Freiheit und Befreiung (Andersen und Kampmann 2002). Der Gedanke, dass das Spielen frei sein kann, wird auch durch ein Entwicklungsverständnis genährt, das das Individuum als alleinstehend und in seiner Grundsubstanz potenziell frei und Entwicklung als innere Kraft des Individuums betrachtet. Mit diesem Entwicklungsverständnis kann die Bedeutung des Kontextes für das Verhalten von Kindern leicht übersehen werden (Søndergaard 2006). Die psychoanalytische Theorie zum Spielen als die Art und Weise des Kindes, konfliktreiche Erlebnisse auszuleben, hat zu einer Auffassung des Spielens als heilig beigetragen. Dies hat zu einer passiven Rolle bei vielen Erziehern geführt, die sich jeglicher Form von Beteiligung verweigerten, aus Angst, das Spiel zu zerstören. Das Ideal des freien Spielens wurde auch mit einer Kritik an der „spieleingreifenden Pädagogik" in ehemaligen sowjetischen und ostdeutschen Kindergärten in Verbindung gebracht, in denen man Kindern beibringen wollte, auf eine bestimmte Weise zu spielen (Åm 1984).

Doch das selbstorganisierte Spielen von Kindern findet nicht in einem freien Raum statt. Das Spielen ist immer abhängig von der Kultur, in der es sich entfaltet. Auch bei Abwesenheit der Erwachsenen beeinflussen die Normen und Rahmenbedingungen der Einrichtung das Spiel. Wie sich die soziale Interaktion der Kinder im Spiel entfaltet, hängt u. a. von den Möglichkeiten zum Spielen ab, die die Einrichtung bietet. Diese schließen die physischen Bedingungen und die Ansichten der Erwachsenen über das Spielen sowie die Frage, ob und wie die Erwachsenen am Spielen der Kinder teilnehmen, ein (Winther-Lindqvist in der Presse). Die Herausforderung besteht also darin, dass sehr alte Denkweisen die Erzieher daran hindern können, die Rolle der Erwachsenen weiterzuentwickeln, um die Anerkennung der Erwachsenen, die die sich am Spielen beteiligen, zu verbessern (Åm 1984).

Viele Kinder schaffen vieles aus eigenem Antrieb. Die Kinder wachsen an den Herausforderungen, denen sie sich stellen und für die es ihnen gelingt, Lösungen zu finden. Zu Recht hat daher das selbstorganisierte Spielen von Kindern als wichtiger Erlebnis- und Lernraum einen hohen Stellenwert. Wenn sich die Erwachsenen im Hintergrund halten, kann man manchmal beobachten, dass die

Kinder selbst kreative Lösungen für Herausforderungen oder Konflikte finden, auf die die Erwachsenen niemals gekommen wären. Dies verschafft (einigen) Kindern die Erfahrung, kompetent zu sein, und sie entwickeln Vertrauen in ihre eigenen Fähigkeiten und die der anderen Kinder. Spielen ohne die Beteiligung von Erwachsenen erfordert möglicherweise weitaus mehr Fähigkeiten als das Spielen zusammen mit Erwachsenen (Ellegaard 2014). Das Lernpotenzial vom Spielen ohne die Beteiligung von Erwachsenen unterscheidet sich daher vom Spielen zusammen mit Erwachsenen Die Erwachsenen müssen daher Raum für die Selbstorganisation der Kinder schaffen, damit für die Kinder die Rahmenbedingungen für eine eigene Erfahrungsbildung geschaffen wird. Doch nicht alles, was Kinder alleine zusammen tun, ist gutes Spielen (Winther-Lindqvist 2015). Die Machtverhältnisse unter den Kindern führen dazu, dass einige Kinder in den Spielbeziehungen deutlich mehr Freiheit genießen als andere. Hinzu kommt, dass die Spiele in manchen Kindergruppen sehr einförmig sind. Dort werden möglicherweise nur ein paar wenige gemeinsame Spiele gespielt, von denen sehr viele durch Routinen geprägt sind und nach festen Regeln ablaufen. Daher können die Rollen und Spielpositionen, zu denen die Kinder beim Spielen Zugang haben, sehr eingeschränkt sein (Andersen und Kampmann 2002; Winther-Lindqvist 2007).[3]

Eine Pädagogik, die den Kindern in dem, was sie tun möchten, eine (zu) große Freiheit einräumt, kann von einigen Kindern so empfunden werden, als gäbe es niemanden, der sich für sie interessiert (Mehlsen 2013). Das Ideal des freien Spielens spielt u. a. eine Rolle, wenn die pädagogische Planung, z. B. zur Gruppenzusammensetzung, ausschließlich auf der Eigeninitiative der Kinder und den bestehenden Spielbeziehungen beruht (Olesen u. a. 2008). Dies kann dazu führen, dass die Tatsache übersehen wird, dass die Kinder davon profitieren könnten, andere Spielbeziehungen einzugehen als diejenigen, die sie selbst geschaffen haben. Pädagogische Qualität im Spiel wird daher nicht nur dadurch erreicht, dass Kinder frei von Interventionen der Erwachsenen sind oder dass Erzieher die eigenen Entscheidungen der Kinder berücksichtigen. Es sollte ein Gleichgewicht bestehen zwischen dem, was die Erwachsenen anbieten, und dem, was darüber hinausgeht und das erweitert, was sich die Kinder selbst ausdenken und auf die Beine stellen. Und es sollte auf einer fachlichen Einschätzung beruhen, wann, wie oft und wie die Erwachsenen in das Spielen eingreifen. Als Ausgangspunkt können wir sagen, dass von Erwachsenen angeleitete Spiele einen anderen Charakter haben als selbstorganisierte Spiele von Kindern. Spiele, die von Kindern selbst initiiert und gesteuert werden, haben keinen definierten Zweck und entwickeln sich

3 Die Begriffe *Spielrollen* und *Spielpositionen* werden in einem eigenen Abschnitt in Kapitel 1 erläutert.

daher unter ganz anderen Prämissen als Spiele mit der Beteiligung eines Erwachsenen. Von Erwachsenen angeleitete Spielaktivitäten können genutzt werden um die Voraussetzungen der Kinder für den Einstieg in das selbstorganisierte Spielen zu stärken. Der Erwachsene kann inspirieren, anleiten und einfache und erkennbare Rahmenbedingungen schaffen, die den Kindern dabei helfen, ohne die Beteiligung von Erwachsenen selbstständig und selbstorganisiert gemeinsam mit anderen Kindern zu spielen. Vor allem kann der Erzieher durch die Teilnahme am Spiel Exklusion in der sozialen Interaktion innerhalb der Kindergruppe entgegenwirken. Es ist wichtig, Raum für beide Formen des Spielens und des sozialen Umgangs miteinander zu schaffen, doch der Erzieher trägt immer die Verantwortung dafür, die richtigen Rahmenbedingungen für das Spielen zu schaffen, unabhängig davon, um welche Form des Spielens es sich handelt. Der Erwachsene hat die Aufgabe und die Verantwortung, sich in das Spiel einzubringen und es dadurch zu bereichern. Die pädagogische Frage lautet, auf welche Weise und in welchem Ausmaß man sich im jeweiligen Kontext einbringen soll – und nicht, ob man sich beteiligen sollte oder nicht. Es geht darum, Voraussetzungen dafür zu schaffen, dass die Kinder positive und bereichernde Spielerfahrungen miteinander machen. Deshalb schaffen wir das Ideal des freien Spielens ab und führen stattdessen das Ideal des Wechsels zwischen dem von Erwachsenen angeleiteten Spielen und dem selbstorganisierten Spielen der Kinder mit der Möglichkeit zur Unterstützung durch einen Erwachsenen ein.

Perlenladen

Eine Gruppe von Kindern und eine Erzieherin sitzen an einem Tisch und basteln mit Bügelperlen. Ein Kind, Anton, geht um den Tisch herum und versucht Kontakt mit den anderen Kindern aufzunehmen, indem es ihnen u. a. vorschreibt, wie viele Perlenplatten sie basteln dürfen. Die Kinder reagieren genervt und abweisend. Als Anton zwei Kindern sagt, dass ihnen noch viele Perlen fehlen, greift die Erzieherin ein: „Anton, ich könnte gut deine Hilfe gebrauchen, mir fehlen noch viele grüne Perlen." Anton kommt zu ihr und sammelt schnell die ein paar grüne Perlen zusammen. Die Erzieherin verstellt ihre Stimme und tut so, als sei sie eine feine Dame: „Ich würde gerne zehn rote Perlen kaufen – haben Sie welche in Ihrem Perlenladen?" Anton lächelt und sagt: „Einen Moment!" Kurz darauf reicht er der Erzieherin zehn rote Perlen, und die feine Dame sagt: „Vielen Dank, was kosten die Perlen?" Einige der anderen Kinder folgen dem Spiel interessiert. Die Erzieherin verkündet: „Antons Perlenladen ist geöffnet – hier bekommen Sie alle Farben, die Sie noch brauchen!" Dann fragt sie ein Kind, das Anton skeptisch ansieht: „Möchtest du ein paar blaue Perlen kaufen, die brauchst du doch noch?" Das Kind antwortet: „Ja, danke, ich zähle mal nach." Das Kind dreht sich zu Anton, der stolz darauf wartet, die erste Anfrage zu erhalten: „Ich hätte gerne zwölf blaue und neun weiße Perlen." Anton führt die Anfrage schnell aus und nimmt rasch die nächste Anfrage eines anderen Kunden entgegen. Kurze Zeit später fragen neue Kunden nach Perlen, und man hört Anton immer wieder laut sagen: „Der Nächste bitte!"[2]

In diesem Buch geht es hauptsächlich darum, wie Erwachsene zusammen mit den Kindern Spielaktivitäten auf Grundlage der gemeinsamen Spielanleitungen planen, umsetzen und sich daran beteiligen können. In dem Beispiel mit dem Perlenladen nutzt die Erzieherin spontan eine Spielanleitung für ein Ladenspiel. Das funktioniert, weil alle Kinder die Spielanleitung kennen und annehmen. Durch die Anwendung gemeinsamer Spielanleitungen und der dazugehörigen pädagogischen Werkzeuge wird der Blick der Pädagogen dafür geschärft, was im Spiel vor sich geht und was für ein Erlebnis die Kinder dabei haben. Ein wichtiger Nebeneffekt dieser Methode ist daher, dass sie die Fähigkeit der Erzieher zu professioneller Improvisation und zur Unterstützung des selbstorganisierten Spielens der Kinder weiterentwickelt.

Voraussetzungen für das Spiel

Für manche Kinder scheinen sich die guten Spiele von selbst zu entwickeln. In anderen Zusammenhängen fällt es den Erziehern schwer, die Spielgemeinschaften zum Funktionieren zu bringen. Die Möglichkeiten der Kinder, am Spielen teilzunehmen, hängen u. a. vom Alter der Kinder, ihren Freundschaftsbeziehungen, ihrem Wissen, ihren Erfahrungen, Fähigkeiten und Interessen ab. Kinder haben außerdem je nach sozialer Zugehörigkeit unterschiedliche Voraussetzungen für den Zugang zum Spielen, z. B. in Bezug auf sozioökonomischen Status, Geschlecht, Alter, ethnische Zugehörigkeit, Aussehen und körperliche Leistungsfähigkeit. Ob das Spielen funktioniert, hängt auch stark davon ab, was für Möglichkeiten die Kinder haben, sich im Spiel zu begegnen und Gemeinsamkeiten zu

4 Das Beispiel wurde frei wiedergegeben nach Vogt und Ryel 2014, S. 41–42.

finden. Winther-Lindqvist weist darauf hin, dass den Kindern heute häufig eine gemeinsame kulturelle Grundlage fehlt, um sich beim Spielen zu treffen. Die Kinder kommen mit sehr unterschiedlichen kulturellen und sozialen Hintergründen in die Kita. In den Einrichtungen werden die Kinder häufig nach Alter unterteilt, und in den lokalen Milieus außerhalb der Einrichtungen besteht nicht unbedingt die Tradition, dass Kinder über Altersgrenzen hinweg miteinander spielen. Es ist daher nicht mehr selbstverständlich, dass Spiele wie früher von den älteren Kindern an die jüngeren weitergegeben werden. Vor diesem Hintergrund drückt Winther-Lindqvist ihre Besorgnis darüber aus, dass Kinder heute in geringerem Maße als früher in die Vorstellungswelt eintauchen (2006; 2015).

Wir sehen heute, dass die Inspiration der Kinder für Fantasiespiele hauptsächlich aus Zeichentrickfilmen, Spielen und dem, was sie sonst noch über die digitalen Medien erfahren, stammt. Die Auswahl an Büchern, Spielzeug, Filmen und Liedern ist so groß, dass den Kindern nicht unbedingt die gleichen Geschichten und Charaktere präsentiert werden. Viele Kinder verbringen auch jede Woche viele Stunden vor dem Bildschirm, was dazu führt, dass sie nur noch wenig Zeit mit Fantasiespielen verbringen. Es kann ein Problem sein, dass die Kinder nicht ausreichend gemeinsame Erfahrungen besitzen, auf die sie zurückgreifen können (Åm 1984). Es ist schwierig, an einem Spiel zusammenzuarbeiten und sich füreinander als Spielkameraden interessant zu machen, wenn man nicht die gleichen kulturellen Narrative und Charaktere kennt. Obwohl die Kinder möglicherweise viele gute Ideen für Spiele haben, kann es ihnen schwerfallen, den Ideen der anderen zu folgen, wie Winther-Lindqvist im Vorwort dieses Buches beschreibt. Stattdessen verfangen sie sich in endlosen Verhandlungen darüber, worum es im Spiel gehen soll und wie es gespielt werden soll. Kinder können keine imaginären Welten erleben, wenn sie nicht auf die eine oder andere Weise Erfahrungen mit ihnen gemacht haben: „Damit man so tun kann als ob, muss man eine Vorstellung davon haben, was man darstellen will." (Winther-Lindqvist 2004, S. 25). In vielen Kitas ist die Anzahl der Spiele, die allen Kindern in der Kindergruppe bekannt sind, begrenzt. In manchen Einrichtungen fehlt es Teilen der Kindergruppe an grundlegenden Kenntnissen der Narrative, auf deren Grundlage beliebte Spiele in anderen Teilen der Kindergruppe aufbauen.

Eine konkrete Herausforderung für die Kinder besteht darin, wie man Zugang zu einem bereits laufenden Spiel erhält. Dies erfordert, dass man das Spiel lesen und sich mit passenden Erwiderungen oder Handlungen einbringen kann, die dem Spiel etwas Neues hinzufügen. Gleichzeitig sollten sie für die anderen Teilnehmer in Bezug auf das Thema, die Rollen und das zugrunde liegende Schema des Spiels erkennbar sein. Dies bedeutet, dass das Kind die Spielanleitung kennen und beherrschen muss, um eine Verbindung zum Spiel herstellen zu können.

Bei den Voraussetzungen für das Spielen geht es also um den Zugang der Kinder zu Spielerfahrungen und darum, wie die Spielkultur in der Kita den Kindern eine gemeinsame kulturelle Grundlage für das Erproben und die Entwicklung der Spielkompetenzen bietet.

Ditte Winther-Lindqvist hat auf einer Konferenz zu Kleinkindern an der Universität Aarhus den folgenden Aufruf geäußert: „Vielleicht ist es eine bevorstehende pädagogische Aufgabe, diese gemeinsame Grundlage in den Einrichtungen zu schaffen." Der Ball, den Winther-Lindqvist damit den Pädagogen zuspielt, ist die Entwicklung der Methode der gemeinsamen Spielanleitungen und der Versuch einzugreifen.

Wir haben nun skizziert, welche pädagogischen Herausforderungen die Methode der gemeinsamen Spielanleitungen angehen soll. Bevor wir die Methode selbst einführen, werden wir erklären, wie wir die kulturellen Grundlagen für das Spielen verstehen und warum wir die Spielkultur als einen wichtigen pädagogischen Schwerpunkt betrachten.

Spielkultur als pädagogischer Schwerpunkt

Es ist die Aufgabe der Kita, den Kindern einen Zugang zu den konkreten kulturellen Normen und Praktiken zu vermitteln, damit die Kinder an ihnen teilhaben können. Auf diese Weise erhalten die Kinder die Möglichkeit, sich als Mitmenschen und vollwertige Mitglieder der gemeinsamen Kultur, die sie gleichzeitig mit erschaffen, zu entwickeln (Hviid 2004). Wie werden uns hier auf denjenigen Teil der Kultur konzentrieren, der die Normen und Praktiken im Zusammenhang mit dem Spielen und mit Spielgemeinschaften in der Kita betrifft. Wir bezeichnen sie im Folgenden als Spielkultur.

In Kindergruppen werden bestimmte Normen angewendet, wie z. B. ein Spiel begonnen wird oder wie man Zugang zu einem bereits laufenden Spiel erhält. Diese Normen machen einen Teil der Spielkultur in der Einrichtung aus. Oft gibt es die Regel, dass man zuerst fragen muss, ob man mitmachen darf. Spielnormen können auch festlegen, wie sich Spielgruppen abgrenzen, um das Spiel zu schützen, wenn es bereits in Gang ist. In der Spielkultur werden sowohl Strategien dafür entwickelt, wie ein Kind die Erlaubnis erhält, in der Spielgruppe von anderen mitzuwirken, als auch, wie andere Kinder aus der Spielgruppe herausgehalten werden können (Winther-Lindqvist 2006). Typischerweise kennen ältere Kinder diese Normen besser als die jüngeren. Diese Art von Normen sind zum Teil etwas, das bereits existiert und gelernt werden muss, und zum Teil etwas, das sich in kontinuierlicher Entwicklung befindet. Andere Normen kommen in den Formen der sozialen Interaktion bezüglich derjenigen Kinder, die mehr Hilfe benötigen als andere, zum Tragen. Die Normen können mehr oder weniger Einbeziehung und „Natürlichkeit“ in Bezug darauf vorsehen, dass es Unterschiede zwischen den gibt, womit die Kinder alleine zurechtkommen (Fisker 2012). So wie die Normen als bestimmte *Formen der sozialen Interaktion* zum Ausdruck kommen, tragen auch die Formen der sozialen Interaktion dazu bei, die Normen zu erschaffen. Wenn sich die Formen der sozialen Interaktion verändern, ändern sich auch die Normen. Hierin liegt ein pädagogischer Handlungsspielraum.

Die Kinder sind Mitgestalter der Spielkultur. Sie drücken die Normen aus oder verändern sie, u. a. durch ihre Art und Weise, den Inhalt der Spiele neu zu erfinden, oder indem sie Regeln und Normen aushandeln und interpretieren. Durch Einsicht in die Spielstandards in einer Kindergruppe können Erzieher Spielaktivitäten planen, die die Kenntnisse aller Kinder über die Normen unterstützen oder der Kindergruppe andere Normen beibringen.

Wie bereits erwähnt, wird die Interaktion von Kindern beim Spielen häufig ganz selbstverständlich mit der Fähigkeit der Kinder zum Einfallsreichtum und zum Spielerischen in Verbindung gebracht. Doch die Spielkultur besteht auch zu einem großen Teil aus Normen und Rahmenbedingungen, auf die die Erwachsenen im Umfeld der Kinder einen großen Einfluss haben. Die Normen dafür, wie offen Kinder dafür sind, andere in ein laufendes Spiel einzubeziehen, werden z. B. stark von den Möglichkeiten bestimmt, in das Spiel einzutauchen und ungestört zu spielen. Häufige Unterbrechungen führen zu häufigeren Ablehnungen, weil die Kinder ein großes Bedürfnis haben, das Spiel abzuschirmen und zu beschützen (Winther-Lindqvist 2014). Normen werden durch die Erwartungen der Erwachsenen an die Fähigkeit der Kinder zur Selbsthilfe ausgedrückt, z. B. in Bezug darauf, wann es in Ordnung ist, um Hilfe zu bitten. Und Normen werden ausgedrückt durch die Erwartungen an die Einbeziehung der Kinder untereinander und daran, wie Mädchen und Jungen oder jüngere und ältere Kinder miteinander umgehen. Die Formen der sozialen Interaktion unter den Kindern wirken außerdem zusammen mit dem Leben der Kinder außerhalb der Einrichtung, z. B. mit den Beziehungen der Kinder Zuhause und mit dem sozioökonomischen Hintergrund (Winther-Lindqvist 2013). Die Normen für die Formen der sozialen Interaktion spiegeln sich auch in der Inneneinrichtung, der Auswahl und Platzierung von Spielzeug und der Art und Weise wider, wie in der Einrichtung über Spielzeug und die Spielbereiche gesprochen wird. Diese Umstände können als *Spielumgebung* bezeichnet werden. Die Normen werden somit von den Personen geschaffen, die in der Einrichtung tätig sind, und können daher von Einrichtung zu Einrichtung sehr unterschiedlich sein.

Letztendlich besteht die Spielkultur aus der gemeinsamen kulturellen Basis, zu der die Kindergruppe in Form von *kulturellen Narrativen* Zugang hat. Die kulturellen Narrative entstammen alltäglichen Themen wie dem Familienleben,

Einkaufstouren, der Freizeitgestaltung und Erlebnissen mit Tieren und Natur. Sie beruhen auch auf Geschichten und Charakteren aus der Kinderliteratur, Märchen, Filmen und Fernsehsendungen sowie auf den Spielen, die Kinder miteinander und mit den Erwachsenen spielen.

In der Fortführung des Ideals des freien Spielens herrscht die weitverbreitete Auffassung, dass Kinder selbst eine Spielkultur erschaffen. Eine andere verbreitete Auffassung ist, dass Kultur eine feste Größe ist, zu der man Zugang erlangen kann und die dadurch an die nächste Generation weitergegeben werden kann. Es wird selten darüber gesprochen, wie Pädagogen zur Schaffung einer Spielkultur beitragen. Kultur ist beweglich. Wenn Kinder und Erwachsene die Kultur anwenden, indem sie auf Grundlage der Einflüsse handeln, denen sie durch die Umgebung ausgesetzt sind, wird die Kultur auch geschaffen und verändert (Søndergaard 2006).

Wenn Erzieher mit Normen arbeiten, werden ebenfalls Normen und Kultur geschaffen. Diese Normen beziehen sich auf die Mahlzeiten, die Art und Weise Gefühle zu zeigen, Konflikte zu lösen und sich angemessen zu verhalten. Diese Aufgaben werden häufig als eine Frage der Weitergabe von etablierten Kulturen und Praktiken angesehen, die man für wichtig genug hält, um Kindern den Zugang zu ihnen zu ermöglichen. Dies geschieht z. B. auf der Grundlage von Überlegungen, welche Formen der sozialen Interaktion den Kindern auf lange Sicht am besten dienen werden, und auf der Grundlage praktischer Überlegungen, was davon den Alltag funktionieren lässt. Es ist daher eine anerkannte pädagogische Kernaufgabe, mit Normen und Formen der sozialen Interaktion zu arbeiten. Diese Aufgaben werden jedoch seltener als Kultur-*Produktion* bezeichnet. Bekannte Normen können oft beibehalten werden, ohne dass sie notwendigerweise reflektiert oder ausgesprochen werden. Normalerweise erfordert es sowohl mehr Reflexion als auch Argumentation, um die Kultur und Normen zu verändern. Gemeinsame Spielanleitungen sind eine Möglichkeit, die Arbeit mit der Kulturproduktion auf einer fachlich reflektierten Grundlage zu gestalten.

Gleiche Partizipationsmöglichkeiten

Innerhalb des neueren pädagogischen Ansatzes der normkritischen Pädagogik konzentriert man sich auf Normen, die dazu führen, dass einige Verhaltensweisen und Individuen als abweichend, unangemessen oder falsch in Bezug auf die Vorstellung des Normalen angesehen werden. Die normkritische Pädagogik sieht vor, neugierig und investigativ gegenüber den Normen zu sein, die für selbstverständlich gehalten werden. Die normkritische Pädagogik entstand in den 2000er-Jahren in Schweden vor dem Hintergrund der gefühlten Notwendigkeit, sich auf Normen zur ethnischen Zugehörigkeit, sozialen Klasse, Hautfarbe, Geschlecht und Funktionsfähigkeit zu konzentrieren, um nur einige Schlüsselbereiche zu nennen (Bromseth und Darj 2010). Beherrschende Normen können schwerwiegende Konsequenzen für Kinder haben, die unter stereotypen Erwartungen leiden, z. B. für ein angemessenes Verhalten von Jungen und Mädchen. Normen, die sehr eng oder festgefahren sind, sind problematisch, weil sie alle Kinder in der Einrichtung von vielfältigeren Lernmöglichkeiten abschneiden können. Auf der Grundlage von unreflektierten Normen kann es Aktivitätsformen und Verhaltensweisen geben, die dazu führen, dass Erzieher manche Kinder gegenüber anderen stärker einbeziehen oder ermutigen. Daher können Unterschiede in den Entwicklungs- und Lernmöglichkeiten, die in der Einrichtung geboten werden, entstehen. Dies ist in Anbetracht der pädagogischen Zielsetzung, dass Kinder die gleichen Partizipationsmöglichkeiten und eine vielseitige Entwicklung haben sollten, nicht angemessen.

Viele Studien zeigen auch, dass es z. B. beim selbstorganisierten Spielen von Kindern eine stärkere Geschlechtertrennung gibt als bei von Erwachsenen gelenkten Aktivitäten (Olesen u. a. 2008; Wahlström 2005). Wenn Geschlechterstereotypen besonders gut beim selbstorganisierten Spielen der Kinder gedeihen, sollte dies ein (weiterer) Grund dafür sein, über die Position des freien Spielens als vorherrschendes Bildungsideal nachzudenken (Beckett 2011). In der Praxis kann das Ideal den pädagogischen Initiativen zur Inklusion entgegenwirken. Dies liegt daran, dass das Ideal die Wachsamkeit zum Eingreifen erfordert, z. B. wenn Kinder andere mit der Begründung ablehnen: „Wir spielen nicht mit Mädchen." (Faber und Valente 2014). Viele Pädagogen übersehen, dass das Geschlecht in einer Weise als Exklusion verwendet wird, die man niemals akzeptieren würde, wenn die Begründung lauten würde: „Wir spielen nicht mit Schwarzhaarigen." Die normkritische Aufmerksamkeit ist daher sowohl bei der Auswahl und Gestaltung von gemeinsamen Spielanleitungen als auch bei der Gestaltung von Spielumgebungen und der Steuerung von Spielaktivitäten von Bedeutung. Eine normkritische Aufmerksamkeit kann sich neben dem Geschlecht auf Kategorien wie Alter, ethnische Zugehörigkeit, körperliche Funktionsfähigkeit und sozioökonomische Klasse beziehen. Bei der Arbeit zur Entwicklung der Spielkultur in der Einrichtung geht es auch darum, wie mit Kindern mit möglichen Schwächen umgegangen werden kann.

Eine ausschließende Spielkultur

In einem Kindergarten, in dem die Interaktion der großen Jungen hauptsächlich um das Fußballspielen herum stattfand, wurde ein Junge nach und nach aus der Spielgemeinschaft ausgeschlossen. Die Beteiligung und Fähigkeiten dieses Jungen richteten sich auf ganz andere Formen der sozialen Interaktion und auf andere Spielthemen. Für den Jungen war es schwierig, Spielbeziehungen zu anderen Altersgenossen als den Fußballjungen zu unterhalten, z. B. zu einigen der Mädchen, die ihn u. a. aufgrund seines Geschlechts ausschlossen. In Ermangelung anderer Möglichkeiten suchte der Junge gelegentlich das Fußballspiel auf und durfte auch manchmal daran teilnehmen. Das Spiel war von sehr festgelegten Rollen und einer starren Hierarchie geprägt. Diese Umstände machten es für den Jungen schwierig, im Spiel positive Erfahrungen zu sammeln. Da die Erzieher das Fußballspiel als positive Aktivität für die gesamte Jungengruppe ansahen, übersahen sie, dass die Spielkultur in der Einrichtung den Kindern in Wirklichkeit einen sehr engen Ausdrucksraum bot. Sie sahen auch darüber hinweg, dass dieser bestimmte Junge dadurch eine negative Lernerfahrung über sich selbst in Bezug auf die Gemeinschaft machte (Winther-Lindqvist 2010a; 2010b).

Wenn den Normen für „das gute Spielen" keine besondere Aufmerksamkeit geschenkt wird, können sie die Spielkultur und Teilnahmemöglichkeiten der Kinder auf eine Weise strukturieren, die den erzieherischen Zielen entgegenwirkt. Die Normen können in einem umfassenderen Ausmaß als die fachlichen Einschätzungen einen großen Teil des Alltags der Kinder ausmachen. Wie aus dem Beispiel im Kasten *Eine ausschließende Spielkultur* hervorgeht, können Normen in Bezug auf das Verständnis der Geschlechter und „das gute Spielen" die Auswahl der Spiele und Spielbeziehungen beeinflussen, zu denen die Kinder in der Einrichtung Zugang haben. Gerade bei der Auswahl der Spiele besteht die Möglichkeit, vorherrschende und festgelegte Normen zu verschieben. Wenn Pädagogen auf einer professionell reflektierten Grundlage einen umfassenden Rahmen für die Interaktion der Kinder in der Einrichtung schaffen, werden die besten Bedingungen für die Entwicklungs- und Lernmöglichkeiten der Kinder erstellt.

Zusammenfassend verstehen wir unter der Spielkultur die Interaktionsformen, die Spielumgebung und die gemeinsamen kulturellen Narrative, zu denen die Kinder in der Einrichtung Zugang haben. Die Spielkultur legt die individuellen

Partizipationsmöglichkeiten der Kinder fest und bildet die Voraussetzungen für die gemeinsamen Erfahrungen und Interaktionen der Kinder beim Spielen. Die Entwicklung und das Lernen des einzelnen Kindes hängen von der Spielkultur als Ganzes ab. Gleichzeitig prägen die einzelnen Kinder die Spielkultur, indem sie ihre Spielkompetenzen, Erfahrungen und soziale Zugehörigkeit in die Kindergruppe einbringen. Setzt man den Fokus auf die Spielkultur, dann setzt man den Fokus auch darauf, wie Pädagogen und Kinder die Spielkultur in der Einrichtung kontinuierlich gestalten und erschaffen. Gleichzeitig weckt die Konzentration auf die Spielkultur die Neugierde darauf, wie viele Aspekte die Interaktion der Kinder beim Fantasiespiel – im Guten wie im Schlechten – beeinflussen. Der kulturelle Blickwinkel auf das Spielen impliziert daher eine ganzheitliche Sichtweise, die das Spiel auf viel mehr als die freie Entfaltung der Fantasie und der individuellen Spielkompetenzen in isolierten Spielaktivitäten ausdehnt. Dadurch entwickelt sich auch ein breiter pädagogischer Spielraum um das Spielen herum.

Gemeinsame Spielanleitungen

Kulturelle Narrative zu Themen wie Familie, Geschlechter, Arbeitsleben, Abenteuer oder Geburtstage werden theoretisch als Spielanleitungen bezeichnet (Winther-Lindqvist 2006).[5] Das Konzept der Spielanleitungen ist ursprünglich ein theoretisches Konzept für ein zentrales Element bei den Spielen, die von den Kindern selbst initiiert werden.[6] Spielanleitungen sind die Richtlinien oder Schablonen, die den Rahmen für das Spiel bilden, indem sie vorgeben, welche Rollen, Handlungen und Hilfsmittel in einem bestimmten Spiel enthalten sein können. Spielwissenschaftler haben beobachtet, wie Kinder beim Spielen Zusammenhänge schaffen und die Aussagen und Handlungen der anderen anhand einer bestimmten Spielanleitung verstehen. Das gemeinsame Fantasiespiel funktioniert nur, weil die Spielenden in Form einer Spielanleitung einen bestimmten gemeinsamen Ausgangspunkt für ihre Interaktionen haben (Nelson und Seidman 1984; Winther-Lindqvist 2006). Beispielsweise macht ein Geburtstagsspiel nur dann einen Sinn, wenn es ein Geburtstagskind gibt und ein allgemeines Einvernehmen darüber besteht, dass die anderen das Geburtstagskind auf eine bestimmte Weise feiern sollen. Mit den kulturellen Narrativen sind bestimmte Charaktere, Identifikationsmöglichkeiten und Normen verknüpft, auf die sich die Kinder stützen, wenn sie

5 Winther-Lindqvist bezieht sich hier auf Nelson und Seidman 1984.

6 Das theoretische Konzept der *Spielanleitungen* sollte nicht mit der Methode des *Scripted Play* verwechselt werden, die sich an Kinder mit besonderen Bedürfnissen richtet und als eine Form des Trainings für die Fähigkeiten einzelner Kinder, in Alltagssituationen zurechtzukommen, dient. Siehe z. B. Neely u. a. 2001.

Rohmaterialien für ihre Spiele suchen. Je größer die gemeinsame Grundlage der Kinder in Form von Wissen und Erfahrung über die kulturellen Narrative ist, desto besser sind die Voraussetzungen für die gemeinsame Entfaltung beim und um das Spielen herum.

Wer will mit mir spielen?

Ein Kind im Kindergarten hatte Schwierigkeiten damit, positive Aufmerksamkeit von den anderen Kindern zu erhalten. Der Erzieher sah, wie es regelmäßig den Kontakt zu den anderen suchte, indem es herumging und fragte: „Wer will mit mir spielen?". Der Erzieher forderte das Kind dazu auf, die anderen Kinder zu bestimmten Spielen einzuladen, anstatt offen zu fragen, aber das Kind schaffte es nicht, die Ideen des Erziehers umzusetzen. Erst als der Erzieher übernahm und die anderen zusammen mit dem Kind zum Spielen aufforderte, gelang es dem Kind, das Interesse der anderen zu wecken. Nach dem Ablauf eines Spiels für die ganze Kindergruppe, das auf den Charakteren aus der Fernsehserie *Peppa Wutz* aufbaute, beobachtete der Erzieher eines Tages, wie sich mehrere Augenpaare im Raum interessiert und lächelnd auf das Kind richteten und aufleuchteten, als es fragte: „Wer will *Peppa Wutz* spielen?"

Die Vorlagen selbst für die Spielanleitungen, auf deren Grundlage sich die Kinder treffen, sind häufig nicht besonders differenziert. In der Interaktion der Kinder auf Grundlage der Blaupause als gemeinsamer Rahmen können sich die unterschiedlichsten fantasievollen Kombinationsmöglichkeiten ergeben. Die kulturellen Themen bekommen bei den Spielen der Kinder ihre eigenen Blickwinkel. Für die Kinder ist es die Kombination aus Selbstbestimmung und der Unterordnung unter Normen und Regeln, die das Spielen zum Spaß macht (Winther-Lindqvist in der Presse). Es kann z. B. Normen dafür geben, was es bedeuten kann, eine Mutter, ein Vater, ein Bäcker oder eine böse Hexe zu sein. Beim Spielen übertragen die Kinder Elemente aus der Realität in eine Vorstellungswelt in einer Art und Weise, die die Kinder während des Prozesses erfinden und aushandeln (Winther-Lindqvist 2015). Die entscheidende Erkenntnis ist, dass die Voraussetzung für die Verwirklichung einer solchen fantasievollen Innovation eine gemeinsame, wiedererkennbare Grundlage ist, auf die sie sich beim Spielen stützen können.

Spielanleitungen sind:

- kulturelle Narrative,
- Treffpunkte, die einen Rahmen für das Spiel schaffen,
- richtungsweisend für Rollen, Repliken und Handlungen,
- eine Voraussetzung dafür, dass das gemeinsame Fantasiespiel funktioniert,
- Vorlagen, aus denen Vorstellungskraft entstehen kann.

Mit der Methode der gemeinsamen Spielanleitungen wird das theoretische Konzept der Spielanleitungen in praktisch anwendbare Werkzeuge übersetzt, die in die Arbeit zur Stärkung der Spielkultur in der Kita einfließen können. Das übergeordnete Ziel der gemeinsamen Spielanleitungen als pädagogische Methode ist, allen Kindern Raum für vielfältige Spielgemeinschaften zu geben. Kurzfristig ist das Ziel, dass alle Kinder in einer Einrichtung oder Kindergruppe ein gemeinsames Wissen über eine vielseitige Auswahl an Fantasiespielen bekommen. Das langfristige Ziel besteht in der Stärkung der Voraussetzungen der Kinder dafür, dass sie selbst aus eigener Initiative gemeinsame Fantasiespiele initiieren und organisieren können. Die selbstorganisierten Spiele der Kinder und die Möglichkeit, sich als gleichberechtigter Teilnehmer an diesen zu beteiligen, sind von entscheidender Bedeutung für das Wohlergehen, Lernen und die Entwicklung der Kinder als Menschen. Die pädagogischen Aktivitäten auf Grundlage der gemeinsamen Spielanleitungen sind von Erwachsenen angeleitete Aktivitäten und haben daher einen anderen Charakter als das selbstorganisierte Spielen von Kindern. Aktivitäten auf Grundlage von gemeinsamen Spielanleitungen sind ein erzieherisches Mittel, um das selbstorganisierte Spielen der Kinder, das durch die Spielaktivitäten nicht ersetzt werden kann oder soll, zu stärken und zu ergänzen. Man kann sagen, dass die Funktion der Erwachsenen bei den Spielaktivitäten darin besteht, den Boden für die selbstorganisierten gemeinsamen Fantasiespiele der Kinder zu bereiten und den Spielen dort, wo es notwendig ist, eine zielgerichtete Vitaminspritze zu verabreichen. Gemeinsame Spielanleitungen und die dazugehörigen pädagogischen Werkzeuge können der Beschreibung, Planung und Ausführung der durch Erwachsenen angeleiteten Spielaktivitäten Systematik verleihen.

Das Ziel der Methode der gemeinsamen Spielanleitungen

- Schaffung von Raum für alle Kinder in vielschichtigen Spielgemeinschaften
- Entwicklung einer dynamischen Spielkultur mit vielfältigen kulturellen Narrativen, Wissen und Normen zu einer Vielzahl von Spielthemen
- Unterstützung der Entwicklung der Spielkompetenzen der Kinder
- Stärkung der Möglichkeiten der gesamten Kindergruppe und der einzelnen Kinder zur Entwicklung ihrer Spielkompetenzen in selbstorganisierten gemeinsamen Fantasiespielen

Die gemeinsamen Spielanleitungen können zur Unterstützung des Spielens auf verschiedenen Ebenen eingesetzt werden. Auf einer Ebene sollten die Spiele, die die Einrichtung den Kindern anbietet, die Interessen, Erfahrungen und Voraussetzungen der Kindergruppe in einem gewissen Maße widerspiegeln. Die individuellen Teilnahmemöglichkeiten der einzelnen Kinder hängen u. a. davon ab, ob ihre Spielinteressen und Spielkompetenzen beim Spielen zum Tragen kommen können. Auf einer anderen Ebene können von Erwachsenen angeleitete Spielaktivitäten die Interessen der Kindergruppe und der einzelnen Kinder erweitern, ihnen neue Erfahrungen vermitteln und ihre Voraussetzungen für den Einstieg in das zukünftige Spielen stärken.

Die Gesamtauswahl an gemeinsamen Spielanleitungen in der Einrichtung kann als Rahmen für eine vielfältige Spielkultur in der Einrichtung dienen. Gleichzeitig kann die Methode die pädagogische Aufgabe unterstützen, zu beschreiben und zu dokumentieren, was die Kinder beim Spielen lernen, eine Aufgabe die von vielen Pädagogen als schwierig empfunden wird (Sommer 2015).

Erzieher, die mit gemeinsamen Spielanleitungen gearbeitet haben, haben u. a. beobachtet, dass die selbstorganisierten Spiele der Kinder vielseitiger werden, dass die Spiele durch die Spielaktivitäten inspiriert werden, dass mehr Kinder Zugang zu den Spielen bekommen, dass neue Spielbeziehungen geschaffen werden und dass Kinder sich in den Spielen auf neue Weise selbst ausprobieren, z. B. indem sie anfangen, Sprache aktiver zu verwenden. Darüber hinaus betonen mehrere Pädagogen, dass die Entscheidung, die Methode anzuwenden, den Erwachsenen die Legitimation gibt, sich zusammen mit einer Kindergruppe in Fantasiespiele zu vertiefen.

„Nachdem wir zwei Wochen lang ‚Backen' gespielt hatten, beobachteten wir, dass die Kinder nach der Aktivität das Spiel weiterspielten oder zu anderen Zeiten das Spiel von selbst begannen. Kinder, die zuvor Schwierigkeiten hatten, Zugang zu den Spielen zu bekommen, haben mitgemacht."

Erzieherin im Kindergarten

„Ein Kind in der Kindergruppe verwendete gar keine Sprache, während es in der Einrichtung war. Auch nicht bei Aktivitäten, die wir mit besonderem Augenmerk darauf initiierten, dem Mädchen Vertrauen entgegen zu bringen. Durch ihre Teilnahme an einem Spielablauf mit einem Ausflug begann sie mehr und mehr zu sprechen – zuerst bei den Spielaktivitäten, bei denen sie die Handlung mit erschuf, und dann auch in anderen Kontexten."

Erzieher im Kindergarten

Die Verwendung von gemeinsamen Spielanleitungen erfolgt durch von Erwachsenen angeleitete pädagogische Aktivitäten. Insgesamt sieht die Methode Folgendes vor: Die Erzieher wählen eine Reihe von Spielen aus, die an die Interessen und Voraussetzungen der Kindergruppe angepasst sind und die deren Entwicklungs- und Lernpotenzial berücksichtigen. Die Pädagogen entwerfen einfache Spielanleitungen für jedes Spiel oder wählen Spielanleitungen aus dem *Spieleverzeichnis* in Kapitel 4 aus. Anschließend wird die Kindergruppe systematisch an die Spiele herangeführt, d. h., die Spiele werden für alle Kinder sichtbar und zugänglich gemacht und die Kinder werden aktiv zur Teilnahme ermutigt. Gemeinsame Spielanleitungen beschreiben ganz gewöhnliche Alltagsspiele, die Kinder in vielen Einrichtungen bereits mit oder ohne Erwachsene spielen.

Im Zusammenhang mit der Auswahl der gemeinsamen Spielanleitungen ist es entscheidend, dass die Auswahl breit genug ist, um alle Interessen und Voraussetzungen der Kinder zu berücksichtigen. Dies erläutern wir in Kapitel 2 über die *Spielanleitungen in der Praxis*.

Unterstützung durch Professionalisierung

Durch die Initiierung und Teilnahme an Spielaktivitäten auf Grundlage von gemeinsamen Spielanleitungen können Pädagogen einen detaillierteren Einblick in die Formen der sozialen Interaktion in der Kindergruppe und in die Spielkompetenzen der Kinder erhalten. Darüber hinaus kann der Blick der Erzieher für die Spielkultur, für die Spielinitiativen der Kinder und deren Spielbedürfnisse generell geschärft werden. Die Methode eröffnet daher die Möglichkeit, gezielt daran zu arbeiten, Formen der sozialen Interaktion zu entwickeln und die Spielkompetenzen bei bestimmten Kindern im Rahmen der Spielaktivitäten zu fördern. Wir haben das Gewicht auf die Entwicklung einer Methode gelegt, bei der die pädagogische Professionalität eine Rolle spielt. Die gemeinsamen Spielanleitungen als Methode unterstützen und bringen die selbstständigen fachlichen Beurteilungen des Erziehers zum Vorschein. Will man pädagogisch mit dem Spielen arbeiten, müssen die pädagogischen Ziele immer gegen die gegenwärtigen Interessen der Kinder abgewogen werden. Das Wissen des Erziehers über die Kindergruppe und über die Voraussetzungen und das Verhalten einzelner Kinder in Bezug auf die Spielgemeinschaften kann niemals durch eine vorformulierte Methode ersetzt werden. Die Erfahrungen der Kinder damit, einen einfallsreichen und bedeutungsvollen Einfluss auf die Entwicklung des Spiels auszuüben, ist ein Ziel an sich, denn dies sind wichtige Spielkompetenzen beim selbstorganisierten Spielen der Kinder. Gemeinsame Spielanleitungen und die dazugehörigen pädagogischen Werkzeuge können dabei helfen, sich darauf zu fokussieren und Klarheit darüber zu schaffen, wie die Aufgabe mit fortlaufenden Bewertungen wahrgenommen werden kann. Die Methode bietet einen Rahmen für die notwendige professionelle Improvisation.[7] Gleichzeitig wird der Kurs dafür vorgegeben, wie die Erzieher selbst weiterhin die Methode im Einklang mit der Wirklichkeit der Kindergruppe und der Interaktion zwischen den Kindern und Erwachsenen in der spezifischen Einrichtung und Kindergruppe interpretieren, verfeinern, gestalten und weiterentwickeln können. Schließlich ist es eine Stärke der Methode, dass sie eine Sprache für die Vermittlung und Sichtbarmachung der wichtigen pädagogischen Arbeit mit dem Kinderspiel gegenüber den Eltern und anderen Interessierten bietet.

> *„Seitdem wir angefangen haben, mit gemeinsamen Spielanleitungen zu arbeiten, bekommen wir durch das Spielen der Kinder Inspirationen, neue Spielanleitungen zu entwickeln. Vorgestern sah ich, wie zwei Kinder auf dem Spielplatz Recyclinghof spielten. Sie sammelten ‚Abfälle', zermahlten sie, warfen sie in den Verbrennungsofen und sammelten Dinge, die auf dem Recyclinghof verkauft werden sollten. Ich dachte, dass wir dieses Spiel als gemeinsame Spielanleitung ausformulieren sollten, damit die anderen Kinder es auch kennenlernen könnten."*
>
> Erzieherin im Kindergarten

7 Auf das Konzept der professionellen Improvisation gehen wir in Kapitel 3 ein.

Die pädagogische Aufgabe

Vorlesen, das Zeigen von Filmen, Kulturerlebnisse und Themenarbeiten sind wichtige Bestandteile der Arbeit zur Schaffung einer gemeinsamen kulturellen Grundlage in einer Kindergruppe. Diese Aktivitäten sind jedoch nicht ausreichend. Für kleine Kinder erfolgt das Lernen im Allgemeinen durch körperliche Erfahrungen. Die Erwachsenen müssen den Kindern daher konkrete körperliche Erfahrungen mit den kulturellen Narrativen bieten (Winther-Lindqvist 2015). Die Fähigkeit, z. B. den Inhalt einer Geschichte zu verstehen und sich daran zu erinnern, entwickelt sich viel besser, wenn die Kinder die Geschichte gespielt oder dramatisiert haben, als wenn sie sie nur gehört, darüber gesprochen oder sie gezeichnet haben (Sommer 2015). Außerdem ist die Reaktion der Erwachsenen auf den Ausdruck der Kinder von großer Bedeutung: „Die Lern- und Teilnahmemöglichkeiten der Kinder werden unter gegenseitiger Einbeziehung mit dem Erzieher gestaltet, wobei die Initiativen der Kinder und die Reaktion des Erziehers darauf eine zentrale Rolle spielen." (Svinth 2012, S. 28).

Wie bereits erwähnt, existiert keine weit verbreitete Tradition dafür, dass Erzieher an den Fantasiespielen der Kinder teilnehmen. Viele Erwachsene sind unsicher und fühlen sich mit dem Eintauchen in fiktive Welten nicht vertraut und finden es deshalb schwierig zu spielen (Winther-Lindqvist 2015; Åm 1984). Somit besteht ein Widerspruch zwischen der großen Bedeutung des Spielens für die Kinder und der unklaren und abwesenden Rolle der Erwachsenen beim Spielen (Åm 1984). Gerade bei den Fantasiespielen ist die Präsenz von Erwachsenen von besonderer Bedeutung. Sie kann mit der Teilnahme der Erwachsenen an den Mahlzeiten zusammen mit den Kindern verglichen werden. In Kitas hat die Mitarbeitergruppe häufig in einem gewissen Umfang diskutiert und beschlossen, wie die Mahlzeiten zu einem Lernraum für die Kinder werden sollen. Die Erwachsenen zeigen als Vorbilder, wie man sich am Esstisch verhält. Sie bereiten den Rahmen für die Mahlzeit, leiten die Kinder während der Mahlzeit an und nehmen zusammen mit den Kindern eine „erzieherische Mahlzeit" ein. So zeigen die Erwachsenen deutlich, welche Normen und Interaktionsformen in dieser Situation angemessen sind. Eine entsprechend wichtige pädagogische Aufgabe ist es, über die Rahmenbedingungen des Spielens der Kinder zu entscheiden und sich zusammen mit den Kindern aktiv an den Spielen zu beteiligen.

In der Lage zu sein, sich auf eine Gruppendynamik einzulassen, ist während der gesamten Kindheit und Teenagerzeit von zentraler Bedeutung. Um dies zu üben, muss man in der Lage sein, sich zusammen mit anderen Kindern an einer Sache zu beteiligen. Wir haben festgestellt, dass eine Notwendigkeit besteht, sich pädagogisch mit den Voraussetzungen für das Spielen zu befassen, da das gute, sich entwickelnde und vielseitige Spielen nicht von selbst kommt. Wir haben mit dem

Ideal des freien Spielens aufgeräumt und die Verantwortung der Erwachsenen für die Rahmensetzung für Intervention in und Teilnahme am Spielen hervorgehoben. Wir haben beschrieben, wie ein Fokus auf der Spielkultur die Arbeit an der Aufgabe, allen Kindern vielseitige Spielgemeinschaften zugänglich zu machen, qualifizieren kann. Als Antwort auf diese pädagogischen Herausforderungen und Aufgaben haben wir die gemeinsamen Spielanleitungen eingeführt.

Die Erwachsenen sollten sich als Teilnehmer in das Spielen einbringen und sich an der Interaktion und der Entwicklung des Spiels beteiligen. Als Vorbilder können die Erwachsenen auf eine Art und Weise am Spielen teilnehmen, an die die Kinder von selbst nicht gedacht haben, und konkret zeigen, wie man sich verhalten kann. Dies gibt den Kindern die Möglichkeit, das Verhalten zu imitieren und sich inspirieren zu lassen (Sommer 2015). Die Anwesenheit des Erziehers ermöglicht es, die Kinder bei der Bewältigung der beim Spielen auftretenden Herausforderungen zu unterstützen. Wenn die Erwachsenen sehen, worum es für die Kinder geht, bekommen sie einen Einblick in die Interessen, Bedürfnisse und Möglichkeiten der Kinder, mit unterschiedlichen Rollen im Spiel und mit mehr oder weniger einflussreichen Spielpositionen umzugehen. Von diesem Einblick ausgehend können die Erwachsenen das einzelne Kind dabei unterstützen, auf seine eigene Weise in das Spieluniversum einzutreten. Ebenso selbstverständlich wie bei den Mahlzeiten müssen die Erzieher die Rahmenbedingungen vorgeben, z. B. wo die Spielaktivität stattfinden soll und welche Spielsachen dafür hervorgeholt werden sollen. Eine gemeinsame Grundlage von Narrativen, Charakteren, Normen und Interaktionsformen ermöglicht es den Kindern, sich beim Spielen gegenüber einander erkennbar zu machen, und schafft einen gemeinsamen Rahmen für das Bewegen im Spiel und für eine Ausweitung im Verhältnis zu dieser Grundlage. Diese gemeinsame kulturelle Grundlage ist auch wichtig für die Identitätsbildung der Kinder und für ihr späteres Verhalten unter Gleichaltrigen auf dem Schulhof und in ihrer Freizeit.

Durch die gemeinsamen Spielanleitungen wollen wir uns auf das Lernen konzentrieren, das die Kinder durch Erfahrungen bei der Beteiligung am gemeinsamen Spielen, durch das Eingehen unterschiedlicher Spielbeziehungen und durch das Gestalten der Spielaktivitäten, an denen sie teilnehmen, erreichen. Alle Kinder müssen Erlebnisse und Erfahrungen damit haben, sich als Teil der Spielgemeinschaft zu fühlen, und müssen lernen, in unterschiedlichen Spielbeziehungen kompetent zu interpretieren und zu handeln. Kinder, die im Rahmen der sozialen Interaktion Erfahrungen im Umgang mit Herausforderungen, Konflikten und der Anpassung an die Wünsche anderer gesammelt haben, haben in ihrem Leben langfristig sowohl emotional als auch, was ihre Lernerfolge angeht, einen besseren Stand (Sommer 2015).

Gemeinsame Spielanleitungen können zu Folgendem beitragen:

- Schaffung einer gemeinsamen kulturellen Grundlage in der Kindergruppe
- Sicherung des Zugangs zu Spielgemeinschaften für alle Kinder
- Förderung des Wohlergehens der Kinder
- Förderung vielfältiger und sich entwickelnder Formen der sozialen Interaktion
- Stärkung der sozialen und kommunikativen Lernfähigkeiten der Kinder
- Verschieben von ausschließenden und festgefahrenen Normen
- Zielsetzung und Sichtbarmachung des pädagogischen Einsatzes für langfristiges Lernen

Hinweise für die Lektüre

Im ersten Kapitel des Buches, *Spielen und Lernen in der Theorie*, wird die theoretische Grundlage für die Methode der gemeinsamen Spielanleitungen vorgestellt. Wir gehen von einem soziokulturellen Verständnis des Lernens aus, bei dem das Lernen und die Identitätsbildung als untrennbare Prozesse gesehen werden. Das Kapitel gibt auch einen Überblick über einige wichtige Erkenntnisse aus der Spielforschung und der entwicklungspsychologischen Theorie des Kinderspiels. Es baut auf einem ganzheitlichen und zirkulären Verständnis des Fortschritts beim Spielen und in der Spielentwickung der Kinder auf. Dieses Verständnis legen wir dar, um es auf die Arbeit mit der pädagogischen Planung und Praxis zu übertragen.

Im zweiten Kapitel, *Spielanleitungen in der Praxis*, erklären wir, wie gemeinsame Spielanleitungen eingesetzt werden können, um einer Kindergruppe Kenntnisse über kulturelle Narrative und gemeinsame Spielthemen zu vermitteln. Darüber hinaus diskutieren wir, wie die Methode Kindern in der Praxis Erfahrungen mit vielseitigen Spielkompetenzen vermitteln und ihre Entwicklung und ihr Lernen im weiteren Sinne unterstützen kann. Wir gehen eine konkrete gemeinsame Spielanleitung durch, um zu zeigen, welche Schwerpunkte und Überlegungen darin enthalten sein können. Abschließend beschreiben wir eine Reihe von Aspekten, die bei der Auswahl von gemeinsamen Spielanleitungen in der jeweiligen Einrichtung von Vorteil sein können.

Das dritte Kapitel des Buches handelt von der *Rolle und Positionierungen der Erzieher*. Hier werden einige wichtige pädagogische Aufgaben und die Aufmerksamkeit in Hinblick auf die Beteiligung der Erwachsenen an den Spielaktivitäten behandelt. Wir heben besonders die Bedeutung der Ausübung professioneller Improvisation hervor. Außerdem weisen wir darauf hin, wie die Verwendung gemeinsamer Spielanleitungen zur Stärkung der Kompetenzen der Erzieher beitragen kann.

Das vierte und letzte Kapitel bildet ein *Spieleverzeichnis* der gemeinsamen Spielanleitungen zur praktischen Anwendung und als Inspiration für die Gestaltung von eignen Spielanleitungen in der Einrichtung. Jede Spielanleitung wird im Spieleverzeichnis von einer übergreifenden Vorlage ausgehend beschrieben, die in Kapitel 2 vorgestellt wird und konkrete Handlungsanweisungen enthält. Die Spielanleitungen sind so ausgewählt, dass sie eine Vielzahl von Themen, Interessen und Voraussetzungen der Kinder abdecken. Dadurch ist es möglich, eine Auswahl an Spielanleitungen zu treffen und zusammenzustellen, die den Bedürfnissen und Interessen der gegenwärtigen Kindergruppe entspricht und die guten Bedingungen für die gemeinsamen Fantasiespiele schafft.

Am Ende des Spieleverzeichnisses folgt ein Abschnitt mit Drama- und Regelspielen, die als ergänzende Aktivitäten verwendet werden können.

Übersicht über die pädagogischen Werkzeuge

Kapitel 2: Vorlage für gemeinsame Spielanleitungen Planungsvorlage
Kapitel 3: Beobachtungsplan
Kapitel 4: Spieleverzeichnis mit 20 gemeinsamen Spielanleitungen

Kapitel 1
Spielen und Lernen in der Theorie

In diesem Kapitel werden die theoretischen Grundlagen für die Methode der gemeinsamen Spielanleitungen vorgestellt. Der ausgewählte theoretische Ansatz ermöglicht ein ganzheitliches und zirkuläres Verständnis des Fortschrittes beim Spielen der Kinder und in der Spielentwicklung.

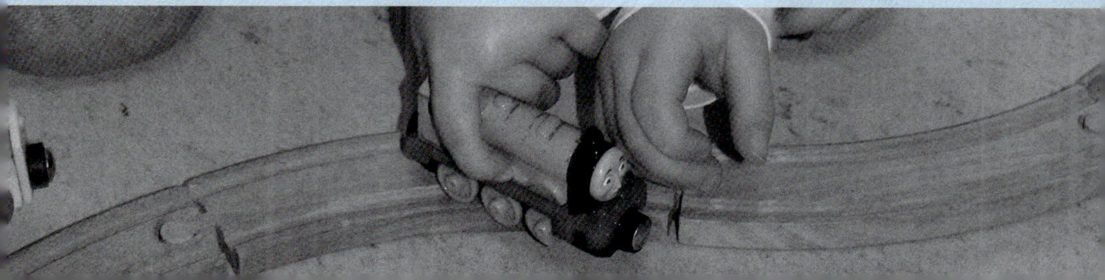

Theoretische Grundlagen

In diesem Kapitel erklären wir die theoretischen Grundlagen für die Methode der gemeinsamen Spielanleitungen. Wir beginnen mit einem Verständnis des Spielens als komplex, vielseitig und von unschätzbarem Wert für die Kinder. Die Auswahl der Theorie spiegelt auch die pädagogischen Verpflichtungen wider, um sicherzustellen, dass alle Kinder die gleichen Partizipationsmöglichkeiten haben und über die Möglichkeit verfügen, ihre Potenziale durch vielseitiges Lernen zu entfalten.[8]

Das erste Kapitel legt dar, warum die gemeinsamen Fantasiespiele so wichtig für das derzeitige Leben und die Zukunft der Kinder sind und worum es beim Spielen in Bezug auf das Wohlbefinden, die Entwicklungs- und Lernperspektive geht. Lernen ist kontextabhängig. Wie Lernen verstanden wird, hängt u.a. davon ab, was wir als Aufgabe der Tagesbetreuung betrachten (Hare 2014). Das Kapitel befasst sich auch damit, welche Formen des Lernens wir mithilfe gemeinsamer Spielanleitungen fördern möchten und welche Formen der Struktur am besten geeignet sind, um die gewählten Lernziele zu unterstützen.

Wir beschreiben *soziokulturelles Lernen* als ein ganzheitliches und prozessorientiertes Verständnis des Lernens. Wir sehen dies als einen geeigneten Ausgangspunkt für den Umgang mit der Komplexität des Spielens an. Das soziokulturelle Lernverständnis wird mit einem Abschnitt über die enge Verknüpfung von Lernen und *sozialer Identität* weiter vertieft. Das Verständnis des Lernens wird mit der Theorie verknüpft, wie der Zugang von Kindern zu sozialen Positionen, einschließlich der *Spielrollen* und *Spielpositionen*, in die Entwicklung der sozialen Identität einfließt. Wir beschreiben das Konzept der *Zone für ermutigtes Handeln* als einen Weg, um sich der zielgerichteten Arbeit mit der Spielkultur zu nähern.[9] Anschließend wird die Diskussion eingeleitet, wie die entwicklungspsychologische Theorie des Spielens das soziokulturelle Lernverständnis ergänzen kann. Wir skizzieren einige der Hauptmerkmale der Entwicklung des Kinderspiels und geben einen Überblick über einige der vielen Fähigkeiten, die die Beteiligung an gemeinsamen Fantasiespielen erfordert und – unter den richtigen Bedingungen – fördert.

Der Kontext und der theoretische Ansatz der Erzieher sind entscheidend dafür, wie Kinder spielen können, welche Fähigkeiten sie entfalten und wie Pädagogen die Art und Weise der Kinder zu spielen wahrnehmen. Das Kapitel schließt zusammenfassend, dass die zentrale pädagogische Aufgabe darin besteht, eine Spielkul-

8 Vgl. dänisches Gesetz zur frühkindlichen Betreuung (Ministerium für Kinder, Gleichstellung, Integration und soziale Beziehungen 2014) und dänisches Gesetz über pädagogische Lehrpläne von 2004 (Sozialministerium 2005).

9 Das Konzept der *Zone für ermutigtes Handeln* stammt von Ditte Winther-Lindqvist (2010a).

tur mit einer breiten und weitläufigen Zone für ermutigtes Handeln mit Erwachsenen als aktive Beteiligte und mit Zugang zu gemeinsamen Fantasiespielen auf der Grundlage vielfältiger Spielthemen und Spielpositionen zu erschaffen.

Spieltheorien

Spielen kann eine bestimmte kulturelle Aktivität bezeichnen oder sich auf eine Eigenschaft oder Art und Weise beziehen, etwas zu tun. Sowohl bei Kindern als auch bei Erwachsenen kann „das Spielende“ als eine wichtige Eigenschaft angesehen werden, die mit allen Arten von Aktivitäten in Verbindung gebracht werden kann. Die Fähigkeit, spielerisches Denken und spielerische Interaktionsformen einzusetzen, ist eine wichtige Lebenskompetenz, die weit über die als Spielen bezeichnete kulturelle Aktivität hinausgeht (Winther-Lindqvist 2015). Unser Hauptaugenmerk liegt in diesem Zusammenhang auf dem Spielen als kulturelle Aktivität. Wir sehen die Möglichkeit, spielerisches Handeln und Denken zu entwickeln, als ein Nebeneffekt der Stärkung des Spielens als Aktivität.

Die Art des Spielens, auf die sich die gemeinsamen Spielanleitungen richten, sind gemeinsame Fantasiespiele. Dies ist eine Art von Spielen, bei denen Kinder mit anderen Kindern Spielgemeinschaften auf Grundlage eines bestimmten Themas, bestimmter Rollen und einer bestimmten kulturellen Erzählung eingehen (Winther-Lindqvist 2004). Eine Definition finden Sie im Kasten.

Gemeinsame Fantasiespiele

Gemeinsame Fantasiespiele bestehen aus mindestens zwei Personen, die in die Handlung eingebunden sind und ein gemeinsames Fantasieszenarium erschaffen. Das Spiel zeichnet sich dadurch aus, dass die Spielenden voneinander abhängige und abgestimmte Rollen einnehmen. Beim gemeinsamen Fantasiespiel sehen sich die Spielenden selbst als beteiligte Mitglieder im Gegensatz zu anderen, die nicht am Spiel beteiligt sind. Das Spiel enthält „Als-ob“-Elemente, „Was-wäre-wenn“-Elemente und eine Handlung, die durch ein Thema vorgegeben ist. Daneben umfasst das Spiel die spontanen Beiträge der Kinder, die das Thema in verschiedene Richtungen interpretieren, aushandeln und formen. Die Kinder tauchen in die gemeinsame Fantasiewelt und ihre eigene Rolle ein und machen das Eintauchen füreinander attraktiv (Winther-Lindqvist 2004).

Dem Spielen als Aktivität wird durch verschiedene theoretische Traditionen eine Vielzahl unterschiedlicher Bedeutungen zugeschrieben. Der Schwerpunkt der Forschung über das Spielen hat sich im Laufe der Zeit von eher biologiebezogenen Theorien über Stufentheorien bis hin zu Theorien, die sich auf die Kommunikation, das Umfeld und Macht konzentrieren, verlagert. Einige populäre Überzeugungen sind das Verständnis von Spielen als eine Frage der Entwicklung, Macht, Identität oder Vorstellungskraft (Lohmander und Samuelsson 2014). Die vielen Angebote zum Inhalt und der Bedeutung des Spielens spiegeln die Komplexität des Spielens selbst wider. Die Theorien können als unterschiedliche Blickwinkel verstanden werden, aus denen man das Spielen betrachten kann. Auf diese Weise können verschiedene Aspekte des Spielens entdeckt werden, an die man vorher nicht gedacht hat (Åm 1984). In Hinsicht auf den professionellen Spielraum des Pädagogen sehen wir die verschiedenen Blickwinkel auf das Spielen als wertvoll an und nicht im Widerspruch zueinander: „Es ist wichtig, Spielen und Lernen als zwei wertneutrale Konzepte anzusehen und nicht von einer romantischen Vorstellung des Spielens als etwas grundlegend Natürliches, Positives und Angenehmes für Kinder auszugehen, während das Lernen als anstrengend und schwierig angesehen wird." (Lohmander und Samuelsson 2014, S. 140).

Im nächsten Abschnitt beschreiben wir das Spielen als Lebensraum, Prävention, Lernraum und Entwicklungsraum. Anschließend erklären wir drei Aspekte des Spielens, die wir als praktisch anwendbar in der pädagogischen Arbeit betrachten: die fiktive Sphäre, die reale Sphäre und die Regiesphäre.

Spielen als Lebensraum

In der Kita beschäftigen sich die Kinder miteinander und in der Kindergemeinschaft. Deshalb ist das Spielen für sie so wichtig. Das Spielen mit den anderen ist eine soziale Begegnung zwischen den Menschen, bei der starke und aufrichtige Wünsche und Erwartungen den jeweils anderen gegenüber involviert sind. Hier werden große Freuden und Leiden gelebt, Kämpfe ausgetragen, Kompromisse geschlossen und Freude an der Selbstvergessenheit und Schaffenskraft erlebt. Das Spielen kann daher sowohl die besten als auch die schlechtesten Erfahrungen sowie alles, was dazwischen liegt, mit sich bringen (Winther-Lindqvist 2006). Das Spielen umfasst Erfahrungen damit, wie man magische Stimmungen und abenteuerliche Welten erschafft, die das Unmögliche möglich machen. Die symbolischen Handlungen, der Fluss, das Versunkensein und die Kreativität des Spielens ermöglichen eine besondere Form des Seins, die mit der Logik der Erwachsenenwelt und des Alltags bricht (Andersen und Kampmann 2002). In diesem speziellen Raum können Kinder Wohlbefinden erfahren, Emotionen verarbeiten und Energie freisetzen. Das Spielen ist ein Bereich, in dem die Kinder selbst die

Kontrolle haben und Erfahrungen damit machen, etwas umsetzen zu wollen und etwas zu verwirklichen. Beim Spielen kommentieren die Kinder die Realität durch die Art und Weise, in der sie sie wiedergeben (Åm 1984). Dies kann zu Erfahrungen von Stärke, Kraft und Bedeutung führen. Auf diese Weise kann das Spielen als existenzielles Projekt wahrgenommen werden (Winther-Lindqvist 2015 in der Presse): Das Spielen stellt hier das Ziel an sich dar.

Die Formen der sozialen Interaktion, die Kinder beim Spielen eingehen, sind in vielerlei Hinsicht wichtig für andere Bereiche ihres Lebens, sowohl in der Gegenwart als auch in der Zukunft. Darauf werden wir zurückkommen. Auf diese Weise kann das Spielen als Lebensraum auf viele andere Bereiche des Lebens des Kindes einwirken.

Spielen als Prävention

Studien zeigen, dass Kinder, die viel mit anderen Kindern spielen, u. a. eine größere Widerstandsfähigkeit gegen Widrigkeiten und schwierige Lebenssituationen aufweisen und dass sie bei der Problemlösung eine größere Ausdauer haben (Winther-Lindqvist in der Presse, Sommer 2015). Dies liegt u. a. daran, dass das Spielen die Fähigkeit zur Selbstbeherrschung und Planung erfordert. Die Fähigkeit, sich vorzustellen, dass etwas anders sein kann als es derzeit ist, und sich auf diese Weise über seine derzeitige Situation hinwegzusetzen, ist wichtig, um Herausforderungen zu meistern (Winther-Lindqvist 2015). Dies ist einer der Gründe dafür, weshalb es so wichtig ist, die Fähigkeit zu entwickeln, zu fantasieren und in fiktive Welten einzutauchen. Das Fehlen von Strategien bei Kindern, um Zugang zum Gruppenspiel zu erhalten, ist nachweislich ein Risikofaktor sowohl in Bezug auf zukünftige Ausgrenzung als auch auf schulische Leistungen (Broström u. a. 2012). Das Arbeiten am Zugang der Kinder zu Spielgemeinschaften trägt daher nicht nur dazu bei, das Wohl des Kindes zu fördern. Es kann auch die Widerstandsfähigkeit des Kindes in anderen Kontexten stärken und die Ausgrenzung von Kindern in gefährdeten Positionen verhindern.

Beim gemeinsamen Fantasiespiel bringen die Kinder ihr Wissen, ihre Eindrücke, Erlebnisse und Erfahrungen zusammen mit anderen Kindern in das Spiel mit ein. Daher hängen die Voraussetzungen für den Einstieg der Kinder in das Spiel auch davon ab, über welche Erfahrungen und welches Wissen sie bereits verfügen. Wenn Erwachsene in das Spiel eingreifen, können die unterschiedlichen Bedingungen der Kinder berücksichtigt werden, sodass alle die Möglichkeit haben, daran teilzunehmen. Wenn die Spiele in der Einrichtung vielfältiger werden und eine stärkere Beteiligung der Kinder ermöglichen, kann die Spielkultur als integratives und präventives Element angesehen werden.

Spielen als Lernraum

Kinder spielen nicht, um zu lernen, aber sie lernen viel, wenn sie spielen. Das Spielen enthält eine Fülle von Lernmöglichkeiten, die so umfangreich sind, dass es nicht möglich ist, sie alle umfassend zu berücksichtigen (Andersen und Kampmann 2002). Viele der Erfahrungen und Fähigkeiten, auf die Kinder in ihrem derzeitigen und zukünftigen Leben zurückgreifen, werden durch das Spielen angelegt und weiterentwickelt. Die gemeinsamen Fantasiespiele haben eine entscheidende Bedeutung für die kognitive und kommunikative Entwicklung der Kinder (Nelson und Seidman 1984). Häufiger Sprachaustausch in symbolischen Spielen entwickelt das Sprachverständnis und erleichtert gleichzeitig den späteren Prozess des Lernens der Schriftsprache. Das Spielen kann die Möglichkeiten der Kinder zum Erkunden und Entwickeln von Potenzialen erweitern und ihre Fähigkeit, in der Schule erfolgreich zu sein, unterstützen. Selbst in Bezug auf sehr verschultes Lernen kommen diejenigen Kinder am besten zurecht, die reichlich Gelegenheit hatten, gemeinsam mit anderen Kindern in selbstorganisierte Fantasiespiele einzutauchen (Sommer 2015). Studien zeigen, dass 15-Jährige in Intelligenztests und Fachkenntnissen besser abschneiden, wenn sie als 1- bis 5-Jährige hochwertige Kitas, d. h. Einrichtungen, die von einem Ausgangspunkt des ganzheitlichen Kindes ausgehend arbeiten, besucht haben: „Je früher Kinder der Pädagogik ‚des ganzheitlichen Kindes' mit dem Fokus auf das Lernen durch Spielen (frei und angeleitet) ausgesetzt sind, desto besser werden sie in der grundlegenden Mathematik, in ihrem Natur- und Sprachverständnis sowie in ihrer Selbstbeherrschung." (Sommer 2015, S. 70). Beim selbstorganisierten Spielen von Kindern wird fast die Hälfte der Zeit für spaßbetonte Experimente mit grundlegenden mathematischen Konzepten wie Formen, Mustern, Größen, Aufzählungen und räumlichen Dimensionen aufgewendet. Mathematikrelevantes Verhalten wird auch gefördert, wenn die Erwachsenen mathematisches Material zur Verfügung stellen, das die Kinder beim Spielen verwenden können, z. B. Bauklötze, Legosteine, Puzzles oder Spielgeld (Sommer 2015). Das bedeutet, dass die Entwicklung von etwas so Fachspezifischen wie mathematischen Fähigkeiten auch ein Nebeneffekt sowohl von selbstorganisiertem Spielen wie auch von durch Erwachsene angeleitetem Fantasiespiel ist.

Die Lernpotenziale des Spielens sind für das Curriculum relevant. Die verschiedenen Formen der sozialen, kommunikativen und fachlichen Entwicklung und des Lernens sind im Spielen wechselseitig eng miteinander verknüpft. Das Lernen in einem Entwicklungsbereich kann für das Lernen in anderen Bereichen öffnen und dieses bewirken.

Spielen als Entwicklungsraum

Die realen Identitäten der Kinder fließen in das Fantasiespiel ein und tragen dazu bei, den Rahmen für den Spielraum des Einzelnen festzulegen (Winther-Lindqvist 2010b). Das Spielen ist daher auch persönlich. Man kann nicht beim Spiel etwas sein oder lernen, ohne gleichzeitig auch etwas darüber zu lernen, wer man selbst ist.[10] Bei gemeinsamen Fantasiespielen können die Kinder sich im besten Fall in gemeinsamen fiktiven Welten entfalten und verschiedene Spielrollen und Spielpositionen ausprobieren. Wenn Kinder gemeinsam in ein Spiel eintauchen, geht es um die persönliche Teilhabe an einer Gemeinschaft (Winther-Lindqvist 2004). Beim Spielen, wie auch im Leben und bei den Interaktionen der Kinder insgesamt, spielen Konflikte um unterschiedliche Wünsche und Interessen eine entscheidende Rolle (Winther-Lindqvist 2007). Studien haben gezeigt, dass ein großer Teil aller Spiele auf Spielplätzen Elemente von Machtkämpfen enthalten, bei denen sich Kinder beispielsweise gegenseitig angreifen, fangen oder verteidigen (Andersen und Kampmann 2002). Durch Übungen im Aushandeln und in Zusammenarbeit wird das Spielen zu einer Übung in der Demokratie (Hare 2014). Eine solche Selbstkontrolle im Rahmen demokratischer und sozialer Ideale macht einen wichtigen Bestandteil der Vorbereitung auf das Leben in der Schule aus (Winther-Lindqvist 2015).

Die Teilnahme am Spielen funktioniert wie eine Übung in der komplizierten Disziplin des Herausfindens, wer man selbst sein kann, wofür man sich begeistert und worin man gut ist sowie welche Möglichkeiten man hat, seine Wünsche auszuleben und eigene Interessen und Voraussetzungen mit denen anderer zu kombinieren. Auf diese Weise sind das Spielen, die Identitätsbildung und das Lernen eng miteinander verknüpft. Diese Sichtweise erläutern wir im Rest dieses Kapitels.

Die verschiedenen Blickwinkel auf das Spielen zeigen, dass es aus der Perspektive des Wohlergehens, der Prävention, des Lernens und der Entwicklung eine der pädagogischen Kernaufgaben ist, für alle Kinder den Zugang zu Spielgemeinschaften mit anderen Kindern sicherzustellen.

Aspekte des Spielens

Unterstützt man das Spielen der Kinder mit einem pädagogischen Ziel als Initiator, Teilnehmer, Inspirator und Anleitender, kann es nützlich sein, ein Auge darauf zu haben, dass die Fantasiespiele verschiedene Aspekte umfassen. Spielen ist viel mehr als das Eintauchen in fiktive Welten. Das Spielen als Aktivität umfasst viele

10 Darauf werden wir später in diesem Kapitel unter den Abschnitten *Soziale Identität* sowie *Spielrollen und Spielpositionen* eingehen.

verschiedene Formen der sozialen Interaktion, die der Erwachsene kennen muss, um die Spielaktivitäten und die Voraussetzungen der Kinder für die Teilnahme am Spielen entwickeln und unterstützen zu können. Wir beschreiben hier drei Aspekte des Spielens, die alle für das Funktionieren des Spiels notwendig sind: die fiktive Sphäre, die Regiesphäre und die reale Sphäre (Winther-Lindqvist 2006).[11]

Die *fiktive Sphäre* umfasst die fiktive Spielhandlung und die Schaffung einer gemeinsamen vorgestellten Erzählung der Kinder, in der sie in verschiedene Rollen eintauchen („Hiiiilfe! Captain Hook will mich fangen!"). Die Erzählung weist den Kindern Rollen zu, und die Kinder entwickeln und stimmen die Rollen gemäß der Erzählung aufeinander ab (Andersen und Kampmann 2002). Der Zugang zum gemeinsamen Fantasieszenarium erfordert ein gewisses Maß an Einfühlungsvermögen und Identifikation.

Die *Regiesphäre*, auch „Erzählerebene" genannt (Andersen und Kampmann 2002), befasst sich mit der Planung des Spiels. Die Planung des Spiels kann entweder gemeinsam erfolgen oder von einem einzelnen Kind übernommen werden. Zu Beginn des Spiels wird z. B. entschieden, wo es stattfinden soll, wer mitspielen wird und wer welche Rolle bekommt („Ich bin Tinker Bell, und du bist Peter Pan."). Oft wird auch während des Spielens darüber verhandelt, welche Handlungen in das Spiel einfließen sollen und ob evtl. die Rollen getauscht oder das Thema geändert werden soll. Die Verhandlungen finden auf den Prämissen der Realität statt, u. a. basierend auf den sozialen Positionen der Kinder in der Kindergruppe. In der Regiesphäre werden auch Konflikte behandelt. Konflikte und Konfliktstoffe stellen beim Spielen eine entscheidende Rolle dar (Winther-Lindqvist 2007).

Die *reale Sphäre* enthält die Auswirkungen der Umgebungen und der realen Welt auf das Spiel. Die Spielkultur in der Einrichtung ist ein Teil der realen Sphäre, z. B. die physischen Rahmen, Normen und Interaktionsformen. Die Fiktion wird u. a. an die Begrenzungen und Möglichkeiten der Spielumgebung angepasst, d. h. welche physischen Rahmen, Umgebungen und Mittel den Kindern zur Verfügung stehen, sodass diese Bedingungen Einfluss darauf haben, was uns wie gespielt wird („Wir dürfen nicht auf die Tische klettern!"). Auch die Interessen, Wünsche, Beiträge und Statusklassen der teilnehmenden Kinder bilden einen Teil der realen Sphäre, der in die Entwicklung des Spiels einfließt. Hier sind die Kinder die privaten Personen, die sie nun einmal sind (Andersen und Kampmann 2002).

Die drei Sphären sind voneinander abhängig, beeinflussen sich gegenseitig und verschmelzen miteinander. Keine von ihnen ist „richtiger" als die anderen. Das Machtspiel bei den Verhandlungen und das Eintauchen in die Fiktion setzen einander voraus. Die Konfrontation zwischen der Realität und der Fantasie

11 Die Beschreibung der drei Aspekte beruht auf Winther-Lindqvist 2006, wenn nichts anderes angegeben ist.

ist einer der wesentlichen Dreh- und Angelpunkte des Spielens. Manchmal ist es das Machtspiel, das für die Kinder am wichtigsten ist. Wenn die Erwachsenen die fiktive Seite des Spielens als wichtiger betonen, kann dies das Spielen einfacher darstellen, als es vielleicht tatsächlich ist (Andersen und Kampmann 2002). In Verbindung mit der pädagogischen Planung kann der Erzieher die drei Aspekte zu seinem Vorteil nutzen, um zu beobachten, ob den verschiedenen Aspekten des Spielens pädagogische Aufmerksamkeit geschenkt wird. Während der Spielaktivitäten können Aspekte in die Beurteilung einbezogen werden, wo die einzelnen Kinder sich selbst ins Spiel bringen können, wo sie auf Herausforderungen treffen oder es ihnen daran mangelt und wo ein besonderer Bedarf dafür besteht, das Spiel zu unterstützen. Die Aspekte sind daher auch im Zusammenhang mit der Bewertung der Spielaktivitäten hilfreich. Möglicherweise müssen die gemeinsamen Spielanleitungen angepasst werden, damit einem bestimmten Aspekt für einen bestimmten Zeitraum oder relativ zu einer bestimmten Kindergruppe mehr Aufmerksamkeit geschenkt wird.

Basierend auf einem soziokulturellen Lernverständnis wird in den folgenden Abschnitten erläutert, wie die reale Sphäre die Spielkultur, d. h. die Formen der sozialen Interaktion, die Spielumgebung und die kulturellen Narrative in der Einrichtung einschließt. Wie in der Einleitung beschreiben, ist es beispielsweise von Bedeutung, welche Normen in der Kindergruppe dafür gelten, Zugang zu einem Spiel zu erhalten, oder welche Gründe die Erwachsenen für legitim halten, wenn sich Kinder gegenseitig ablehnen.

Soziokulturelles Lernen

Ein soziokulturelles Lernverständnis entspricht der pädagogischen Fachtradition, die Entwicklung und das Lernen des Kindes als Teil eines Ganzen zu verstehen: die Welt nach und nach zu erobern, während sie zu vollständigen Menschen werden. Für Kinder bedeutet Lernen, „dass sie ein neues Stück der Welt erobert haben und es sich in ihrem Bemühen, sich selbst als Individuen und Menschen zu erschaffen, angeeignet haben." (Hare 2014, S. 162). Eine Grundvoraussetzung für eine soziokulturelle Lernperspektive ist, dass der Mensch als existenziell von der soziokulturellen und gesellschaftlichen Integration abhängig angesehen wird. Der Mensch beeinflusst mit seinen Handlungen die Kultur, während die Kultur andererseits dem Denken, Handeln und der sozialen Entwicklung des Menschen Möglichkeiten schafft und Grenzen auferlegt. Die Menschwerdung erfolgt also durch Integration in bestehende soziokulturelle Praktiken (Søndergaard 2006). Dies bedeutet, dass das Erlernen bestimmter Fähigkeiten und Fertigkeiten einen wesentlichen Bestandteil der sozialen Identität der Lernenden bildet (Svinth 2012).

Dies wirft die Frage auf, was Kinder lernen, und welches Ziel der Erzieher für eine Aktivität festgelegt hat. Bei der Aktivität eignet sich das Kind nämlich auch ein Verständnis des Kontextes und der Interaktion an, in der die Beschäftigung stattfindet (Svinth 2012). Dies kann durch die folgende These ausgedrückt werden: „Wie man lernt, ist entscheidend dafür, was man lernt." (Sommer 2015, S. 77). Deshalb ist die pädagogische Arbeit mit der Spielkultur so wichtig. Was man als Kind als wichtig und möglich betrachtet, hängt von dem Kontext ab, in den man involviert ist (Hviid 2004). Auf diese Weise entstehen viele der Bedürfnisse des Kindes auch in der Beziehung zwischen dem Kind und der Umgebung. Wenn ein Kind also z. B. lernt, beim Spielen mit anderen Kindern für sich eine bestimmte Rolle auszuhandeln, lernt es auch etwas über seine eigenen Möglichkeiten und seine eigene Position in der Gemeinschaft. Spielpositionen sind nicht vom übrigen Leben des Kindes isoliert, sondern hängen mit den Positionen zusammen, die das Kind im Allgemeinen einnehmen kann. Das Lernen der Kinder durch die Spielpositionen umfasst daher auch das Lernen über mögliche Positionen im Leben, Identifikationsmöglichkeiten, über Gemeinschaften und über den eigenen Platz der Kinder innerhalb der Gemeinschaften.

Das Lernen darüber, wie man sich in Gruppen verhält, erfolgt durch Erlebnisse und körperliche Erfahrungen, indem ein Umgang mit anderen Kindern und Erwachsenen in der Gemeinschaft stattfindet. Es ist nicht möglich vorherzusagen, was jemand durch die Teilnahme an einer bestimmten Aktivität lernen wird. Man kann einige strukturelle Rahmenbedingungen und Interaktionsformen bereitstel-

len, in denen die einzelnen Kinder die Möglichkeit haben, sich selbst anzueignen, was sie benötigen. Erzieher und Kind können aktiv an etwas beteiligt sein, aber das, was sie einbringen, was sie teilen, ist nicht dasselbe. Beispielsweise ist das Kind möglicherweise am meisten beeinflusst, durch die Handlungen der anderen Kinder, oder ob es lieber etwas anderes spielen möchte (Hare 2014). Auch die früheren Erfahrungen mit einem Erzieher beim Spielen sind hierbei ausschlaggebend. Mit professioneller Aufmerksamkeit für diesen Spielraum kann der Erzieher die Lernziele dort setzen, wo das Kind am meisten zum Lernen motiviert ist.

Soziokulturelles Lernen

- Mensch und Kultur formen sich gegenseitig.
- Der Mensch entsteht durch die Teilnahme an kulturellen Praktiken.
- Viele Bedürfnisse entstehen aus der Beziehung des Kindes zur Umgebung.
- Das Erlernen von Fähigkeiten ist auch das Lernen darüber, „wer ich bin“.
- Das Kind lernt aus dem Kontext und der Interaktion, in denen die Aktivität stattfindet.
- Konzentration auf die Interaktion zwischen den Absichten des Kindes, der Kita und den Erziehern.

Lernen aus der Kinderperspektive

Soziale Identifikationen finden statt, wenn Kinder bei Handlungen zeigen, wie sie sich selbst und einander im Verhältnis zu sich selbst wahrnehmen. Die Identifikationen erfolgen besonders deutlich, wenn Kinder an gemeinsamen Projekten teilnehmen, z. B. wenn sie im Rahmen eines gemeinsamen Spiels aufeinandertreffen. Für die Kinder steht nicht nur das Spielen und das gemeinsame Projekt im Fokus. Die Kinder sind in gewisser Weise auch in sehr hohem Ausmaß aufeinander fokussiert (Winther-Lindqvist 2010a). Das gemeinsame Spielen geht mit einer emotionalen Bindung untereinander einher. Ab ungefähr dem Kindergartenalter sind das Zusammensein und die Beziehungen zu Gleichaltrigen für die meisten Kinder am wichtigsten. Viele Kinder schätzen es auch sehr, wenn sich Erwachsene an ihrem Spiel beteiligen, doch wenn man die Kinder selbst fragt, was ihnen Spaß macht, ist es insbesondere, miteinander und mit ihren Freunden zusammen zu sein (Fahnøe 2014). Ihnen ist ihr Platz in der Gemeinschaft und ihr Empfinden darüber, wie sie von anderen Kindern wahrgenommen werden, besonders wichtig.

Für die Kinder ist es daher von zentraler Bedeutung, ob sie beim Spielen Zugang zu den Rollen und Positionen erhalten, in denen andere sie so wahrnehmen können, wie sie selbst gern gesehen werden möchten (Winther-Lindqvist 2007).

Der Fokus der Kinder beim Spielen liegt auf:

1. dem Zusammenspiel,
2. der Auswahl des Spielpartners,
3. der Auslese der Spiele und
4. der Selektierung der Rollen und Positionen beim Spielen.

Die unterschiedlichen Interessen und Motivation der Kinder prägen gleichzeitig ihre Position in der Kindergruppe und ihren Zugang zu den Spielgemeinschaften. Die Möglichkeit zu erhalten, mit etwas Positivem zur Gemeinschaft beizutragen, schafft die Aussicht, eine positive soziale Identität zu entwickeln (Winther-Lindqvist 2015; 2004). Ein Teil der Begeisterung besteht häufig darin, dass man sich gemeinsam an etwas beteiligt und es mit anderen teilen kann. Beteiligung schafft Entwicklungszonen für die teilhabenden Kinder. Sie erweitert und kreiert den Abschnitt der Welt, an dem die Kinder teilhaben, neu (Hviid 2004). Es ist wichtig zu wissen, die Interessen der Kinder zu kennen und zu wissen, was ihnen wichtig ist. Die Erfahrung eines Kindes, dass eine Aktivität bedeutungsvoll ist, hat Einfluss auf das Spaß- und Lernpotenzial der Tätigkeit für das Kind:

> *„[Erwachsene] erwarten etwas von den Kindern, basierend auf bestimmten Begründungen, Gedanken und Erfahrungen, und die Kinder erwarten etwas von den Orten, an denen sie sich befinden, basierend auf bestimmten Interessen, Wünschen und Möglichkeiten, die sie erkennen können. Und in dem Austausch zwischen dem, was die Kinder von der Welt und der Einrichtung erwarten, und dem, was die Einrichtungen von den Kindern erwarten, kann sich das Pädagogische entfalten.“*
>
> (Pernille Hviid, zitiert in Mehlsen 2013, S. 4–6)

Langfristiges Lernen erfordert die aktive Einbeziehung des Kindes. Eine Reihe von internationalen Studien dokumentiert, dass eine Pädagogik mit Fokus auf der Autonomie der Kinder, dem Spielen und eigenen Perspektiven im Zentrum zu einer besseren Vorbereitung auf die Schule und weniger problematischem Verhalten im weiteren Sinne führt (Sommer 2015). Fehlt das Erlebnis, etwas mitgestalten zu können, kann dies zu einer verringerten Lernfähigkeit führen. Kinder erhalten daher unterschiedliche Partizipations- und Lernmöglichkeiten, wenn nicht alle Kinder positive Erfahrungen von Mitbestimmung erleben: „Die Erfahrungen, die Kinder bei pädagogisch geplanten Aktivitäten machen, haben Einfluss darauf, ob das Kind im weiteren Leben das Gefühl hat, dass es selbst und seine Meinung etwas bedeuten, dass seine Ressourcen und Initiativen geschätzt werden und dass es wichtig genug ist, dass man ihm zuhört." (Svinth 2012, S. 28). Die Mitbestimmung der Kinder ist daher ein zentrales Konzept im Zusammenhang mit der Planung von Spielaktivitäten und der Entwicklung der Spielkultur in der Einrichtung. Die Mitbestimmung kann sich auf bestimmte Situationen beziehen, in denen das Kind z. B. Einfluss darauf nehmen kann, welche Rollen es beim Spielen einnehmen soll. Die Mitbestimmung kann sich auch auf die strukturelle Ebene beziehen. Eine gewisse Vielseitigkeit der gemeinsamen wiedererkennbaren Spiele und gemeinsamen kulturellen Narrative ist eine wichtige Voraussetzung für die Möglichkeit des Kindes, an den Spielen teilzunehmen und sich einzubringen. Die Kinder können wie Erwachsene sehr unterschiedliche Interessen haben, auch wenn sie das gleiche Alter und Geschlecht haben. Die Mitbestimmung und somit die Lernmöglichkeiten haben schlechte Bedingungen, wenn die Interessen mancher Kinder nicht in die Spiele und die kulturellen Narrative, die in der Einrichtung gefördert und initiiert werden, einfließen.[12] Wenn es nur eine Art von Spiel gibt, z. B. Fußball, die in einem bestimmten Zeitraum den Großteil der älteren Jungen in einer Kindergruppe beschäftigt, können Jungen, die sich nicht für Fußball interessieren, in ihrem Zugang zur Spielgemeinschaft zu kurz kommen (Winther-Lindqvist 2010a; 2010b). Insbesondere wenn gleichzeitig eine Kultur existiert, in der die Kinder nicht über die Geschlechterteilung oder Altersgruppen hinweg miteinander spielen, können die Spielmöglichkeiten sehr begrenzt sein.[13] Bei der Mitbestimmung geht es auch darum, von den anderen Kindern gesehen zu werden und Wertschätzung zu erfahren. Aus der Sicht der Kinder ist vor allem entscheidend herauszufinden, wer sie in den Augen der anderen sein können und ob es ihnen gefällt, was die anderen über sie denken (Winther-Lindqvist 2004). Ein Kind, das möglicherweise Schwierigkeiten damit hat, in ein Bäckereispiel einzutauchen, zeigt möglicherweise eine ganz andere Begeisterung, wenn aus dem Geschäft stattdessen eine Zoohandlung mit gefährlichen Tieren entsteht. Der Kontext um die Kindergruppe und die einzelnen Kinder muss daher in Bewegung bleiben, und die Erwachsenen müssen den gegenwärtigen Interessen und Bedürfnissen der Kinder gegenüber offen und neugierig sein.

12 Diese Beziehungen entsprechen dem, was wir später in diesem Kapitel als Zone für ermutigtes Handeln beschreiben.

13 Siehe Kasten *Eine ausschließende Spielkultur* in der Einleitung.

Zirkuläres Lernen

Entwicklung und Lernen sind zirkulär. Wenn Kinder neue Fertigkeiten erwerben, wenden sie diese typischerweise für eine gewisse Zeit an, um dann vorübergehend zu früheren Handlungsweisen zurückzukehren. Dies ist kein Ausdruck einer Fehlentwicklung, sondern für individuelle Lern- und Entwicklungsmuster: „Lernen ist eine nicht lineare Größe, die nicht in einer bestimmten Reihenfolge, sondern in Sprüngen, in Brüchen – und in der ewigen Rückkehr zu etwas zuvor Dagewesenem stattfindet. Lernen findet nicht nur und wahrscheinlich relativ selten als linearer Verlauf statt." (Bayer 2014, S. 50).

Lernen ist auch in dem Sinne zirkulär, dass es selbstbestätigende Interaktions- und Handlungsmuster ausmachen kann, die sich auf die Lernprozesse der Kinder fördernd oder hemmend auswirken können.

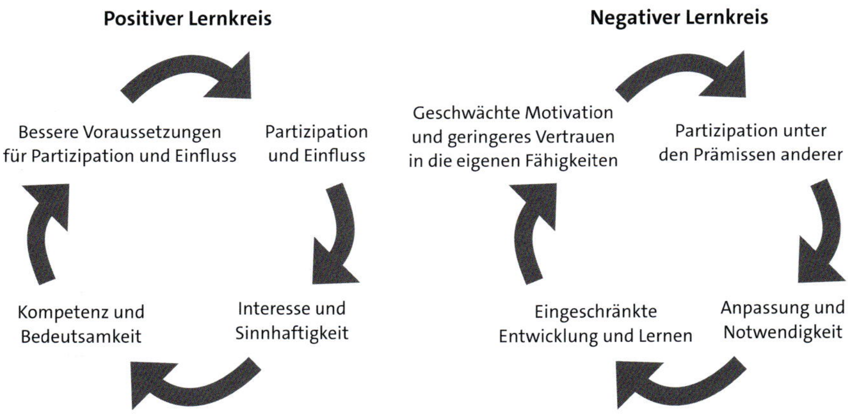

Abbildung 1.0 Positiver und negativer Lernkreis

In einer vereinfachten Darstellung zeigt der positive Lernkreis, wie das Kind Beteiligung und Sinn erfahren kann, wenn es die Möglichkeit hat, sich im Spielen einzubringen und es zu formen. Auf diese Weise kann das Kind Erfahrungen damit sammeln, kompetent und wichtig zu sein, wodurch sich sein Status als beliebter Spielgefährte verbessern kann. Dies wiederum stärkt die Lernmöglichkeiten und Voraussetzungen des Kindes für die Beteiligung und die Mitgestaltung von Spielen in der Zukunft.

Auch der negative Lernkreis zeigt in einer vereinfachten Darstellung, wie ein Kind allein dadurch, dass es unter den Prämissen der anderen teilnimmt, die Erfahrung von Anpassungsfähigkeit und Notwendigkeit erleben kann. Auf diese Weise macht das Kind möglicherweise die Erfahrung, weniger wichtig zu sein, einen niedrigen Status innerhalb der Kindergruppe zu haben und sich ausgeschlossen zu fühlen (Åm 1984; Hviid 2004). Dies hindert das Kind daran, seine Interessen und Fähigkeiten zu entwickeln, und beeinträchtigt seine Voraussetzungen für die künftige Mitgestaltung des Spiels. Wenn der Beitrag eines Kindes konsequent nicht anerkannt wird, und dadurch irrelevant wird, besteht für das Kind die Gefahr der Ausgrenzung. Das Kind kann eine „Nichtteilnahme-Identität" entwickeln (Wenger 2004 in Svinth 2012). Wir können nun die folgende These hinzufügen: Was man lernt, ist entscheidend dafür, wer man sein kann.

Das Denken in Lernkreisen kann den Blick dafür schärfen, was zur Schaffung sich selbst verstärkender Lernmuster beiträgt. Kinder treffen auf die Erwartungen anderer in Hinsicht auf ihre Teilnahme oder ihren Beitrag zum Spiel, genauso wie die Kinder selbst Erwartungen und Wünsche im Hinblick darauf haben, welchen Platz sie in der Gemeinschaft einnehmen wollen (Winther-Lindqvist 2010a). Pädagogen erschaffen Narrative über die Kinder, wenn sie über Spielerlebnisse sprechen, Spielrollen verteilen oder wenn Spielaktivitäten dokumentiert werden. All dies fließt in den Aufbau von Erwartungen mit ein, die dazu beitragen können, bestimmte Lernmuster zu verstärken oder aufzubrechen. Auch die Art und Weise, wie der Erzieher den Kindern während des Spielens selbst gegenübertritt, kann zu einem sich selbst verstärkenden Lernkreis beitragen: „Die Akzeptanz oder Ablehnung des Beitrags des Kindes durch den Erzieher kann sich darauf auswirken, ob sich das Kind zu einem anderen Zeitpunkt ermutigt fühlt, seine Meinung zu äußern und Einfluss zu suchen." (Svinth 2012, S. 36). Das Sammeln und Hinzufügen neuer Geschichten über die positiven Spielerfahrungen des Kindes mit anderen Kindern ist eine sehr effektive Möglichkeit, einen negativen Lernkreis zu durchbrechen. Ein Kind mit möglichen Unsicherheiten, das darin bestärkt wird, bei gemeinsamen Fantasiespielen positive Erfahrungen zu sammeln, und das positive Narrative über sich selbst als Teil einer Spielgemeinschaft hört, kann die Unsicherheit in ein Erlebnis von Kompetenz umwandeln. Dies kann dem Kind mehr Mut geben, in Zukunft das Spiel aufzusuchen und zu initiieren. Gleichzeitig können die anderen Kinder positive Erfahrungen mit dem Kind in neuen Positionen sammeln, was es in Zukunft zu einem attraktiveren Spielgefährten machen kann (Winther-Lindqvist 2010a).[14]

Lernprozesse sind natürlich nuancierter als lediglich eine Frage des Eintritts entweder in einen sich selbst verstärkenden positiven oder negativen Lernkreis. In den nächsten beiden Abschnitten konzentrieren wir uns auf die soziale Identität, die sich durch soziale Kategorien, Spielrollen und Spielpositionen entfalten kann. Auf diese Weise zeigen wir, wie Partizipationsmöglichkeiten, Lernen und soziale Identität eng miteinander verbunden sind.

14 Weiter unten in diesem Kapitel wird beschrieben, wie sich kommunikative Fähigkeiten auf die anderen Lernmöglichkeiten des Kindes auswirken und daher die Lernmuster des Kindes stark beeinflussen.

Soziale Identität

Der Prozess der sozialen Identität betrifft die Art und Weise, wie die Kinder sich gegenseitig anerkennen und wie sie die Anerkennung aushandeln. Dies gilt u. a., wenn Kinder sich gegenseitig die Möglichkeit geben oder verweigern, am gemeinsamen Spiel teilzunehmen, oder wenn sie beim Spielen zeigen, was sie voneinander halten (Winther-Lindqvist 2013; 2010b). Die Identitäten werden laufend verhandelt und sind somit mobil. Die soziale Identität wird durch die Beteiligung der Kinder in ihren Freundschaftsbeziehungen und in der größeren Kindergemeinschaft sowie von ihren sozialen Positionen ausgehend geprägt. Jedes Mal, wenn Kinder in Interaktion darüber treten, wer auf welche Weise teilnehmen kann, besteht ein Potenzial für die Veränderung der sozialen Identität. Gleichzeitig besteht die Möglichkeit, Lernmuster zu bestärken oder aufzubrechen.

> *„Die Kinder kämpfen dafür, Positionen beizubehalten, denen sie selbst und die Kultur eine Bedeutung zuschreiben, und sie versuchen, sich aus Positionen herauszuarbeiten, die sie selbst und die Kultur als nicht attraktive Positionen betrachten. Durch ihr Spiel schaffen sie Raum für neue Identitäten für sich selbst und einander."*
>
> (Winther-Lindqvist 2013, S. 144)

Das soziale Leben in der Einrichtung ist nach einem speziellen System strukturiert, das meist eine Altershierarchie sowie geschlechtsspezifische Erwartungen enthält, die die Kinder mit zunehmendem Alter immer mehr unterteilen (Winther-Lindqvist 2013). Bereits in der Krippe versuchen sich die Kinder an sozialen Kategorien wie z. B. Geschlecht, Alter und ethnische Zugehörigkeit zu orientieren, um einen Platz in der sozialen Struktur der Einrichtung zu finden. Die Kinder folgen Anzeichen, dass sie selbst einer bestimmten Kategorie und nicht einer anderen angehören. Auf diese Weise lernen sie die soziale Landschaft zu verstehen, und eignen sich die Spielregeln, die für den Eintritt in diese gelten, an (Kampmann 2003). Die Kinder stellen unter anderem fest, wer in die Kategorie „die Großen" oder „die Mädchen" gehört und wer nicht. Für manche Kinder existiert z. B. kein Zugang zur Position „großes Mädchen", egal wie attraktiv die Position von dem einzelnen Kind erlebt wird. In einigen Kitas ist die Position mit Privilegien verbunden, z. B. dass „die großen Mädchen" alleine mit dem Puppenhaus im Büro spielen dürfen oder dass es meistens „die großen Mädchen" sind, die den Erwachsenen beim Decken des Tisches helfen dürfen. Vom Zugang zu dieser Position oder diesen Privilegien ausgeschlossen zu sein, kann von anderen Kindern als große Deprivation empfunden werden. Dies gilt unabhängig davon, ob der fehlende

Zugang darauf zurückzuführen ist dass sie „klein" oder „ein Junge" sind oder dass sie sich nicht so verhalten, wie es von einem „großen Mädchen" erwartet wird. Die Kinder erfahren auf körperlicher und emotionaler Ebene was es bedeutet, bestimmten Kategorien anzugehören oder ausgeschlossen zu werden. Auf diese Weise lernen sie etwas darüber, was dafür erforderlich ist, als bestimmten Kategorien und nicht anderen zugehörig anerkannt zu werden. Sie lernen die sozialen Codes oder Spielregeln dafür, welche Verhaltensformen und Beziehungsbildungen in der Kita z. B. für ihr Alter, ihr Geschlecht oder ihre ethnische Zugehörigkeit akzeptabel sind. Sich in den eigenen oder den Augen der anderen zu verwandeln, kann daher so verstanden werden, dass dem Kind der freie Zugang zu Positionen möglich ist (Davies 2003; Davies und Harré 2000).

Soziale Identität

- wird durch soziale Interaktion geschaffen und verhandelt,
- ist mit den Kategorien verknüpft, die den Kindern zur Verfügung stehen,
- setzt sich aus den Positionen und Privilegien zusammen, zu denen die Kinder Zugang haben,
- kann je nach Kontext mehr oder weniger beweglich oder festgelegt sein,
- wird auch durch den Zugang zu Spielrollen und Spielpositionen gebildet.

Spielrollen und Spielpositionen

Spielaktivitäten auf der Grundlage gemeinsamer Spielanleitungen sind ein geeigneter Rahmen, um Kindern, die sich in bestimmten Zusammenhängen in festgefahrenen Positionen befinden, zu vielseitigeren Erfahrungen zu verhelfen (Winther-Lindqvist 2010a). Dies ermöglicht neue Partizipationsmöglichkeiten und positive Narrative über gemeinsame Spielerlebnisse. Für das umfassende Lernen von Kindern ist es wichtig, dass sie sowohl Erfahrungen damit sammeln, ein zentraler und führender Teilnehmer beim Spielen zu sein, als auch manchmal mehr Kompromisse einzugehen und sich den Wünschen der anderen Teilnehmer unterzuordnen (Winther-Lindqvist 2013). Ein Kind, das normalerweise beim Spielen sehr tonangebend ist, kann stark davon profitieren, wenn es versucht, weniger führende Spielpositionen einzunehmen. Für menschliche Gemeinschaften ist es erforderlich, dass man sich unter verschiedenen Prämissen beteiligen kann, z. B. als Neuer in einer Gemeinschaft, die man noch nicht so gut kennt.

Alle Kinder müssen im Laufe der Zeit erleben, dass sie wichtige Mitschöpfer der Gemeinschaft sind (Winther-Lindqvist 2010a).

Spielrollen	**Spielpositionen**
Sind mit dem Thema des Spiels verknüpft.	Je nach Kenntnis des/Erfahrung mit dem Thema und den Rollen kann eine mehr oder weniger involvierte oder kompetente Position eingenommen werden.
Definieren die Handlung und die Entwicklung des Spiels.	Die Spielpositionen entfalten sich in Bezug auf den durch die Spielrollen definierten Rahmen.
Bieten verschiedene Lernmöglichkeiten.	Unterschiedliche Rollen können das Einfühlen in verschiedene Charakterzüge bieten oder mehr oder weniger festgelegte Spielpositionen einführen.
Führen mehr oder weniger führende Positionen im Spiel ein.	Ein Wechsel zwischen den Spielrollen kann zu einem Wechsel zwischen den Spielpositionen führen.

Spielrollen	Spielpositionen
Setzen einen Rahmen für die Entfaltung der sozialen Identität.	Ich bin derjenige, der sich im Zentrum/ am Rand des Spiels befindet. Ich bin derjenige, der Einfluss hat/sich den anderen anpasst. Ich bin derjenige, der etwas/nicht so viel über das Thema des Spiels weiß. Ich bin gut/nicht so gut im Spiel. Mit mir spielen die anderen gerne./ Ich bin nicht so wichtig für das Spiel.

Abbildung 1.1 Spielrollen und Spielpositionen

Rollen bestimmen den Spielrahmen

Den verschiedenen Rollen in den Spielen sind unterschiedliche Identifikationsmöglichkeiten zugeordnet. In einigen Rollen kann man eher z.B. stark, zäh oder gefährlich sein, in anderen klein, niedlich oder ängstlich. Einige Rollen (oder Spielthemen) sind nuancierter als andere. Den Rollen sind unterschiedliche Handlungsmuster zugeordnet, sodass man z.B. in der Rolle der Mutter oder des Vaters derjenige sein kann, der Auto fährt oder kocht, während man in der Rolle des Babys diese Handlungen in der Regel nicht ausführen kann: „Die Rollen führen bestimmte Handlungsmuster, Funktionen oder Möglichkeiten ein, wie Dinge getan werden sollen. Die Richtlinien werden Manuskripte genannt, und sie sind kulturell konnotiert, wie auch die Handlungsanweisungen: Die Mutter kümmert sich um die Kinder, nicht umgekehrt [...].“ (Winther-Lindqvist 2004, S. 25). Die Rollen bestimmen die Handlung und das Thema des Spiels, genau wie das Thema des Spiels einen Rahmen dafür festlegt, welche Rollen sinnvoll sind. Die Kinder bekommen die Inspiration für die Rollen aus den kulturellen Narrativen, die ihnen die Umgebung bietet. Das Wissen der Kinder über die Rollen des jeweiligen Spiels sind notwendig, um eine gemeinsame Geschichte zu erschaffen, die sich entfalten kann. Die Rollen müssen in Bezug auf das Thema des Spiels und die Spielanleitung wiedererkennbar und bedeutungsvoll sein. Ein Kind nimmt erst dann wirklich am Spiel teil, wenn es seine Rolle kennt, verstanden hat und sie durch sein Handeln zu nutzen beginnt (Winther-Lindqvist 2006).

Da die Rollen in einem Spiel immer bis zu einem gewissen Grad wiedererkennbar und bedeutungsvoll im Verhältnis zur realen Sphären sein müssen, kann es auch Kinder geben, denen es leichter oder schwerer fällt, sich mit bestimmten Rollen zu identifizieren oder identifiziert zu werden. Die Spielkultur in der Einrichtung ist wichtig dafür, dass nuancierte Rollen gespielt werden können, z. B. ob ein großer Junge Zugang zur Rolle als kleines Kaninchen oder als fürsorgliches Elternteil eines Babys bekommt, ob ein dunkelhäutiges und dunkelhaariges Mädchen das Aschenputtel spielen darf oder ob ein kleines Mädchen die Rolle des Spiderman oder Prinzen auf dem weißen Pferd zugeteilt bekommt.

Spielpositionen

Kinder handeln Spielpositionen für sich selbst und für die anderen durch die Art und Weise aus, wie sie das Spiel organisieren. Dies geschieht u. a. durch Entscheidungen darüber, wer mitspielen und wer welche Rolle übernehmen soll. Die Rolle oder die Rollen, zu denen die Kinder jeweils Zugang erhalten, machen sie einander unter bestimmten Bedingungen erkennbar. Das Aushandeln des Zugangs zu bestimmten Rollen im Spiel ist auch ein Aushandeln der sozialen Position der Kinder: Wer kann ich in dieser Gemeinschaft sein und wie kann ich Einfluss nehmen? Die sozialen Positionen, zu denen das Kind Zugang hat, auch im Spiel, bilden zusammen die soziale Identität des Kindes.

Die Rollen führen zu bestimmten Positionen im Spiel. Einige Rollen sind wichtiger, z. B. die Rolle der Mutter in einem Familienspiel. Die Rolle der Mutter hat in der Regel einen größeren Einfluss auf die Entwicklung des Spiels als andere Rollen, die eher peripher vorkommen, z. B. die Rolle des Hundes. Welchen Raum und Einfluss die einzelne Rolle im Spiel einnimmt, hängt auch davon ab, ob die Rolle Teil einer gut entwickelten Spielanleitung ist (Winther-Lindqvist 2006). Beispielsweise kann es im Familienspiel eine recht begrenzte Anzahl an Repliken und Handlungsmöglichkeiten für einen Hund geben, was es für ein Kind in der Rolle des Hundes schwer (aber nicht unmöglich) machen kann, im Spiel führend zu sein. Wenn eine Kindergruppe z. B. sehr an Hunden interessiert ist, Alltagserfahrungen mit Hunden hat und über ein gemeinsames Wissen über einen Hund in einer zentralen Position (z. B. Pluto, Scooby Doo oder Lassie) verfügt, gibt es ein ausgefeilteres Drehbuch und damit mehr Handlungsmöglichkeiten in der Rolle des Hundes. Wenn das Spiel funktioniert, können die Kinder die Rollen durch das Spiel neu erschaffen und verändern. Daher ist auch zu beobachten, dass eine traditionell periphere Rolle Zugang zu einer tonangebenderen Spielposition als erwartet erhalten kann.

Die Kinder können in unterschiedlichem Maße Einfluss ausüben, je nachdem, in welchen wechselnden Spielgruppen sie sich bewegen. Es besteht eine größere Wahrscheinlichkeit dafür, dass ein beliebtes und populäres Kind eine Rolle mit einer großen Einflussmöglichkeit zugesprochen bekommt oder einnimmt (Winther-Lindqvist 2006). Ein Kind mit einer starken sozialen Position kann daher die gewöhnliche Handlung des Spiels verändern, wenn das Kind eine neue Rolle, z. B. als Hund, übernimmt. Alle Rollen sind im Prinzip plastisch, aber einige Rollen sind plastischer als andere. Beispielsweise kann sich die Rolle eines Babys in einem Familienspiel leichter während des Spiels entwickeln und durch die Erfahrungsgrundlage der Kinder und die wechselseitigen Positionen geprägt werden als die Rolle des kleinsten der drei Geißlein, die durch bestimmte Repliken und Handlungen definiert ist.

Derjenige, der die Leitung und Organisation des Spiels übernimmt, hat die Spielposition des Regisseurs inne (Winther-Lindqvist 2006). Der Regisseur unterstützt die Erschaffung des gemeinsamen Fantasieszenariums und ist entscheidend dafür, dass die Teilnehmer des Spiels in die Fantasiewelt eintauchen können. Der Regisseur koordiniert und sammelt die verschiedenen Beiträge der Teilnehmer und trifft Entscheidungen, die die drei Bereiche, die fiktive Sphäre, die Regiesphäre und die reale Sphäre zu einem geschlossenem Ganzen zusammenfassen.[15] Die Position des Regisseurs wird in einigen Spielgruppen häufig von einem bestimmten Kind übernommen. Es ist jedoch wichtig, sich darüber im Klaren zu sein, dass die Position des Regisseurs und der Einfluss und die Macht, die sie mit sich bringt, meistens mit der Rolle zusammenhängen, die das Kind im Spiel einnimmt. Beispielsweise ist es in einem Familienspiel meistens die Mutter, die die Position des Regisseurs wahrnimmt.

Die Platzierung des Kindes im Raum, den das Spiel umfasst, wirkt sich auch auf den Zugang des Kindes zu den Spielpositionen aus. Die größte Intensität bei der Identifikation mit dem Spiel macht das Zentrum des Spiels aus. Es kann zu großem Einfluss und Popularität führen, sich in das Zentrum des Spiels zu stellen, aber es kann auch dazu führen, dass andere abgehängt werden und das Spiel verlassen (Winther-Lindqvist 2010b). Bei der Planung des Spielraums im Zusammenhang mit Spielaktivitäten auf der Grundlage von gemeinsamen Spielanleitungen ist es wichtig sicherzustellen, dass alle Kinder Spielthemen und -rollen finden, die ihre Interessen berücksichtigen, die sie fesseln und einbeziehen.

Der Erwachsene hat eine besonders mächtige Position, die in Verbindung mit pädagogischen Zielen genutzt werden kann. Die Teilnahme von Erwachsenen kann einem Spiel Status verleihen und es für eine größere Zahl von Kindern attraktiver machen. Der Erwachsene kann die Rolle des Regisseurs übernehmen, um ein neues Spiel einzuführen oder um den Zugang der Kinder zu den Spielpositionen zu erweitern Während des Spiels kann der Erwachsene den Kindern neue Positionen zuweisen oder anbieten, die ihren Handlungsraum und ihre Erfahrungsgrundlage erweitern. Mit dieser Machtposition ist eine

15 Siehe Abschnitt *Aspekte des Spielens*, S. 47 f.

große ethische Verantwortung verbunden, die mit Sorgfalt gehandhabt werden muss. Die Positionierungen von Erwachsenen müssen dabei immer professionell begründet sein. In Kapitel 3 über *Die Rolle und Positionierungen des Erziehers* gehen wir tiefer auf die Aufgabe des Erziehers in Zusammenhang mit den Spielaktivitäten ein.

Wir werden nun den Schwerpunkt auf die Spielkultur legen, um herauszufinden, zu welchen Handlungen die Erzieher die Kinder ermutigen können.

Zone für ermutigtes Handeln

In Kitas kann eine Reihe von Aktivitäten, Interaktionsformen und Tätigkeiten benannt werden, die von den Erwachsenen als primär und angemessen erachtet werden. Zusammen bilden diese den Spielraum, den die Erzieher den Kindern anbieten, damit sie darin ihre Interessen, Fähigkeiten und soziale Identität entfalten können. Dieser Spielraum kann auch als die *Zone für ermutigtes Handeln* der Einrichtung beschrieben werden. Das Konzept lädt zur pädagogischen Reflexion und Planung ein und kann so eine Richtung aufzeigen, wie mit der Entwicklung der Spielkultur gearbeitet werden kann (Winther-Lindqvist 2010a). Kinder, die Gemeinschaften mit den primären und angemessenen Aktivitäten angehören, fallen in der erzieherischen Praxis der Einrichtung unter die Zone für ermutigtes Handeln. Es ist wichtig zu beachten, dass Kinder, die nicht unter diese Zone fallen, leicht übersehen werden können.

Die Aufgabe ist, Raum dafür zu schaffen, dass die Interessen und Fähigkeiten aller Kinder innerhalb der Zone für ermutigtes Handeln ins Spiel kommen können. Die in der Einrichtung angebotenen Aktivitäten können als Ausdruck dafür angesehen werden, welche Formen von Spiel und Handlung die Erzieher schätzen und anerkennen. Dies bedeutet, dass die Interessen und Spiele, die nicht im Spielumfeld vorkommen und die daher keinen Teil der Zone für ermutigtes Handeln bilden, von den Kindern als unerwünscht und nicht gewürdigt empfunden werden können. „Durch die Förderung bestimmter Aktivitäten (ZPA)[16] und die Nichtbeachtung anderer tragen auch die Pädagogen zur Stärkung und Bestätigung der wechselseitigen Hierarchie der Kinder bei." (Winther-Lindqvist 2010a, S. 169). Je mehr verschiedene Möglichkeiten die Kinder haben, in Spielgemeinschaften zu verschiedenen Themen und Spieltypen einzutreten, desto inklusiver ist die Spielkultur in der Einrichtung. Die zentrale pädagogische Frage

16 ZPA ist eine Abkürzung für den englischen Begriff für die Zone für ermutigtes Handeln, „zone of promoted action", siehe Valsiner 1997.

lautet, ob die Zone für ermutigtes Handeln für die Kinder und Kindergruppen, für die sie fungieren soll, groß und weit genug ist (Winther-Lindqvist 2010a). Wir schlagen im Kasten eine Reihe von Kriterien für eine gute Spielkultur vor, die bei der Arbeit der Identifizierung und Planung der Zone für ermutigtes Handeln verwendet werden können.

Kriterien für eine gute Spielkultur

- eine breite und differenzierte Zone für ermutigtes Handeln
- vielseitige Spielthemen und Spielanleitungen
- Raum für den Einfluss der Kinder auf das Spielumfeld und die Entwicklung des Spiels
- Raum für das selbst initiierte und selbstorganisierte Spiel der Kinder
- Möglichkeit des Eintauchens
- Möglichkeit des Spielens mit Erwachsenen
- Zugang zu einer Vielzahl von Spielpositionen
- gleiche Partizipationsmöglichkeiten unabhängig von der Zugehörigkeit zu einer bestimmten Kategorie
- professionell begründete Normen, die die Interaktion prägen
- normkritische Aufmerksamkeit

Normkritische Aufmerksamkeit

Die Arbeit mit der Produktion von Kultur ist ein zentraler Bestandteil einer gezielten Arbeit mit der Ausweitung der Zone für ermutigtes Handeln. Es ist wichtig, darüber nachzudenken, wie Normen und Werte die Möglichkeiten der Kinder beeinflussen, durch Handeln und Interaktion Sinn und kulturelle Orientierung zu schaffen (Andersen und Kampmann 2002). Normen beeinträchtigen auch das Verständnis der Entwicklung und des Lernens von Kindern als Teil der Zone für ermutigtes Handeln in der Einrichtung. Dies können z. B. Normen dazu sein, dass man sich zusammen mit gleichaltrigen Kindern des gleichen Geschlechts am wohlsten fühlt und am besten lernt oder dass es problematisch ist, wenn sich Kinder nicht im ungefähr gleichen Tempo entwickeln. Diesen Teil erklären wir genauer im nächsten Abschnitt. Es ist eine pädagogische Aufgabe, ein Augenmerk darauf zu legen, wie soziale Interaktionsformen und Normen in der Einrichtung die Spielkultur beeinflussen und ob Bedarf besteht, bestimmte Interaktionsformen und Normen zu ändern oder zu unterstützen. Es kann das Wohlbefinden der Kinder steigern und die große Gemeinschaft stärken, wenn die Erwachsenen damit aufhören, die Kinder bei Aktivitäten und beim Sprechen unnötig nach Geschlechtern zu trennen und sie auch nicht immer nach dem Alter aufteilen (Winther-Lindqvist 2013). Es kann sich lohnen, darüber nachzudenken, warum es gegen die Norm spricht, dass ein Mädchen und ein Junge viel zusammenspielen, oder weshalb man sich ein wenig Sorgen über ein älteres Kind macht, das am liebsten mit jüngeren Kindern spielt. Die Signale der Erwachsenen können die Interaktion der Kinder beeinflussen und ihre Auswahl und Teilnahmemöglichkeiten einschränken oder erweitern (Avenstrup und Hudecek 2016).

Mit dem Familienspiel als Beispiel beschreiben wir, wie die Zone des ermutigten Handelns durch die Arbeit an der Veränderung der Normen ausgeweitet werden kann. Vielerorts wird das Familienspiel „Vater-Mutter-Kind" genannt. Wir bevorzugen die offenere Bezeichnung Familienspiel, weil sie signalisiert, dass ein Familienspiel auf viele Arten gestaltet werden und auch andere Rollen als eine Mutter, einen Vater und ein paar Kinder enthalten kann. Die Bezeichnung deutet auf eine breitere Denkweise und Planung des Spiels hin. Obwohl die Kinder in einer Kita in sehr unterschiedlichen Familienmodellen leben, folgt das Familienspiel meistens einem traditionellen Muster. In der Regel enthält es eine Mutter, einen Vater, einige Kinder und vielleicht ein Haustier. Mit der Wahrnehmung von Familienmodellen und Geschlechterrollen sind viele Normen verknüpft, die dazu beitragen, die Vorstellung der traditionellen Kernfamilie als „das richtige Familienmodell" aufrechtzuerhalten. Dies spiegelt sich u. a. in der Art und Weise wider, in der Erzieher über Familien und Geschlechtsrollen und über die Familienmodelle sprechen, die sich in der Auswahl an Büchern, Filmen und Liedern in der Einrichtung finden (Avenstrup und Hudecek 2016). Die Möglichkeit für Kinder, in einem Familienspiel etwas zur Handlung beizutragen, hängt in einem gewissen Maße von ihren persönlichen Erfahrungen ab, was eine Familie sein kann. Die Kinder haben heutzutage sehr unterschiedliche Erfahrungen mit Familienzusammensetzungen und damit, wie die wechselseitigen Beziehungen innerhalb der Familie dargestellt werden können (Nilsson 2009).[17] Hinzu kommt der Entwicklungsaspekt des Spiels. Wenn Kinder beim Spielen aushandeln, welche Rollen in ein Familienspiel einfließen können und welche nicht, einigen sie sich auch über ihre sozialen Positionen. Eine kollektive Ablehnung der Tatsache, dass es z. B. in einer Familie zwei Mütter oder zwei Väter geben kann, greift auch in die soziale Identität der Kinder ein, indem sie die Familien einiger Kinder und damit ihre Existenzgrundlage richtiger macht als die anderer. Pädagogen können in vorteilhafter Weise ein Auge dafür haben, welche gemeinsame Erfahrungsgrundlage den Kindern durch die initiierten Spielaktivitäten und allgemein durch den Sprachgebrauch geboten wird.[18]

Der normkritische Blick kann sich entsprechend auf das Verständnis der ethnischen Zugehörigkeit oder der sozioökonomischen Bedingungen richten. Beispielsweise können vorherrschende Normen, die bestimmen, welche Möbel, welches Spielzeug, welche Essgewohnheiten und welche Aktivitäten Eingang in ein Familienspiel finden, signalisieren, dass die Lebensmodelle in einigen Familientypen mehr wert sind als andere. Selbst ein kurzfristiges Themenprogramm zu verschiedenen Familienmodellen und eine offene Herangehensweise der Erwachsenen kann dazu führen, dass das Familienspiel differenzierter wird.

Eine weite und geräumige Zone für ermutigtes Handeln beinhaltet daher ein vielfältiges Angebot an Aktivitäten, die von den Erwachsenen das gleiche Maß an Aufmerksamkeit erhalten, und eine normkritische Betrachtung konkreter Spiele sowie der Normen und des Sprachgebrauchs in der Einrichtung. In den folgenden Abschnitten erörtern wir, wie die Zone für ermutigtes Handeln in hohem Maße auch von der theoretischen Herangehensweise der Pädagogen an die Entwicklung und das Lernen des Kindes geprägt wird.

17 Aus diesem Grund haben sie nicht die gleichen Partizipationsmöglichkeiten, wenn das Familienspiel stets dem gleichen Muster mit Vater, Mutter und Kind folgt. *Politiken* verwies am 29. Dezember 2009 im Artikel „Hier sind die 37 Stellvertreter der Kernfamilie" auf 37 verschiedene eingetragene Familienmodelle in Dänemark.

18 Siehe Avenstrup und Hudecek 2016 für Beschreibungen dafür, wie man mit der Differenzierung der kulturellen Grundlage in der Einrichtung, z. B. durch Aktivitäten rund um das Thema Familie, pädagogisch arbeiten kann.

Entwicklung im Spiel

Wie beschrieben, hängt der Zugang des Kindes zu Spielgemeinschaften weitgehend von den Rahmenbedingungen ab. Die Entwicklungsreife des Kindes bildet eine weitere wesentliche Voraussetzung für die Teilnahme des Kindes am Spiel. Daher werden wir nun mit einer entwicklungspsychologischen Lerntheorie ergänzen, wie die Spielkultur auch von der Entwicklungsreife der Kinder und von spezifischen Spielkompetenzen abhängig ist. Das Erschaffen von Rahmenbedingungen kann die Kinder nicht zu gemeinsamen Fantasiespielen anregen, wenn die Kinder noch nicht aufeinander ausgerichtet sind oder wenn sie das symbolische Denken noch nicht beherrschen und daher nicht so tun können, als ob. Die Kinder müssen bis zu einem gewissen Grad entwicklungsmäßig bereit und motiviert sein, sich auf andere Kinder und auf die Vorstellungsspiele zu konzentrieren, bevor die Interaktion beim gemeinsamen Fantasiespiel pädagogisch verstanden werden kann.

Theorien, die mit Konzepten wie Phasen, Reife und Entwicklungszonen arbeiten, können jedoch leicht zu einem Verständnis der Entwicklung als linearer Prozess führen, in dem sich das Kind im Rahmen einer ausschließlich körperlichen oder kognitiven Reifung entfaltet (Fisker 2012). Ein solches Verständnis geht davon aus, dass die Entwicklung in einer vorgegebenen Reihenfolge erfolgt, in der die Entwicklung der einen Fertigkeit bald von der nächsten in der Reihe abgelöst wird. Wie im vorhergehenden Absatz erwähnt, ist eine solche Erklärung unzureichend. Das Umfeld gibt weitgehend den Rahmen dafür vor, wie und wann sich die Potenziale des Kindes entwickeln können. Schlussfolgerungen zum Entwicklungsstand eines Kindes oder einer Kindergruppe müssen daher berücksichtigen, welche Möglichkeiten die Umwelt den Kindern bietet. Die Art und Weise, in der der Umgang mit dem entwicklungspsychologischen Wissen erfolgt, ist entscheidend für die Teilnahme- und Lernmöglichkeiten der Kinder. Es ist ein großer Unterschied, ob Fähigkeiten geübt werden müssen, weil sie unvollständig sind, oder deshalb, weil im höheren Maße Interessen durch neue Spielangebote berücksichtigt werden müssen. Die Vorstellung, dass die Entwicklung linear verläuft, muss daher durch die Fokussierung auf die Möglichkeiten ersetzt werden, die die Kinder derzeit für die Beteiligung und Entwicklung haben. Wie bereits beschrieben, erfolgt das Lernen häufig in unvorhersehbaren Sprüngen vor und zurück.

Wenn das Kind sich mit etwas oder jemandem beschäftigt und sich durch seine Involvierung eine Verbindung mit einem Ausschnitt der Umwelt eingeht, befindet sich das Kind in einer potenziellen Entwicklungszone: „Dies ist ein Zustand, in dem man für bestimmte Aspekte der Umwelt relativ offen ist. Man lässt es zu, dass sie zu einem kommen" (Pernille Hviid zitiert in Mehlsen 2013). In diesem besonderen Zustand des Austauschs mit der Umwelt kann das Kind mehr werden als es selbst bereits ist.

Die Kita hat die pädagogische Aufgabe, den Fortschritt der Entwicklung und des Lernens von Kindern zu gewährleisten. Daher müssen wir ein differenziertes und nicht lineares Verständnis des Fortschritts formulieren. Hier können Konzepte aus der Spieltheorie als Anhaltspunkte dienen, z. B. die Vielseitigkeit von Spielrollen und Spielpositionen. Der Fortschritt kann in einem erreichten Zugang eines Kindes zu einer neuen Spielposition gesehen werden, auch wenn dieser zu einem sehr einfachen Spiel führt, das möglicherweise zusammen mit Spielkameraden, die jünger als das Kind selbst sind, gespielt wird. Auch durch ein neues Spielthema oder eine neue Rolle kann das Kind Zugang zum Spiel und Zufriedenheit finden und Fortschritte verzeichnen.

Eine der Fallgruben, die mit Teilen der Tradition der entwicklungspsychologischen Theorie verknüpft sind, ist die Individualisierung des Verständnisses des Kinderspiels. Aus Sicht der Forschung ist es sinnvoll, sich beim Verständnis des Spielens wesentlich mehr auf das Gemeinsame als auf das Individuelle zu konzentrieren (Winther-Lindqvist 2015). Wenn ein Kind Zugang zu einer neuen Spielposition erhält und dadurch neue Fähigkeiten entfalten kann, ist dies möglicherweise nicht auf eine Entwicklung zurückzuführen, die von dem Kind selbst ausgeht, sondern möglicherweise auf eine Veränderung der Zusammensetzung der Kindergruppe oder der Organisation der Spielaktivitäten. Um die Aufmerksamkeit auf Gruppenprozesse zu unterstützen, schlagen wir in Kapitel 2 im Abschnitt *Die Festlegung der Lernziele* vor, einen Fokus auf den Fortschritt des Spiels zu setzen. Sie dient zur Ergänzung des Fokus auf den Fortschritt in der Entwicklung und dem Lernen der einzelnen Kinder. Wenn Kinder Zugang zu mehreren Spielpositionen erhalten, öffnet sich ein neues Feld für pädagogische Beobachtungen. Dadurch wird deutlich, wo bei den Kindern möglicherweise Bedarf für die Unterstützung

konkreter Spielkompetenzen besteht. Die Bewertung der Spielkompetenzen der Kinder sollte in erster Linie eine Bewertung der Voraussetzung für die Entfaltung der Spielkompetenzen beinhalten. Daher müssen die Spielkultur, d. h. die Interaktionsformen, das Spielumfeld und die kulturellen Narrative für eine Entwicklung und Verbesserung, in den Mittelpunkt gestellt werden. Bei der Planung von Spielaktivitäten ist es daher auch relevant, Entwicklungsziele für die Spielkultur und Lernziele für die Erwachsenen festzulegen. Darauf gehen wir in Kapitel 2 im Abschnitt *Festlegung der Lernziele* näher ein.

Spiel und Kompetenzen

Bei der pädagogischen Arbeit mit der Entwicklung von Kindern geht es darum, die Möglichkeiten der Kinder zur Entfaltung ihrer Potenziale jetzt und langfristig zu unterstützen. Fähigkeiten entfalten sich nicht im luftleeren Raum, sondern werden erst vor dem kulturellen Hintergrund, den die Einrichtung bietet, sichtbar und relevant. Es kann viele Gründe dafür geben, dass sich die Spielkompetenzen eines Kindes nicht wie bei der Mehrheit entfalten. Es ist wichtig, dass Kinder nicht im Verhältnis zueinander oder zur Vorstellung eines Durchschnitts gemessen werden, sondern im Verhältnis zu den Möglichkeiten, die ihnen die Kita (und ihr Zuhause) bietet. Die pädagogischen Erwartungen an die Kinder sind ausschlaggebend dafür, ob die Fähigkeiten der Kinder in der Einrichtung zur Entfaltung kommen. Wenn Kinder in der Kindergruppe regelmäßig zu einfachen gemeinsamen Fantasiespielen aufgefordert werden, stellen die Erzieher möglicherweise fest, dass einige der Kinder bereits sehr früh in der Lage sind, symbolisch zu handeln und/oder sozial zu interagieren. Ein Kindergartenkind, dass noch in kein gemeinsames Fantasiespiel zusammen mit Gleichaltrigen eingetaucht ist, kann möglicherweise gut mitspielen, wenn die Spiele einen klareren Rahmen haben, einfachere Repliken verlangen oder von einem Erwachsenen angeleitet werden. Die normale Entwicklung ist sehr breit gefächert. Die Organisation von Spielmöglichkeiten sollte sich daher auf Ressourcen und Potenziale auf sehr unterschiedlichen Niveaus konzentrieren. Man kann nicht sehen, dass ein Kind ein Puzzle mit vielen Teilen lösen kann, wenn dem Kind nur ein Spiel mit Bauklötzen angeboten wird. Es wird nicht sichtbar, dass das Kind eine außerordentliche Fantasie bei Tierthemen oder Konstruktionsspielen hat, wenn das Kind lediglich Zugang zu gemeinsamen Spielen im Stil von Räuber und Gendarm hat. Die Rahmensetzung der Kinderspiele kann auch von großer Bedeutung dafür sein, wie und wann die Kinder beginnen, beim Spielen Sprache zu verwenden. Eine normkritische Betrachtung der Erwartungen der Pädagogen an die Entwicklung der Kinder kann dazu beitragen, einen größeren pädagogischen Spielraum zu eröffnen. Wenn man den Blick weiter fasst, ist die Möglichkeit größer, den einzelnen Kindern mit den passenden Herausforderungen zu begegnen und bei der Planung der Spielaktivitäten und Spielumgebungen den gegenwärtigen Voraussetzungen der Kinder angemessen zu entsprechen.

Das Spielen erfordert Fähigkeiten

Kinder müssen umfangreiche Fähigkeiten beherrschen, um in Spielgemeinschaften rund um selbst organisierte Fantasiespiele agieren zu können. Der Erwerb relevanter Erfahrungen und Fähigkeiten beginnt bereits in der frühen Kindheit. Die Voraussetzung dafür ist, dass die Umgebung die Gelegenheit dafür schafft. Fantasie und Kreativität werden zunächst durch das spielerische Zusammenwirken der Eltern und Erzieher mit dem Kind und später durch verschiedene Formen von Spielaktivitäten entwickelt. Die Vorstellungskraft basiert auf Wissen und Erfahrungen, auf deren Grundlage man sich mehr vorstellen kann (Winther-Lindqvist 2015). Ebenso beherrscht das Kind alle übrigen Spielkompetenzen in dem Umfang, wie es die Möglichkeit dafür hatte, Erfahrungen mit dem Einsatz der Fähigkeiten zu sammeln. Aus diesem Grund ist es nicht selbstverständlich, dass Kinder die Fähigkeit beherrschen, zu fantasieren und gemeinsame Vorstellungswelten mit anderen Kindern zu entwickeln. Im Hinblick auf die eigenen Wünsche etwas für das Spiel auszuhandeln oder Kompromisse einzugehen, wenn niemand dem Kind beigebracht hat, wie man dies macht, fällt vielen Kindern schwer. Für einige Kinder erfordert die Entwicklung bestimmter Spielkompetenzen mehr Unterstützung durch Erwachsene als für andere, z. B. in Bezug darauf, den Code dafür zu knacken, wie man die Grenze zwischen Spielen und Nichtspielen überschreitet (Åm 1984). Wenn gemeinsame Fantasiespiele von einem Erwachsenen angeleitet werden oder wenn ein Erwachsener aktiv an den Spielen teilnimmt, sind die Lerngewinne der Kinder durch das Eintauchen in die Spiele wirklich gut. Alle Kinder können von einer gezielten pädagogischen Arbeit mit dem Spiel profitieren: „Bei der pädagogischen Intervention geht es nicht nur darum, den Kindern zu helfen, die bereits große Probleme haben. Bei der pädagogischen Intervention geht es auch in großem Maße darum, diejenigen Kinder zu stärken, bei denen es gut läuft, damit es weiterhin so bleibt – und ihnen die besten Möglichkeiten zu geben, vielseitige Erfahrungen dabei zu sammeln, dass sie an einer Gemeinschaft mit anderen teilnehmen." (Winther-Lindqvist 2010a, S. 171).

Die Herausforderung für den Erwachsenen besteht darin, ein angemessenes Gleichgewicht für die pädagogischen Interventionen zu finden.

Das Kind entwickelt sich, indem es auf einem Niveau, das knapp oberhalb des Niveaus liegt, das es bereits beherrscht, herausgefordert wird (Vygotsky 1978). Der Schwierigkeitsgrad der Aufgaben oder Herausforderungen, die den Kindern durch ein Spiel gestellt werden, muss mit dem derzeitigen Entwicklungsbereich des Kindes abgestimmt werden, wenn das Spiel die Entwicklung des Kindes stärken soll. Erfolgserfahrungen mit Aufgaben, die sich an der oberen Grenze der Fähigkeiten des Kindes befinden, stärken das Selbstvertrauen und die Motivation des Kindes, sich auf neue und stärker herausfordernde Spiele einzulassen. Oft kann sich der Erzieher erst durch seine Teilnahme am Spiel ein klares Bild über die gegenwärtigen Teilnahmemöglichkeiten und Bedürfnisse der Kinder machen (Åm 1984).

Jüngste internationale Studien zeigen, dass eine moderate Beteiligung von Erwachsenen mit Anleitung und Inspiration für das Spielen der Kinder weit mehr zur Entwicklung sowohl der Spielkompetenzen als auch der Lernfähigkeit der Kinder beiträgt als gar keine Beteiligung von Erwachsenen oder eine sehr steuernde und kontrollierende Beteiligung von Erwachsenen (Sommer 2015). Hierbei ist es für Erzieher relevant, entwicklungspsychologisches Wissen darüber zu nutzen, welche Fähigkeiten durch gemeinsame Vorstellungskraft ins Spiel gebracht und durch gemeinsame Fantasiespiele entwickelt werden – und umgekehrt, welche Fähigkeiten die Teilnahme am Spiel erfordern.

Fähigkeiten beim gemeinsamen Fantasiespiel

Wir haben eine Übersicht über einige wichtige Fähigkeiten, die Kinder im gemeinsamen Fantasiespiel verwenden, angelegt.[19] Die Liste ist lang, und wir haben keinerlei Ambitionen, eine erschöpfende Erläuterung abzugeben. Die Spielkompetenzen in der Übersicht sind miteinander verknüpft und gehören alle zu mindestens einem der folgenden vier Elemente der kindlichen Spielentwicklung:

- soziale Interaktion
- Kommunikation und Sprache
- Vorstellungskraft
- Kenntnis gemeinsamer kultureller Narrative

Für den Pädagogen ist die relevante Erkenntnis, dass die Kinder manchmal Hilfe benötigen, um nützliche Erfahrungen beim Ausprobieren einiger ihrer Fähigkeiten zu sammeln.

19 Die Spielkompetenzen werden hauptsächlich auf der Grundlage von Winther-Lindqvist (2015; 2004) und als eine Sammlung von weiter oben in diesem Kapitel erwähnten Quellen beschrieben. Wo auf Beiträge anderer Autoren zurückgegriffen wird, ist dies im Text angegeben.

Spielkompetenz	Spielpositionen
Vorstellungskraft	Voraussetzungen: • Fähigkeit, symbolisch zu denken und Alltagserfahrungen mit Vorstellungen zu verknüpfen • Lust, in das Spielthema und die Rolle einzutauchen Die Vorstellungskraft des Kindes wird nur dann für andere erkenntlich, wenn das Kind auf einer gemeinsamen wiedererkennbaren kulturellen Grundlage handelt und spricht.
Kulturelles Wissen/ Kenntnis der Spielanleitungen	Die Kinder müssen die gleichen kulturellen Narrative kennen, entweder durch Alltagserfahrungen oder z. B. durch Kinderliteratur, damit sie sich im Spiel begegnen können. Dies schließt ein, dass sie eine gemeinsame Kenntnis der verschiedenen Rollen in einer Spielanleitung und der mit den Rollen verknüpften Normen haben.
Verwendung passender Sprache	Setzt Kenntnisse in folgenden Bereichen voraus: • Normen, die mit bestimmten Spielthemen, Spielrollen und Spielpositionen verknüpft sind • situationsbezogene Normen für Tonfall, Wortwahl und sprachliche Korrektheit • Signale dafür, dass „dies Spiel ist"
Verwendung passender Mimik und Körpersprache	Umfasst das Bewusstsein für die eigenen Ausdrücke und die Verbindung der Ausdrücke mit dem Spielthema, der eigenen Spielrolle, Spielposition und kategoriellen Zugehörigkeiten.
Mit Ablehnung umgehen können	Bezieht sich auf die Fähigkeit zu Folgendem: • mit Emotionen auf angemessene Weise umgehen und sie ausdrücken zu können • zum passenden Zeitpunkt um Hilfe zu bitten • eigene Erfahrungen für die Ursache für Ablehnungen zu vermitteln, z. B wenn die Ablehnungen wiederholt vorkommen Die Folgen der Ablehnungen hängen auch davon ab, welche alternativen Spielmöglichkeiten zur Verfügung stehen.

Spielkompetenz	Spielpositionen
Die Fähigkeit, das Spiel zu deuten/ soziale Sensibilität	Voraussetzungen: • gegenseitiges Interesse daran, die Vorschläge des jeweils anderen anzunehmen, und die Fähigkeit, dem jeweils anderen einen Gegenvorschlag zu unterbreiten • die Fähigkeit, passende Vorschläge zur richtigen Zeit an die richtigen Teilnehmer zu richten (Andersen und Kampmann 2002)
Den anderen Lust darauf machen, weiter zu spielen	Setzt die Fähigkeit voraus, die Aussagen der anderen zu verstehen und in Hinsicht auf das Thema des Spiels, die Normen und die sozialen Positionen in der Kindergruppe in passender und inspirierender Weise auf sie zu reagieren. Impliziert eine gewisse Identifikation mit den Rollen der anderen im Spiel.
Ideen haben und sie vermitteln können	Voraussetzungen: • Zusammenhänge erkennen zu können • Fantasie und Realität im Spiel zueinander in Bezug setzten zu können • verbal und physisch kommunizieren zu können Dies ist unter anderem eine wichtige Fähigkeit, um Zugang zu einem bereits laufenden Spiel zu erhalten. Die Position und der Status eines Kindes in der Kindergruppe beeinflussen die Akzeptanzbereitschaft auf die Ideen des Kindes (Åm 1984).
Verhandlungs- und Argumentationsfähigkeit	Voraussetzungen: • Kenntnis der Rollen und Figuren des Spiels • Mut, die eigenen Wünsche vorzubringen • Verständnis/Interesse für die Wünsche anderer • zu- und absagen zu können Hängt u. a. von der Position des Kindes in den sozialen Beziehungen und von den Wünschen des Kindes an diese ab.

Spielkompetenz	Spielpositionen
Sich einigen/ Kompromisse eingehen	Voraussetzungen: • gegenseitige Anerkennung im Spiel, damit die Erwartungen des Einzelnen erfüllt werden • Fähigkeit, die eigenen Wünsche aufzuschieben, flexibel zu sein und zuzuhören • Vereinbarungen treffen zu können, die allen zugutekommen • in dem Maße für die eigenen Wünsche kämpfen zu können, dass man selbst Lust hat, das Spiel fortzusetzen
Gemeinsame Spielregeln befolgen	Voraussetzungen: • Kenntnis der Spielregeln und der Spielkultur • Verständnis der Handlung des Spiels • Beteiligung am Spiel/an den Spielaktivitäten
Kontrolle übernehmen und abgeben können	Bezieht sich auf die Fähigkeit, zwischen der Einnahme einer peripheren Position und dem Einbringen von Ideen und Kontrolle zu wechseln.
Warten und anderen Platz machen	Voraussetzungen: • das Spiel am Laufen halten zu wollen • Selbstbeherrschung • Fähigkeit verschiedene Positionen einzunehmen • Verständnis für die Rollen der anderen und der Gesamtheit des Spiels
Rücksicht nehmen und teilen	Voraussetzungen: • Kenntnis und Verständnis der gegenseitigen Wünsche und Verwundbarkeiten • Aufschub von Bedürfnissen • Empathie oder Kenntnis der Normen für „den guten Spielkameraden“

Spielkompetenz	Spielpositionen
Konzentration und gemeinsame Aufmerksamkeit	Voraussetzungen: • Interesse für das Thema • Identifikation mit der eigenen Rolle • Abstimmung des eigenen Eintauchens und der eigenen Vorstellungskraft im Verhältnis zu den anderen • Kenntnis der Spielanleitung
Ein Gleichgewicht zwischen Fantasie und Realität bilden können	Voraussetzungen: • Empfinden dafür, wann die Realität bzw. die Fiktion dominiert (Andersen und Kampmann 2002) • Fähigkeit, sich zwischen der realen Sphäre, der Regiesphäre und der fiktiven Sphäre zu bewegen und dies zu signalisieren

Abbildung 1.2 Fähigkeiten, die in gemeinsamen Fantasiespielen eingesetzt werden

Hauptmerkmale der Spieltypen

Bestimmte Arten des Spielens bieten die Möglichkeit, bestimmte Spielkompetenzen auszuprobieren. Erfahrungen mit den einfacheren Spieltypen sind Voraussetzung für den Einstieg in fortgeschrittenere Spieltypen. Die Kenntnis der Hauptmerkmale verschiedener Spieltypen ist wichtig für das Verständnis, dass einige Spielkompetenzen dazu beitragen können, den Weg für andere zu ebnen. Beispielsweise ist die Vorstellungskraft eine Voraussetzung dafür, gemeinsam die Aufmerksamkeit auf ein Fantasiespiel zu richten. Wir geben einen Überblick über die Hauptmerkmale der verschiedenen Spieltypen. Ziel ist es, die Aufmerksamkeit der Erzieher in Bezug darauf zu schärfen, woran die Kinder gerade arbeiten und welche Fähigkeiten sie einsetzen können. Dies eröffnet die Möglichkeit zu prüfen, welche Voraussetzungen in der Umgebung die Kinder bei ihren Bemühungen unterstützen können.

Der Überblick kann *nicht* als umfassende Darstellung darüber angesehen werden, wie die Spielentwicklung aller Kinder stattfindet oder stattfinden sollte. Die frühesten Formen des Spielens nehmen in der Krippe die meiste Zeit in Anspruch, während Fantasiespiele und besonders gemeinsame Fantasiespiele im Kindergartenalter die meiste Zeit einnehmen. Unabhängig vom Alter bietet die Spielkultur unterschiedliche Voraussetzungen für das Spielen der Kinder in verschiedenen Einrichtungen. Gleichzeitig haben die einzelnen Kinder unterschiedliche Voraussetzungen, um an den Spielen teilzunehmen. Kinder und Kindergruppen sehen sich daher unterschiedlichen – und sich verändernden – Möglichkeiten und Herausforderungen in Bezug auf die Teilnahme am gemeinsamen Spielen gegenüber. Da Lernen und Entwicklung zirkulär stattfinden und dabei stets auf frühere Handlungsmuster zurückgegriffen wird, muss die Einrichtung Raum für verschiedene Arten des Spielens schaffen, die altersübergreifend stattfinden können. Die Untersuchung zeigt, dass die einzelnen Spieltypen *am häufigsten* ab einem bestimmten Alter beobachtet werden. Dies weist sowohl darauf hin, dass die Spieltypen bei jüngeren Kindern als angegeben beobachtet werden können, als auch, dass sie für viele Kinder, die älter sind als das angegebene Alter, noch immer aktuell sind. Der Hauptzweck der Untersuchung besteht darin, einen Einblick zu geben, dass einige Spieltypen fortschrittlicher sind als andere und daher andere Spielkompetenzen erfordern.[20]

Das Kinderspiel zeichnet sich *schon vom Säuglingsalter an* dadurch aus, dass es objektorientiert und parallel ist, d. h., die Kinder beschäftigen sich mehr mit ihrem eigenen Spielen als mit der direkten Interaktion mit anderen Kindern.

Ab einem Alter von ungefähr 2 Jahren fangen viele Kinder an, so zu tun, als hätten Dinge andere Bedeutungen als die gewöhnlichen, z. B. ein Kissen als Segelboot zu verwenden. Später wird dieses Denken weniger abhängig von konkreten Gegenständen, sodass sich das Kind z. B. vorstellen kann, in einem Boot zu segeln, ohne auf einem Kissen zu sitzen. Die Fähigkeit, an Vorstellungen festzuhalten, ermöglicht es, sich vorzustellen, „was wäre, wenn". Zusammen mit den sprachlichen Voraussetzungen des Kindes für die Kommunikation der Vorstellungen ermöglichen diese Fähigkeiten das Kreieren eines gemeinsamen Fantasiespiels (Winther-Lindqvist 2006).

Kinder im Krippenalter spielen häufig einfache Als-ob-Spiele oder Spiele, in denen sie selbst „so tun, als ob". Sie können damit anfangen, bestimmte Rollen zu übernehmen, z. B. als Busfahrer oder als Vater einer Puppe. Das Spiel hat meistens noch einen parallelen Charakter, bei dem die Rollen nicht aufeinander abgestimmt sind, sondern die Kinder das Gleiche tun. Daher funktioniert das Spielen von Zweijährigen oft am besten, wenn sie parallel zusammen spielen und das Gleiche mit den gleichen Hilfsmitteln tun können, z. B. wenn beide eine Kanne haben, mit der sie Tassen füllen können.

Kinder ab ca. 2 bis 3 Jahren spielen und stellen sich in der Regel etwas vor auf Grundlage dessen, was sie kennen, und der konkreten Gegenstände, die sie haben.

Kinder ab ca. 2½ bis 3 Jahren können oft Handlungen folgen, sie beginnen, Rollen anzunehmen und machen die ersten Wir-Erfahrungen mit anderen Kindern, doch das parallele Spielen dominiert noch immer. Das Konstruktionsspiel in diesem Alter enthält häufig ein Element des Fantasiespiels.

20 Sofern nicht anders angegeben, basiert die Untersuchung auf dem Konzeptpapier von Ditte Winther-Lindqvist auf der Kleinkinderkonferenz am Institut für Bildung und Pädagogik (DPU) am 9. Juni 2015.

Etwa ab dem 3. Lebensjahr beginnen viele Kinder, in gemeinsame Fantasiespiele mit einer Rollenverteilung und der Koordination der Handlung einzutauchen, in denen die Rollen allmählich mehr wechselseitig werden. Kindergartenkinder sind noch immer damit beschäftigt, ein Verständnis der Alltagsereignisse aufzubauen. Daher befasst sich diese Altersgruppe mit der Verwendung alltäglicher Themen als Basis für Fantasiespiele, z. B. für das Ladenspiel oder das Familienspiel. Im Laufe der Zeit treten die alltäglichen Themen in den Hintergrund, um durch fantasievollere und mystischere fiktive Themen ersetzt zu werden. Es ist jedoch weiterhin das gemeinsame Wissen der Kinder über Alltagssituationen, das die Grundlage für die fantasievolleren Spiele, die die Logik der Realität überschreiten, bildet (Nelson und Seidman 1984).

In den Rollen entdeckt das kleine Kind zunächst, was die großen Gegensatzpaare, z. B. groß/klein, Junge/Mädchen, fröhlich/ärgerlich, böse/gut, auszeichnet. Erst später werden die Kategorien und damit die Rollen und Handlungen der Spiele differenzierter (Winther-Lindqvist 2006). Wie die differenzierten Kategorien und Rollen werden können, hängt u. a. von der Vermittlung von Normen durch die Erwachsenen ab (Avenstrup und Hudecek 2016). *Ab etwa 5 Jahren* tritt eine stärkere Gegenseitigkeit in das Spiel der Kinder ein. Die Rollen und Positionen werden zunehmend aus der Vorstellungskraft heraus geschaffen – auch zu Dingen, die die Kinder nicht haben und die sie nicht kennen (das Unmögliche). Beim Spielen herrscht eine stärkere Befreiung von der Situation und den eigenen Alltagserfahrungen vor.

Dinge und Räume verändern ihre Bedeutung, je nachdem, wo sich die Kinder in ihrer Spielentwicklung befinden. Eindeutige Dinge sprechen häufig stärker die Vorstellungskraft von Kindern an, die die Fähigkeit, sich selbst Dinge vorzustellen, noch nicht entwickelt haben. Die zweideutigen Dinge sprechen eher Kinder an, die begonnen haben, ihre Vorstellungskraft zu benutzen. Beispielsweise lässt ein Steckenpferd weniger Interpretationsspielraum als ein Zweig, der sich in viele Tiere verwandeln lässt.

Konflikte im Zusammenhang mit den Spielen verändern sich normalerweise je nachdem, worauf im Laufe der Zeit der primäre Fokus des Spielens der Kinder liegt. In der Krippe handeln Konflikte häufig vom Zugang zum Raum und zu Dingen. Die Verfügungsgewalt nimmt bei den kleinen Kindern verhältnismäßig mehr Raum ein, obwohl es auch im Kindergarten noch ein Thema sein kann. Daher liegt der Fokus in den Konflikten der kleinsten Kinder häufig darauf, wer welches Spielzeug für wie lange haben darf (Winther-Lindqvist 2010b). Konflikte können bereits in der Krippe davon handeln, wer mitmachen darf. Diese Arten von Konflikten verschwinden nicht im Kindergarten, doch ab einem Alter von ca. drei Jahren spielen Konflikte um das Thema des Spiels, um die Rollenverteilung und die Spielpositionen in der Regel eine größere Rolle.

Kommunikative Fähigkeiten

Wie aus dem Inhalt von Abbildung 1.2 hervorgeht, macht das Kommunikative einen sehr großen Teil der gesamten Spielkompetenzen, die Kinder in gemeinsamen Fantasiespielen einsetzen, aus. Interaktion und kommunikative Prozesse sind für die Entwicklung und das Lernen des Kindes von zentraler Bedeutung: „Das Zuhören, Unterhalten, Imitieren und Interagieren vermittelt dem Kind Kenntnisse und Fähigkeiten, während die Kinder das zu hören bekommen, was für die Kultur interessant und wertvoll ist." (Dysthe 2003, S. 54)

Die kommunikativen Fähigkeiten umfassen u. a. die Kenntnis der sozialen Spielregeln, z. B. zu warten, bis man an der Reihe ist, zuzuhören und anderen Raum zu geben. Die Körpersprache ist ein wichtiger Teil der Kommunikation in den gemeinsamen Fantasiespielen der Kinder. Unterschiedliche Rollen im Spiel erfordern die Kenntnis bestimmter Formen des körperlichen Verhaltens und der körperlichen Ausdrucksformen. Ein sehr großer Teil der Kommunikation findet durch körperlichen Ausdruck statt. Die Fähigkeit, passende verbale und körperliche Ausdrucksformen und angemessene Handlungsformen zu verwenden, die von anderen Kindern als sinnvoll und akzeptabel erkannt werden können, ist entscheidend dafür, ob ein Spiel funktionieren kann.

Die Funktion der verbalen Sprache hat eine zentrale Bedeutung für das Fantasiespiel. Durch die Sprache erschaffen die Kinder die Vorstellungswelt, die das Spiel am Laufen hält und es ihnen ermöglicht, sich in einer gemeinsamen imaginierten Welt zu begegnen, und halten diese aufrecht (Nelson und Seidman 1984). Kinder tragen beim Spielen zur kommunikativen Entwicklung der anderen bei. Dialogische Gespräche in den gemeinsame Fantasiespielen stellen eine Schlüsselrolle für das frühe Erlernen von Sprache und dem Verständnis von Konzepten dar. Dreijährige, die viel mit Gleichaltrigen in Fantasiespielen sprechen, haben beispielsweise zwei Jahre später einen deutlich größeren Wortschatz als Kinder, die dies nicht getan haben (Sommer 2015).

Studien zeigen außerdem, dass wenn Erwachsene Rahmenbedingungen für das Spiel erschaffen und es qualifizieren, die Sprachentwicklung der Kinder gestärkt wird (Fahnøe 2014; Winther-Lindqvist 2015; Sommer 2015). Kleine Kinder entwickeln beispielsweise ihr Sprachverständnis, wenn Pädagogen auf spielerische Weise Dramatisierungen von Geschichten in Szene setzen. Die Kommunikationsfähigkeiten entwickeln sich zusammen mit der Fähigkeit, eine zusammenhängende Erzählung zu erschaffen. Das Sprachverständnis und die Erzählfähigkeiten setzen ein effizientes Speichern im Gedächtnis voraus. Diese Speicherung wird am besten dadurch unterstützt, dass die Kinder Geschichten spielen und dramatisieren. Thematische Fantasiespiele entwickeln das Gedächtnis und führen zu komplexeren Satzbildungen. Dies gilt sowohl für das selbst organisierte Spielen von Kindern als auch für das von Erwachsenen angeleitete Spielen, bei dem die Erzieher unterstützen, ermuntern und selbst an den Fantasie- und Dramaspielen teilnehmen. Sowohl für ihre kurz- als auch für langfristige Sprachfähigkeiten profitieren Kinder am meisten von Lernspielen und moderater Anleitung durch Erwachsene (Sommer 2015).

Die Möglichkeit, Zugang zum Spiel zu erhalten, und die Fähigkeit, in einem gemeinsamen Spiel mitzuwirken, hängen stark von den kommunikativen Fähigkeiten des Kindes ab. Die kommunikativen Fähigkeiten spielen eine entscheidende Rolle in Bezug darauf, ob sich die Lernmuster des Kindes in positiver oder in negativer Richtung selbst verstärken.[21] Daher ist es ein wichtiger pädagogischer Schwerpunkt, wie man die kommunikativen Spielkompetenzen der Kinder unterstützt, damit sie Zugang zu den Spielen erhalten und dabei Erfolg haben können. Hier geht es sowohl um die rein sprachlichen Fähigkeiten wie Wortschatz und Aussprache als auch um die kulturellen Fähigkeiten des Kindes in Form der Kenntnis der kulturellen Narrative und Figuren, die das Spiel der Kinder inspirieren. Das Wissen der Kinder über die kulturellen Narrative oder Spielanleitungen, die in der Kindergruppe wichtig sind, haben eine entscheidende Bedeutung für ihre Möglichkeiten, sich sprachlich auszudrücken und zu entwickeln. Die gemeinsamen Spielanleitungen sind eine äußerst hilfreiche pädagogische Methode zur Schaffung einer sprachlich unterstützenden Lernumgebung. Besonders in Kombination mit dialogischem Lesen kann die Methode die kommunikative Entfaltung der Kinder erleichtern.[22]

21 Vgl. Abschnitt über *Lernkreise* weiter oben in diesem Kapitel.

22 Kapitel 2 des Abschnitts über *Ergänzende Aktivitäten* enthält die Prinzipien für das dialogische Lesen. (siehe auch Avenstrup und Hudecek 2014)

Zusammenfassung

Im ersten Teil des Buches haben wir einen Rahmen für die Methode der gemeinsame Spielanleitungen geschaffen, der unterstreicht, dass das Spielen für Kinder enorme Auswirkungen hat. Es existieren sowohl große Potenziale als auch Schwachstellen in der Rahmensetzung für die Spielaktivitäten und die Spielkultur in den Kitas.

Wir haben die Komplexität des Fantasiespiels unterstrichen, indem wir vier Blickwinkel auf das Spielen hervorgehoben haben: Spielen als Lebensraum, als Prävention, als Lernraum und als Entwicklungsraum.

Mit einem soziokulturellen Lernverständnis haben wir gezeigt, dass die Lern- und Seinsmöglichkeiten von Kindern eng mit dem Spielen verbunden sind. Der Zugang zu Spielrollen und Spielpositionen ist ein ernstes Thema in dem Sinne, dass es einen Einfluss darauf hat, wer die Kinder in der Kindergruppe sein können und welche Lernmöglichkeiten sie kurz- und langfristig erhalten. Das Lernen der Kinder geht über die Zielsetzung der Erzieher hinaus und wird auch durch die gesamten Spielkultur in der Einrichtung, d. h. durch die Interaktionsformen, das Spielumfeld und die kulturellen Narrative, geprägt. Die Spielkultur in der Einrichtung trägt dazu bei, einen Rahmen für die Partizipations- und Entfaltungsmöglichkeiten der Kinder in den Spielen und in der Kindergruppe zu schaffen. Wir haben auf die Zone für ermutigtes Handeln als pädagogischen Einsatzbereich hingewiesen, in dem gezielt an der Erweiterung des Spielraums an Möglichkeiten für die Kinder gearbeitet werden kann. Dies geschieht teilweise durch die Aktivitäten, die den Kindern angeboten werden, und teilweise durch eine normkritische Aufmerksamkeit – darauf, welche Interaktionsformen und Beziehungen die Erwachsenen anerkennen. Die Auswahl der gemeinsamen Spielanleitungen kann einen wesentlichen Beitrag zur Schaffung einer vielseitigen Spielkultur leisten und eine breite und umfassende Zone für ermutigtes Handeln schaffen. Indem der Zugang der Kinder zu gemeinsamen Fantasiespielen gestärkt wird, werden gute Bedingungen für die Entwicklung der Spielkompetenzen der Kinder geschaffen, die sich auf alle wichtigen Bereiche der Entwicklung und des Lernens der Kinder auswirken.

Wir haben die Umwelt als Voraussetzung für das Lernen und die Entwicklung der Kinder hervorgehoben, auch für die Entfaltung spezifischer Spielkompetenzen. Theoretische Kenntnisse darüber, welche Fähigkeiten Kinder in den gemeinsame Fantasiespielen einsetzen, haben wir als wichtige Voraussetzung für die Einschätzung der Bedürfnisse und Potenziale der Kinder bei den Spielaktivitäten beschrieben. Wenn die Erzieher die Entwicklung der Spielkompetenzen der Kinder unterstützen sollen, müssen sie auch in der Lage sein, zu sehen, was die einzelnen Kinder gerade üben und für wie große Herausforderungen die Kindergruppe bereit ist. Sie sollten erkennen, welche Spielaktivitäten die Kinder bereits bewältigen können. Dies schließt die Aufmerksamkeit darauf ein, dass die Entwicklung von Kindern sehr unterschiedlich verläuft, dass Kinder häufig unterschiedliche Partizipationsmöglichkeiten haben und dass die Entwicklung in erster Linie von den Absichten, Interessen und dem Engagement der Kinder bestimmt wird. Kenntnisse über die Spielkompetenz und Spieltypen können auch verwendet werden, um zu beurteilen, wie die Auswahl gemeinsamer Spielanleitungen in der spezifischen Einrichtung zusammengestellt werden sollte. Im nächsten Kapitel werden wir die theoretischen Anzeiger in einer Darlegung darüber, wie die gemeinsamen Spielanleitungen in der Praxis verwendet und umgesetzt werden können, weiter vertiefen.

Kapitel 2

Spielanleitungen in der Praxis

In diesem Kapitel wird erläutert, wie die gemeinsamen Spielanleitungen in der Praxis eingesetzt werden können, um eine gemeinsame kulturelle Grundlage in der Kindergruppe zu erschaffen und um die Spielkompetenzen der Kinder zu fördern. Das Kapitel ist insgesamt ein Leitfaden für die Umsetzung von gemeinsamen Spielanleitungen als Methode in der Kindertagesstätte.

Ein guter Start

Dadurch, dass die Mitarbeitergruppe einige einfache gemeinsame Vorbereitungen durchläuft, bevor sie mit den Spielaktivitäten auf Grundlage der gemeinsamen Spielanleitungen beginnt, erhöht sich der Nutzen der Methode sowohl für die Kinder als auch für die Erwachsenen erheblich. In diesem Kapitel stellen wir einige Werkzeuge und Aufmerksamkeitspunkte vor, die Systematik und einen Überblick sowie einen guten Ausgangspunkt für die Verwendung gemeinsamer Spielanleitungen schaffen können. Insgesamt kann das Kapitel als Leitfaden für den Einstieg in die Verwendung gemeinsamer Spielanleitungen in der Kita genutzt werden.

Das Ziel der Verwendung gemeinsamer Spielanleitungen ist, dass die selbstorganisierten Spiele und die Spielkultur in der Einrichtung florieren und dass alle Kinder Zugang zu den Spielgemeinschaften haben. Spielaktivitäten unter Beteiligung von Erwachsenen müssen ein integraler Bestandteil der sozialen Interaktionsformen in der Einrichtung sein, sodass die Arbeit kontinuierlich auf die Stärkung und Entwicklung des Spielens ausgerichtet ist. Die Spielaktivitäten auf Grundlage der gemeinsamen Spielanleitungen sind als kontinuierliche Ergänzung zum selbstorganisierten Spielen der Kinder anzusehen.

Wir werden zwei Schwerpunkte für die Verwendung von gemeinsamen Spielanleitungen hervorheben. Der erste Schwerpunkt ist die Entwicklung der Spielkultur als Ganzes. Die Kinder müssen ein gemeinsames kulturelles Wissen in Form einer abwechslungsreichen Auswahl an Spielthemen und Spielmanuskripten haben, damit sie über eine Menge guter Rohmaterialien verfügen, aus denen sie ihre eigenen Spiele und Fantasiewelten bauen können. In Kapitel 1 definieren wir Spielkultur als Interaktionsformen, Spielumfeld und kulturelle Narrative. Es ist ein nachhaltiger pädagogischer Fokus erforderlich, um sich für die Bildung vielseitigerer Erfahrungen und Spielgemeinschaften zu öffnen. Hierbei ist die Rahmensetzung und Beteiligung der Erwachsenen von entscheidender Bedeutung.[23] Der zweite Schwerpunkt sind die Möglichkeiten und Voraussetzungen der einzelnen Kinder, um Zugang zum Spiel mit anderen Kindern zu erhalten und um in die Spiele eintauchen zu können. Alle Kinder müssen Erfahrungen darin haben, verschiedene Spielrollen und Spielpositionen einzunehmen und dadurch ihre Spielkompetenzen zu entwickeln.

Die Beteiligung der Erwachsenen an den Spielaktivitäten bietet gute Möglichkeiten zur Unterstützung der Partizipationsmöglichkeiten des einzelnen Kindes.

23 In Kapitel 1 haben wir auf Studien verwiesen, die zeigen, dass für das vielseitige Lernen von Kindern, einschließlich des Erwerbs von Spielkompetenzen, besonders gute Voraussetzungen bei von Erwachsenen angeleiteten Spielaktivitäten oder bei Aktivitäten, bei denen Erwachsene als Beteiligte eingebunden sind, bestehen.

Wenn Pädagogen Spielaktivitäten rund um gemeinsame Spielanleitungen planen, initiieren und an ihnen teilnehmen, wird ein klarer Rahmen für die spezifischen Spiele gesetzt. Als Teilnehmer an den Spielaktivitäten nähern sich die Erzieher den Spielbeziehungen der Kinder. Wenn die Erzieher als Vorbilder, Wegbereiter und Beobachter eingebunden sind, kann zielorientiert und qualifiziert damit gearbeitet werden, die Interaktionsformen und Normen in der Spielkultur zu entwickeln, zu stärken und zu verändern.

In Kapitel 1 haben wir die Bedeutung dessen betont, dass Kinder und Erwachsene zusammen eine gemeinsame kulturelle Grundlage erschaffen. Dies bedeutet, dass sich die Erzieher dafür interessieren müssen, wie die Bedürfnisse, Interessen und Voraussetzungen der Kinder bei den Spielaktivitäten berücksichtigt werden können. Die Kinder müssen die Möglichkeit haben, sich auf ihre eigene Art und Weise an der Erschaffung der Spielkultur zu beteiligen. Damit eine Spielanleitung etwas Gemeinsames wird, muss sie von der gesamten Kindergruppe wiederholt und ausprobiert sowie für sie wiedererkennbar werden. Dies impliziert, dass die Spielanleitung von den Kindern in Besitz genommen wird, d. h., dass jedes einzelne der Kinder sich die Spiele zu eigen macht.

Gemeinsame Spielanleitungen können in allen Räumen der Einrichtung und zu jeder Tageszeit verwendet werden. Bei offenen Aktivitäten auf dem Spielplatz, bei denen die Kinder kommen und gehen können, können die Spiele der gesamten Kindergruppe nähergebracht werden. Aktivitäten in kleineren Gruppen bieten eine gute Möglichkeit zur Unterstützung der Teilnahmemöglichkeiten bestimmter Kinder. Unabhängig davon, ob man offene Aktivitäten oder intensive Aktivitäten wählt, ist es wichtig, dass sich die Erwachsenen im Voraus auf eine Aufteilung der Verantwortung untereinander verständigen. Ein Erwachsener sollte in der Lage sein, sich in das Spiel zu vertiefen und anwesend zu sein, während ein anderer sich um Kinder kümmert, die das Spiel verlassen oder aus ihm herausfallen, auf die Toilette müssen, Konflikte haben usw. Gemeinsame Spielanleitungen werden für alle Altersgruppen in der Einrichtung optimal verwendet und an die gegenwärtigen Voraussetzungen der Kinder angepasst.

> *„Wenn ein Spiel mithilfe einer Vorlage für die gemeinsamen Spielanleitungen geplant wird, sind sowohl ich als auch die Kinder im Spiel besser präsent und konzentriert, da im Voraus eine Entscheidung über die Form und den Inhalt des Spiels getroffen wurde. Das ermöglicht ein besseres Eintauchen."*
>
> Erzieherin in der Krippe

Wir leiten das Kapitel mit einem Durchgang durch den Aufbau der gemeinsamen Spielanleitungen ein. Basierend auf dem Spiel „Bäckerei“ wird Punkt für Punkt eine Vorlage erklärt, die im Spieleverzeichnis in Kapitel 4 für alle Spielanleitungen verwendet wird. Wir empfehlen, diese Vorlage zu benutzen, wenn man als Mitarbeitergruppe die gemeinsamen Spielanleitungen beschreibt, mit denen man arbeiten möchte. Das Ziel der Vorlage ist, die Beschreibungen systematisch, reflektiert und leicht anwendbar zu machen.

Danach konzentrieren wir uns auf den Prozess der Auswahl von Spielanleitungen, über die man der Kindergruppe in der Einrichtung eine gemeinsame Kenntnis vermitteln möchte. Wir erarbeiten eine Reihe von Aufmerksamkeitspunkten, die zur Optimierung einbezogen werden können. Anschließend erfahren Sie, wann es relevant sein kann, eine neue Spielanleitung hinzuzufügen oder zu entwickeln. Die Beschreibungen einer Reihe von gemeinsamen Spielanleitungen durch die Einrichtung können in der Praxis den Rahmen für die Arbeit der Pädagogen zur Schaffung einer gemeinsamen kulturellen Grundlage in der Kindergruppe bilden.

Daran schließt ein Abschnitt über die Festlegung der Lernziele an. Hier beziehen wir das Konzept *Fortschritt des Spiels* ein, das darauf abzielt, den Fokus auf Gruppenprozesse und auf den Kontext als entscheidende Voraussetzungen für die Teilnahme- und Lernmöglichkeiten der einzelnen Kinder zu richten. Wir legen außerdem dar, dass die Lernziele idealerweise auch das Lernen der Erzieher umfassen können.

Anschließend führen wir eine Planungsvorlage zur Beschreibung spezifischer Lernziele für die Spielaktivitäten oder den Spielablauf sowie für die Kindergruppe ein. Die Planungsvorlage enthält u. a. Überlegungen zu gemeinsamen und individuellen Lernzielen sowie zur Rolle der Erzieher.

Wir schließen das Kapitel mit einigen allgemeinen Überlegungen dazu ab, wie die Arbeit mit gemeinsame Spielanleitungen in der pädagogischen Praxis geplant und umgesetzt werden kann.

Gemeinsame Spielanleitungen

Gemeinsame Spielanleitungen basieren auf einer Vorlage mit neun definierten Inhaltspunkten. Wir gehen hier unter Verwendung der Beschreibung des Spiels „Bäckerei“ Punkt für Punkt den Inhalt der Vorlage durch, um zu zeigen, wie eine Spielanleitung konkret entworfen werden kann.

Spielanleitung für das Spiel: ______________________	
Rollen	
Konzept und Ausgangspunkt für das Spiel	
Imaginierte Szenerie	
Schlüsselrepliken (Aussagen und Geräusche, die die Rollen charakterisieren und die Handlung unterstützen)	
Hilfsmittel	
Pädagogische Schwerpunkte	
Variationsmöglichkeiten	
Ermutigter Spielraum für die Vorstellungskraft und Mitbestimmung	
Ergänzende Aktivitäten	

Hier finden Sie die Vorlage zum Download:
www.bananenblau.de/komm-wir-spielen

Die Spielanleitung stellt ein Grundkonzept des ausgewählten Spiels dar und enthält Variationsmöglichkeiten, die für spontane Anpassungen der bereits laufenden Spielaktivität verwendet werden können. Darüber hinaus legt die Spielanleitung einige pädagogische Schwerpunkte für das Spiel fest und identifiziert bestimmte Bereiche, in denen die Kinder dazu aufgefordert werden können, ihre Vorstellungskraft zu nutzen und dem Spiel ihren Stempel aufzusetzen. Die Spielanleitung sollte als flexibler Rahmen für das Spiel gesehen werden, das in der Praxis viele Wendungen nehmen kann. Die Vorlage soll sicherstellen, dass die Beschreibungen der gemeinsamen Spielanleitungen einfach und klar sind, damit sie idealerweise von allen pädagogischen Mitarbeitern, einschließlich neuen Mitarbeitern und Studierenden, verwendet werden können. Die Vorlage zeigt deutlich, wo die Erwachsenen sich einbringen und das Spiel unterstützen können. Das Aufschreiben erleichtert es der Mitarbeitergruppe, ein gemeinsames Verständnis dafür zu erlangen, mit welcher Variante des Spiels gerade gearbeitet werden soll und welche Arten von gemeinsamen Erfahrungen die Kinder durch die Spielaktivitäten machen sollen.

Spielanleitung „Bäckerei"

Durch die Teilnahme am Spiel „Bäckerei" lernen die Kinder Rollen, Repliken und zentrale Handlungen kennen, die in einem Ladenspiel sinnvoll sind. Gleichzeitig ist es ein Ziel, dass die Kinder Erfahrungen damit sammeln, der Entwicklung des Spiels ihren eigenen Stempel aufzusetzen und dem Spiel basierend auf ihren Interessen und ihrer Erfahrungswelt neue Inhalte hinzuzufügen. Wenn die Kinder auf diese Weise in die Spielanleitungen eingeführt werden, bilden diese schließlich ein Erfahrungsgerüst, in dessen Rahmen sich die Kinder ohne die Beteiligung der Erwachsenen begegnen und selbst fantasievolle Ideen entwickeln können. Die beschriebene Variante der Bäckerei richtet sich an Kinder ab ca. 3 Jahren. Das Spieleverzeichnis in Kapitel 4 enthält eine einfachere Version derselben Spielanleitung, die sich an Kinder ab ca. 2 Jahren richtet.

Wir haben die einzelnen Inhaltspunkte in der Vorlage so herausgeschnitten, dass sie hier einzeln dargestellt werden. Die linke Spalte gibt den Inhaltspunkt an, in der rechten Spalte wird die Beschreibung der Spielanleitung angezeigt.

Rollen	Bäcker (einer oder mehrere). Kunden (die verschiedene Charaktere sein können).

Die Spielanleitung beschreibt, welche festgelegten Rollen enthalten sind, ob man selbst Rollen erfinden kann oder ob die Rollen für das Spiel weniger entscheidend sind. In der Bäckerei können sich mehrere Kinder die gleiche Rolle teilen, und die Kinder können in der Rolle als Kunde frei wählen, wer sie sein möchten, ohne dass die Handlung gestört wird. Dies gilt für viele Spielanleitungen.

In den meisten gemeinsamen Spielanleitungen ist es entscheidend, dass die Kinder die verschiedenen Rollen und die Eigenschaften und Handlungen, die die Rollen charakterisieren, verstehen. Die Erzieher müssen die Kinder im Laufe der Zeit dazu inspirieren, verschiedene Rollen auszuprobieren und zu entwickeln, damit sie in Bezug auf das Thema und die Handlung des Stücks interessant und bedeutungsvoll werden.

Einige Spielanleitungen schlagen vor, dass die Kinder aushandeln sollen, welche Rollen im Spiel enthalten sein sollen, z. B. die Spielanleitung für den Ausflug. Die Aushandlung der Rollen kann auch während des Spiels erfolgen. Die Erwachsenen müssen sicherstellen, dass jeder einbezogen wird, wenn die Kinder die Rollen verändern oder tauschen wollen, damit die Veränderung für alle sichtbar wird und jeder die Möglichkeit hat, sich eine Meinung zu der Änderung zu bilden und Erfahrungen mit dem Verhandeln und mit der Mitbestimmung zu sammeln.

Konzept und Ausgangspunkt für das Spiel	Ein oder mehrere Bäcker backen Kuchen und verkaufen sie an einen oder mehrere Kunden, die auswählen, was sie kaufen möchten, dann bezahlen und die Kuchen mitnehmen.

Hier wird beschrieben, worum es in dem Spiel geht, in diesem Fall das Einkaufen in einem Geschäft. Mit diesem Konzept sollen die gemeinsamen Spielanleitungen die Kinder vertraut machen. Die Kinder werden das Konzept schließlich wiedererkennen und in Bezug auf das Thema, die Handlung und die Rollen in einer wiedererkennbaren Art und Weise handeln. Daher muss das Spielkonzept von Anfang an deutlich gemacht werden, wenn die Erwachsenen zum Spielen auffordern, z. B.: „Jetzt spielen wir ‚Bäckerei', wo der Bäcker eine Menge Kuchen backt, die von den Kunden gekauft werden." Das Konzept muss als Ausgangspunkt während der Spielaktivität selbst beibehalten und möglicherweise wiederholt werden. Das Konzept muss für die Kinder während des Spiels sowie gelegentlich, wenn sie erneut auf Grundlage der gleichen Spielanleitung zum Spielen aufgefordert werden, erkennbar sein. Um den gegenwärtigen Interessen und Voraussetzungen innerhalb der Kindergruppe gerecht zu werden, kann das Konzept durch Vereinfachungen oder Erweiterungen, die unter dem Punkt *Variationen* beschrieben werden, angepasst werden. Das Spiel kann sich gelegentlich unterschiedlich entwickeln, aber das Grundkonzept selbst muss als Ausgangspunkt die dem Spiel zugrunde liegende Struktur bilden und als gemeinsamer Ausgangspunkt für die Entwicklung des Spiels fungieren (Cohen 2006).

Imaginierte Szenerie	Bäckerei.

Die Szenerie stellt den fiktiven Raum dar, in den die Erwachsenen die Kinder ermuntern einzutreten und in den sich die Kinder schließlich gegenseitig einladen können. Die Einrichtung eines Raumes für das Spiel erfolgt sowohl physisch, z. B. durch Abgrenzung von anderen Kindern oder durch die Markierung mit Hilfsmitteln, als auch durch die psychische Einrichtung einer gemeinsamen fiktiven Welt (Andersen und Kampmann 2002). Die imaginierte Szenerie kann durch Aussagen und symbolische Handlungen markiert werden. Der Rand des Sandkastens wird z. B. zur „Theke" der Bäckerei erklärt, und die Vorstellung wird unterstützt durch Aussagen wie: „Mmmh, hier in der Bäckerei riecht es aber lecker nach Kuchen und Teilchen!" Manche Spiele können wechselnde Szenerien haben, z. B. Hänsel und Gretel, das sowohl im Wald als auch im Lebkuchenhaus stattfindet. Das Verständnis der Kinder für die imaginierte Szenerie kann durch ergänzende Aktivitäten, die im Konzept einen eigenen Inhaltspunkt bilden, unterstützt werden.

Schlüsselrepliken (Aussagen und Geräusche, die die Rollen charakterisieren und die Handlung unterstützen)	Bäcker: „Kaufen Sie, kaufen Sie!" „Guten Tag, was hätten Sie gerne?" Kunde: „Einen Schokoladenkuchen." Bäcker: „Kommt noch etwas dazu?" Kunde: „Nein, danke." Bäcker: „Das macht 2 Euro." Kunde: „Bitte sehr, hier ist das Geld." Bäcker: „Danke. Hier ist der Kuchen. Danke und auf Wiedersehen"! Kunde: „Auf Wiedersehen!"

Die Aussagen markieren die Rollen des Spiels, zeigen die Handlungen an und geben einen Rahmen für die Entwicklung des Spiels vor. Die Schlüsselrepliken machen einen Teil des Gerüsts aus, das die Spielanleitung bildet und aus dem später spontane und einfallsreiche Ideen entspringen können. Die Aussagen können die Teilnehmenden für Empathie und Identifikation mit den Rollen öffnen (Winther-Lindqvist 2006). Die Kinder sollten jedes Mal, wenn das Spiel gespielt wird, die Schlüsselrepliken hören, sich mit ihnen vertraut machen, erleben, wie sie mit der Handlung und den Rollen des Spiels verknüpft werden und sie schließlich als Teil des Spiels erkennen können. Die Kinder sollten dazu ermutigt und dabei unterstützt werden, sie selbst zu verwenden. Dies sollte geschehen, wenn sie sich dazu motiviert fühlen. Die Motivation entsteht häufig aus der Begeisterung der Kinder für das Thema oder die Handlung des Spiels. Auch ihr Eifer für die Interaktion miteinander und mit den Erwachsenen kann anregend wirken.

Die Ideen der Kinder für neue Repliken sollten immer durch eine Reaktion im Spiel anerkannt und unterstützt werden. Möglicherweise besteht die Notwendigkeit, dass die Erwachsenen eine Verknüpfung zwischen den spontanen Antworten der Kinder und dem Thema des Spiels herstellen. Wenn ein Kind im Bäckereispiel sagt: „Ich bin ein kleiner Fisch", kann der Erwachsene z. B. antworten: „Wie schön, ein Fisch in der Bäckerei! Mag der Fisch gerne Kuchen?"

Besonders bei sehr kleinen Kindern und Kindern mit Deutsch als Zweitsprache sollten die Aussagen nach Möglichkeit durch Handlungen oder Hilfsmittel visualisiert werden. Dadurch erhalten die Kinder bessere Möglichkeiten, den Inhalt der Worte zu verstehen und sie nicht nur als Nachahmung der Erwachsenen oder einander zu wiederholen.

Hilfsmittel	Sand/Förmchen/Dosen. Theke/Tisch/Bananenkisten. „Geld"/Registrierkasse. Evtl. Kostüme zur Verkleidung und „Ofen".

Hier wird beschrieben, welche Gegenstände in die Spielaktivität einbezogen werden sollen oder können. In einigen Spielen sind die Hilfsmittel entscheidend, um die imaginierte Szenerie zu unterstützen, z. B. Stühle in einem Busspiel. Die Einbeziehung von Hilfsmitteln hat je nach Alter und derzeitiger Entwicklungszone der Kinder unterschiedliche Bedeutungen. Hilfsmittel können besonders dann wichtig sein, wenn den Kindern ein neues Spiel vorgestellt werden soll oder wenn ein Bedarf dafür besteht, dass Sprache, Visualisierung und Handlung eng miteinander verknüpft werden. Im Allgemeinen haben jüngere Kinder einen größeren Bedarf dafür, dass die Handlung des Spiels durch Hilfsmittel unterstützt wird, als ältere Kinder, die meistens besser in der Lage sind, unabhängig von Hilfsmitteln an Vorstellungen festzuhalten (Winther-Lindqvist 2006).[24] Hilfsmittel können auch eingesetzt werden, um den Kindern eine bestimmte Position im Spiel zuzuweisen, z. B., dass der Bäcker derjenige ist, der die Registerkasse benutzen darf. Daher kann die Wahl der Hilfsmittel im Zusammenhang mit der pädagogischen Planung der Aktivität vorteilhaft beurteilt werden.

Pädagogische Schwerpunkte	Die Kinder sollen: • mit dem Handeln nach der Spielanleitung vertraut werden, • die Möglichkeit erhalten, beide Rollen auszuprobieren, • beim Ausprobieren der Schlüsselrepliken unterstützt werden, • positive Erfahrungen damit machen, zu warten, bis sie an der Reihe sind, z. B. durch einfallsreiche Dialoge in der Warteschlange.

Dieser Punkt hilft den Erziehern, das Ziel für den Spielablauf in der gesamten Kindergruppe und während aller Spielaktivitäten auf Grundlage der Spielanleitung aufrechtzuerhalten. Die individuelle Spielanleitung sollte als Teil einer ganzheitlichen Bemühung gesehen werden, eine gemeinsame kulturelle Grundlage für die Kindergruppe zu schaffen. Daher liegt ein Schwerpunkt für alle Spielanleitungen darin, dass die Kinder mit dem Handeln in Übereinstimmung mit der Spielanleitung und den zugehörigen Rollen vertraut gemacht werden. Auf diese Weise können die Spielanleitungen gemeinsam zu einer vielseitigen Spielkultur beitragen.

Es werden auch Schwerpunkte für die konkrete Spielanleitung festgelegt. In einem Ladenspiel ist es z. B. von zentraler Bedeutung, dass die Kinder verstehen, dass es einen Unterschied zwischen einem Angestellten und einem Kunden gibt, und dass sie gute Erfahrungen damit machen, zu warten, bis sie an der Reihe sind.

Die pädagogischen Schwerpunkte können im Zusammenhang mit der erzieherischen Planung des konkreten Spielablaufs mit Blick auf die teilnehmenden Kinder erweitert und präzisiert werden. Vorherrschende Hierarchien oder Normen können in einigen Einrichtungen dazu führen, dass es für einige Kinder schwierig ist, Zugang zu attraktiven Rollen und Spielpositionen oder zur Teilnahme am Spiel überhaupt zu erhalten, während es für andere Kinder ungewohnt und möglicherweise verunsichernd ist, eher periphere Rollen und Positionen einzunehmen. Diese Arten der sozialen Interaktion sind offensichtliche pädagogische Schwerpunkte.

24 Siehe auch Abschnitt über Spieltypen in Kapitel 1.

Im Abschnitt *Anwendung einer Planungsvorlage* weiter unten in diesem Kapitel wird beschrieben, wie Schwerpunkte in Bezug auf die Spielaktivität, die spezifische Kindergruppe und bestimmte Kinder hinzugefügt werden können.

Variationsmöglichkeiten	Erweiterung: • Kinder mit Interesse an Zahlen können den Preis angeben und das Geld zählen, wenn sie bezahlen: „Bitte sehr, hier sind 1, 2, 3 Euro" usw. • Die Erzieher können die Kunden dazu ermutigen, zu sagen, wer sie sind, z. B. ein Polizist oder ein Elternteil mit einem Baby. • Die Kunden können alberne Bestellungen, wie z. B. Kamelkuchen und Nashornbrot aufgeben. Vereinfachung: Lassen Sie den Teil der Repliken weg, der sich auf das Bezahlen bezieht.

Die Vorlage der Spielanleitung stellt, wie erwähnt, ein Grundkonzept dar, das in Bezug auf die Zielgruppe und die konkrete Spielsituation vereinfacht, erweitert und variiert werden kann.[25] Dies setzt voraus, dass sich die Erzieher sicher damit fühlen, dass sich das Spiel spontan in neue Richtungen entwickelt. Der Zweck dieses Punktes ist es daher, unter Zuhilfenahme von im Voraus geplanten Variationen die Fähigkeit der Erzieher zum Ausüben professioneller Improvisation während der Spielaktivität zu unterstützen. In jeder Spielanleitung werden Vorschläge zur Erweiterung und Vereinfachung beschrieben, damit die Pädagogen spontan neue Inspirationen für das Spiel gewinnen können. Die Variationen können auch verwendet werden, um die Spielanleitung im Vorfeld an die Voraussetzungen der Kindergruppe anzupassen. Viele Spielanleitungen, die z. B. für größere Krippenkinder konzipiert sind, können mit einfachen Variationen auch für Kindergartenkinder verwendet werden.

Ermutigter Spielraum für die Vorstellungskraft und Mitbestimmung	Welche Art von Kuchen oder Brot man kaufen/verkaufen möchte. Was der Bäcker gebacken hat/in den Kuchen getan hat. Wer der Kunde ist. Z. B: „Bist du ein Erwachsener oder ein Kind?" Wer die Kuchen/das Brot essen wird.

25 Siehe Andersen und Brøndsted 2011 für eine Darstellung der Konzepte der Vereinfachung, Entwicklung und Variation.

Das Ziel besteht darin, dass die Kinder durch wachsendes Vertrauen als Gruppe mit der Spielanleitung das Spiel zunehmend prägen. Dieser Punkt enthält konkrete Vorschläge, wie die Erwachsene die Kinder dazu ermuntern können, ihre Vorstellungskraft zu nutzen und das Spiel zu beeinflussen. Die Kinder sollten immer für ihre spontanen Beiträge zum gemeinsamen Spiel gewürdigt werden. Auch die Unterstützung der kindlichen Ideen und Förderung durch die Erwachsenen ist von großer Bedeutung. Für die Erzieher ist es eine kontinuierliche Aufgabe, ein angemessenes Gleichgewicht zwischen Anleitung/Rahmensetzung und dem Respekt für die Beiträge der Kinder zu finden. Für die jüngsten Kinder sollte der Spielraum im Allgemeinen sehr konkret sein, für die älteren Kinder kann er häufig erweitert werden. Quer durch alle Altersgruppen haben einige Kinder eine sehr gut entwickelte Fähigkeit, sich fiktive Welten vorzustellen und sich auf diese einzulassen. Für diese Kinder kann die Aufforderung der Erwachsenen, sich etwas Bestimmtes vorzustellen, sicherlich eine Stütze dabei sein, das gemeinsame Bewusstsein mit den anderen Teilnehmenden aufrechtzuerhalten. So wie manche Kinder auf ihrem Weg in die fiktive Sphäre angeleitet werden müssen, müssen andere dabei gelenkt werden, ihren Bezug zur realen Sphäre und das Spiel als gemeinsames Projekt aufrechtzuerhalten.[26] Die Aufgabe für die Erwachsenen besteht darin, die fantasievollen Beiträge der Kinder ganz allgemein anzuerkennen und zu versuchen, sie mit der Spielanleitung zu verknüpfen. Die Erwachsenen sollten die Kinder als Vorbild dazu anregen, auf die Beiträge der anderen zu reagieren, auf ihnen aufzubauen und sie mit der Spielanleitung zu verknüpfen.

Ergänzende Aktivitäten	• *Backe, backe Kuchen* und *Wenn wir heute Plätzchen backen* singen • Ausflug in die Bäckerei, wo die Kinder einkaufen • Brot oder Brötchen backen • Schilder und Geld für das Spiel zeichnen • dialogisches Lesen von *Mit Bäcker Emil in der Backstube* von Barbara Jelenkovich • dialogisches Lesen von *Kochen und backen mit der Maus* (ZS Verlag)

Wir schlagen in jeder Spielanleitung ergänzende Aktivitäten vor, die für verschiedene Zwecke genutzt werden können. Sie können in die Vorbereitung der Spielaktivitäten einbezogen werden oder als parallele oder nachbearbeitende Aktivitäten ausgeführt werden. Je vielseitiger die Erfahrungen der Kinder mit dem Spielthema sind, desto bessere Voraussetzungen haben sie für die gemeinsamen Spiele.

26 Die Konzepte der *fiktiven Sphäre*, *Regiesphäre* und *realen Sphäre* wurden in Kapitel 1 beschrieben.

Ergänzende Aktivitäten können dazu beitragen, dass die Kinder ein gemeinsames Verständnis dafür entwickeln, worum es im Spiel geht. Sie können das Spiel inspirieren und die Voraussetzungen der einzelnen Kinder für das Eintauchen in das Spiel stärken. Ergänzende Aktivitäten können z. B. den Kindern physische und musische Erfahrungen mit dem Thema des Spiels vermitteln. Regel- und Dramaspiele können helfen, Erfahrungen mit gemeinsamer Aufmerksamkeit und mit der Verwendung und dem Lesen von Mimik und Körpersprache zu sammeln. (Siehe konkrete Vorschläge am Ende des Spieleverzeichnisses in Kapitel 4.) Ergänzende Aktivitäten können auch verwendet werden, um kommunikative Fähigkeiten in Bezug auf die Handlung und Repliken des Spiels zu unterstützen. Für jede Spielanleitung schlagen wir ein oder mehrere Bilderbücher für das dialogische Lesen vor. Wenn die gesamte Kindergruppe bestimmte Bilderbücher kennenlernt, trägt

Prinzipien des dialogischen Lesens

- Das Bilderbuch wird insgesamt mindestens dreimal gelesen, vorzugsweise innerhalb einer Woche.
- Während jedes Vorlesens werden die Kinder mehr und mehr einbezogen.
- Während des ersten Vorlesens hören die Kinder zu und anschließend in einen Dialog eingebunden.
- Während des zweiten Vorlesens werden die Kinder zu einem Dialog über den Inhalt des Buches und die Bedeutung der Worte aufgefordert.
- Während des dritten Vorlesens werden die Kinder als aktive Miterzähler und Nacherzähler der Geschichte einbezogen.
- Im Voraus werden drei bis fünf Schlüsselwörter aus dem Buch ausgewählt, die hervorgehoben, wiederholt und gerne während des Vorlesens visualisiert werden.
- Der Neugier und den Initiativen der Kinder sollte entsprochen werden.
- Sprachfehler werden nicht korrigiert, aber die Aussagen des Kindes werden im Dialog natürlich mit der korrekten Formulierung wiederholt.
- Die Kinder werden ermutigt, die Geschichte weiterzudichten und zu fantasieren.
- Die Erwachsenen haben sich mit der Handlung und dem Thema des Buches vertraut gemacht, damit die Kinder korrekte Antworten auf ihre Fragen erhalten können (Avenstrup und Hudecek 2014).

dies dazu bei, die gemeinsame Erfahrungsgrundlage der Kinder zu erweitern. Die Charaktere und Handlungen der Bücher können als gemeinsamer Bezugsrahmen und als Inspiration für die Entwicklung des Spiels dienen.[27]

Spielauswahl

Die Mitarbeitergruppe wählt und beschreibt eine Reihe von gemeinsamen Spielanleitungen, die der gesamten Kindergruppe vorgestellt werden sollen, und/oder die Teil der gemeinsamen Spielkultur in der Einrichtung werden sollen. Die Auswahl der Spielanleitungen sollte auf dem Prinzip der Vielseitigkeit der Spielthemen und Spieltypen beruhen. Die Interessen und Voraussetzungen der Kinder müssen bei der Spielauswahl umfassend berücksichtigt werden. Spielanleitungen können aus dem Spieleverzeichnis in Kapitel 4 ausgewählt und an die Zielgruppe angepasst werden. Alternativ können auch eigene Spielanleitungen erstellt werden. In der folgenden Übersicht wird darauf hingewiesen, dass es besonders relevant sein kann, als Mitarbeiter selbst Spielanleitungen anzufertigen. Manche Erzieher erleben eine größere Eigenverantwortung für die Spielaktivitäten, wenn sie selbst an der Entwicklung und Beschreibung der Spielanleitungen beteiligt gewesen sind.

27 Siehe Avenstrup und Hudecek 2014 für eine theoretische Einführung mitsamt konkreten Vorschlägen für den Verlauf des dialogischen Lesens.

Die folgenden Schwerpunkte können den Auswahlprozess qualifizieren:

Schwerpunkte beim Auswahlprozess

- Vielseitigkeit
- Wiedererkennbarkeit
- Voraussetzungen und Potenziale in der Kindergruppe
- Gegenwärtige Interessen innerhalb der Kindergruppe
- Möglichkeit für die Entfaltung der Fantasie
- Abenteuer und klassische Figuren der Kinderkultur
- Themen des Curriculums
- Praktische Anwendbarkeit

Vielseitigkeit

Die gesammelte Auswahl an Spielanleitungen sollte eine Vielzahl an Inhaltsthemen, Rollen, Identifikationsmöglichkeiten, Interaktionsformen, Spieltypen und Hilfsmitteln bieten. Eine Vielzahl von Spielrollen und Spielpositionen sollen den Kindern geboten werden und sie ermutigen sich einzubringen. Im Spiel können sowohl führende als auch zurückgenommenere Rollen übernommen werden, sowie Rollen mit der Möglichkeit, Sprache und Körper auf unterschiedliche Weisen einzusetzen. Mit einer gewissen Breite in Form und Inhalt der Spiele steigt die Wahrscheinlichkeit dafür, dass alle Kinder in eine Spielgemeinschaft, die den gegenwärtigen Interessen und Bedürfnissen entspricht, einbezogen werden.

Wiedererkennbarkeit

Es ist wichtig, dass die Kinder mit den Spielanleitungen, auf die sie sich bei der Begegnung mit anderen Kindern stützen können, vertraut gemacht werden. Neben den anderen Kindern in der Einrichtung kann dies auch bei einem Wechsel der Einrichtung, im privaten Kontext oder beim Schulbeginn der Fall sein. Daher sollten einige weit verbreitete kulturelle Narrative darunter sein, die in den verschiedenen Kontexten, in denen sich die Kinder bewegen, wiedererkennbar sind – jetzt und auf längere Sicht. Dies kann z. B. die Erzählung darüber sein, wie der Geburtstag von vielen Kindern gefeiert wird oder wie man mit dem Bus fährt.

Darunter sollten auch Spielanleitungen sein, die jedem Kind die Möglichkeit geben, seine Alltagserfahrungen den anderen Kindern gegenüber erkennbar zu machen, indem die Kindergruppe in verschiedene Variationen des Familienspiels eingeführt wird, die den Kindern Einblick in die Lebenswelt der anderen Kinder ermöglicht.[28]

Voraussetzungen und Potenziale in der Kindergruppe

Die Entwicklungsvoraussetzungen der Kinder müssen bei der Wahl der Spielanleitungen berücksichtigt werden. Wenn viele Kinder in der Kindergruppe parallel spielen, werden hauptsächlich Spiele ausgewählt, die nur eine begrenzte Interaktion mit den übrigen Spielkameraden erfordern (z. B. Bus fahren oder Essen kochen). Gleichzeitig sollten die Spiele das Potenzial haben, das wachsende Interesse der Kinder aneinander zu fördern. Bei großen Unterschieden in den sprachlichen Voraussetzungen in der Kindergruppe werden als Ausgangspunkt Variationen von Spielmanuskripten gewählt, an denen die Kinder teilnehmen können, ohne Repliken verwenden zu müssen (z. B. Tankstelle oder Zirkus), die aber gleichzeitig die Möglichkeit bieten, Repliken zu imitieren und auszuprobieren.

Denken Sie auch daran, dass Sie auch Spiele einbeziehen, die fordernder sind und über die gegenwärtigen Fähigkeiten der Kinder hinausgehen, sie herausfordern sich zu entfalten. Ebenso sollte es auch Spiele geben, die einfach und weniger herausfordernd sind, als es die Spielkompetenzen der Mehrheit erfordert.[29]

Wenn in der Kinder- und Spielkultur Interaktionsformen vorkommen, die nicht geeignet sind, z. B. wenn keine Erfahrungen damit bestehen, einander Raum zu geben, kann dies bei der Auswahl der Spielanleitungen berücksichtigt werden. Es können Spiele gewählt werden, die einen klaren Rahmen für das Spiel und die Rollen schaffen und die besonders geeignet sind, um positive Erfahrungen damit zu sammeln, anderen Raum zu geben, z. B. „Bäckerei" oder „Zirkus". In Kapitel 4 wird das Potenzial der einzelnen Spielanleitungen zur Unterstützung bestimmter Interaktionsformen und Spielkompetenzen in der Kindergruppe beschrieben.

Gegenwärtige Interessen innerhalb der Kindergruppe

Wenn bestimmte Spiele oder Themen in Teilen der Kindergruppe beliebt sind, ist es eine gute Idee, gemeinsame Spielanleitungen auf Grundlage dieser Spiele zu entwerfen. Auf diese Weise können alle Kinder ausgerüstet werden, um an den Spielen teilzunehmen und Zugang zu den Spielgemeinschaften zu erhalten. Die Motivation der Kinder, an den Spielen teilzunehmen, kann gefördert werden, indem Themen einbezogen werden, die ihnen wichtig sind. Die Auswahl von Spiel-

28 Siehe Abschnitt *Normkritische Aufmerksamkeit* in Kapitel 1.
29 Siehe Abschnitt *Entwicklung im Spiel* in Kapitel 1.

anleitungen kann die Medienerfahrungen der Kindergruppe berücksichtigen, sodass z. B. Spielanleitungen mit Charakteren aus einer beliebten Serie aus dem Kinderfernsehen, die von vielen Kindern geschaut wird, erstellt werden. Dies kann auch ein Weg sein, um Zugang zu den Medienerfahrungen der Kinder zu erhalten und diese um pädagogische Inhalte zu ergänzen – auch in Bezug auf Filme oder Figuren, die man in einem erzieherischen Kontext nicht unbedingt gewählt hätte.

Themen, von denen die Kindergruppe fasziniert ist, können als Überleitung zu anderen Themen verwendet werden. Eine Faszination für Hexen kann z. B. im Zusammenhang mit dem Spiel „Ausflug" genutzt werden, bei dem die Hexe „Hexenessen" im Proviantkorb zum Picknick mitbringen kann. Wenn es viele Kinder beschäftigt, dass sie ein jüngeres Geschwisterkind bekommen, kann z. B. die Spielanleitung des Spiels „Eltern und Baby" oder „Picknick" um Geschwisterrollen erweitert werden.

Achten Sie besonders darauf, ob es Kinder gibt, deren Interessen sich nicht mit denen der Mehrheit decken. Was sind die Interessen dieser Kinder, welche Spiele könnten den Interessen entsprechen, und wie kann man sie für die anderen Kinder interessant machen? Gibt es Bereiche, die von der Zone für ermutigtes Handeln[30] der Einrichtung nicht in den Fantasiespielen abgedeckt werden, z. B. ein Konstruktionsspiel, ein Spiel mit Schriftsprache oder Interaktion rund um Musik und Gesang?

Möglichkeit für die Entfaltung der Fantasie

Verschiedene Arten von Spielanleitungen bieten den Kindern unterschiedliche Möglichkeiten, die Rollen und die Entwicklung der Handlung des Spiels selbst zu beeinflussen. Eine gemeinsame Spielanleitung enthält konkrete Vorschläge, wie die Kinder aufgefordert werden können, ihre Vorstellungskraft einzusetzen. Dieser Punkt ist wichtig, da die Kinder nicht nur mit den Spielanleitungen vertraut gemacht werden sollen, sondern sich diese auch durch Einflussnahme auf die Entwicklung der Spiele zu eigen machen sollten. Auf der Grundlage von Märchen entwickelte gemeinsame Spielanleitungen lassen nicht so viel Raum für Improvisation in Bezug auf die Handlung, da die Rollen und Repliken häufig festgelegt sind. Die Märchen können auf andere Weise die Fantasie anregen, indem die Kinder die verschiedenen Rollen und Ausdrucksformen ausprobieren und in sie eintauchen (siehe nächster Punkt). Im Gegensatz dazu kann z. B. die Spielanleitung für ein Ladenspiel einen sehr offenen Rahmen bieten, in dem sich das Spiel in viele Richtungen entwickeln kann. Es lassen sich jedoch einfach gemeinsame Spielanleitungen auf Basis der Charaktere aus Märchen oder Fernsehserien

30 Siehe Kapitel 1 für eine Erklärung des Konzepts der *Zone für ermutigtes Handeln*.

entwickeln, ohne dass die Handlung festgelegt ist (siehe z. B. *Peppa Wutz, Lauras Stern, Bob der Baumeister*).

Entscheidend ist die Deutlichkeit, mit der die Kinder bei den jeweiligen Spielaktivitäten dazu aufgefordert werden können, ihre Vorstellungskraft einzusetzen, und dass man einen Überblick darüber hat, welchen Spielraum die gesammelte Auswahl an gemeinsamen Spielanleitungen der Entfaltung der Fantasie bietet.

Märchen und klassische Figuren der Kinderkultur

Märchen können den Ausgangspunkt für gemeinsame Spielanleitungen sein, um den Kindern konkrete Erfahrungen mit dem Erzählen und mit dem Eintauchen in verschiedene Charaktere, Gefühle und Stimmungen zu vermitteln. Sie können die Spielthemen der Kinder durch Fantasiewelten erweitern. Beispiele für klassische Märchen sind *Die drei kleinen Schweinchen* oder *Hänsel und Gretel.*

Charaktere wie z. B. *Pippi Langstrumpf, Petzi* und *Bob der Baumeister* haben einen inoffiziellen Status im Kanon der deutschen Kinderkultur, und daher ist es naheliegend, sie den Kindern vorzustellen. Kinder, die diese Rollen nicht kennen, haben es schwer, bei Spielen (oder Gesprächen), die sich auf die Charaktere beziehen, dabeizubleiben. Durch die Teilnahme an Spielaktivitäten, die auf Grundlage dieser Figuren aufgebaut sind, erlangen die Kinder Kenntnisse über die Eigenschaften der Charaktere und über die fiktive Welt, in der sie sich bewegen. Auf diese Weise können die Kinder die Charaktere in den Spielen der anderen wiedererkennen und die Kenntnis über die Figuren nutzen, um sich für andere Kinder erkennbar zu machen.

Curriculum

Die Arbeit mit den Spielkompetenzen von Kindern sollte mit der übrigen Arbeit der Einrichtung und dem Curriculum verknüpft werden können. Die Auswahl gemeinsamer Spielanleitungen kann daher idealerweise so zusammengestellt werden, dass sie das Curriculum unterstützt, sodass sie z. B. sowohl Spiele mit körperlicher Entfaltung, Spiele in und über die Natur, als auch Spiele, die digitale Medien einbeziehen, enthält.

Praktische Anwendbarkeit

Die Spielanleitungen sind am nützlichsten, wenn die Möglichkeit besteht, die Anzahl der Teilnehmer an den Spielen zu variieren, z. B. bei der Bäckerei, oder wenn einige der Spiele mit einer unbegrenzten Anzahl von Teilnehmern gespielt werden kann, z. B. „Tankstelle". Es ist auch von Vorteil, wenn die Mehrheit der Spiele nicht von einer bestimmten Umgebung abhängig ist. Einige Spielanleitungen eignen sich am besten für intensive Aktivitäten, andere zur Verwendung auf Spielplätzen und bei Ausflügen. Häufig ist eine gleichmäßige Verteilung erforderlich.

Wenn man sich entschieden hat, mit welchen gemeinsamen Spielanleitungen in der Einrichtung die Kinder vertraut gemacht werden sollen, besteht der nächste Schritt darin, den konkreten Spielverlauf zu planen. Wir schlagen vor, eine Planungsvorlage zu verwenden, die die Beschreibung der Spielanleitung selbst ergänzen kann. Im Formular können u. a. die Lernziele für die Kindergruppe, konkrete Kinder oder Erwachsenen festgehalten werden. Doch bevor wir die Planungsvorlage vorstellen, werden wir uns ein wenig mit dem Prozess der Festlegung der Lernziele beschäftigen.

Festlegung der Lernziele

Das Lernen und die Lernmöglichkeiten der Kinder müssen in Hinsicht auf den Kontext und die Beziehungen verstanden werden, die von den Kindern eingegangen werden und an denen sie sich orientieren.[31] Die Verhaltensformen, die als Fähigkeiten bezeichnet werden, sind an die soziale und kulturelle Auffassung dessen geknüpft, wie mit einer bestimmten Aufgabe, z. B. Zugang zu einem Spiel zu erhalten, umgegangen werden sollte. Diese Auffassungen können je nach Spielkultur und theoretischem Ansatz in der jeweiligen Einrichtung variieren. Die Spielkompetenzen können daher als die Art und Weise betrachtet werden, in der die einzelnen Kinder es schaffen, mit den Anforderungen und Möglichkeiten, die ihnen in ihrer Umgebung zur Verfügung gestellt werden, umzugehen (Hviid 2004). Wenn es den Kindern z. B. schwerfällt, bei einem Spiel abzuwarten, bis sie an der Reihe sind, wird die Frage relevant, welche Möglichkeiten die Umgebung den Kindern bietet, ihre Rolle auszuüben, während sie darauf warten, an der Reihe zu sein. Und es wird wichtig, sich darauf zu konzentrieren, welche Möglichkeiten das Spiel und die Rollen den einzelnen Kindern im Allgemeinen bieten, um Interesse zu entwickeln und in das Spiel einzutauchen. Ein Lernziel kann z. B. sein, dass die Kinder positive Erfahrungen mit der Teilnahme an einem Spiel machen, bei dem es um das Abwechseln geht, und dass sie auf lange Sicht auch damit positive Erfahrungen machen, zu warten, bis sie an der Reihe sind. Wenn ein Kind niemals Teil einer bestimmten Form des Spielens oder einer Spielgemeinschaft ist, kann man überprüfen, ob das Spiel oder die Spielgemeinschaft eingegrenzt werden kann, damit die Interessen und Voraussetzungen des Kindes besser berücksichtigt werden. Die Erzieher können ihr Wissen über die einzelnen Kinder und die gegenwärtige Kindergruppe nut-

31 Siehe Abschnitt *Ein soziokulturelles Lernverständnis* in Kapitel 1.

zen, um einen Rahmen dafür zu schaffen, dass die Kinder ihre Fähigkeiten entfalten können. Dies bedeutet, dass beim Sprechen über Lernen und Lernziele auch immer über den Kontext für das erwünschte Lernen gesprochen werden sollte.

Wenn bei einem Krippen- oder Kindertreffen über bestimmte Kinder gesprochen werden soll, kann man sich darauf vorbereiten, darüber zu sprechen, welche Kinder in welche Arten des Spielens eintauchen, mit wem sie spielen und welche Rollen und Positionen sie einnehmen. Betrachten Sie die Spielkompetenzen der Kinder in verschiedenen Rahmensetzungen sowie mit als auch ohne die Anleitung durch Erwachsene.[32] Dies kann den Prozess der Festlegung relevanter Lernziele qualifizieren.

Die Festlegung von Lernzielen kann auch Vorteile für die Fähigkeiten der Erwachsenen bringen. Lernziele für die Erwachsenen können z. B. darin bestehen, dass man zusammen mit den Kindern übt, in fiktive Welten einzutauchen oder in einer Spielaktivität Raum für die spontanen Ideen der Kinder zu schaffen. Dies vertiefen wir in Kapitel 3 über die *Rolle und Positionierungen des Erziehers*.

Fortschritt des Spiels

Wie man Lernen und die Festlegung von Lernzielen begreift, prägt das Denken und Handeln rund um die erzieherischen Aktivitäten.[33] Wir schlagen vor, dass bei der Festlegung der Lernziele das Konzept des *Fortschritts des Spiels* verwendet wird, um den Fokus auf dem Kontext und der Gemeinschaft beizubehalten. Ein Spiel kann mehr oder weniger inklusiv, einnehmend, beweglich usw. sein, und es kann zielgerichtet daran gearbeitet werden, einen Fortschritt im Spiel zu erreichen. Ein Schwerpunkt auf dem Fortschritt des Spiels besteht darin, Lernziele für die gesamte Kindergruppe sowie Ziele für den Fortschritt des Spiels festzulegen. Unter Berücksichtigung des Lernens und der Entwicklung einzelner Kinder kann der Blickwinkel der Erzieher auf Folgendem liegen: Welche Möglichkeiten bietet das Spiel dem einzelnen Kind zur Teilnahme und dazu, seine Fähigkeiten beizutragen und zu entfalten? Wie kann das Spiel anders eingegrenzt werden, um andere Formen der Interaktion zu unterstützen und damit dem Kind andere Partizipationsmöglichkeiten zur Verfügung zu stellen? Die Arbeit mit dem Fortschritt des Spiels befasst sich daher auch mit der Beteiligung und den spontanen Einschätzungen der Erzieher.

Einige konkrete Anzeichen, die einen Fortschritt im Spiel anzeigen können, sind Veränderungen in der Interaktion, der Bildung von Beziehungen, dem Interesse und dem Beitrag der Kinder. Dies können Veränderung darin sein, wie viele Kon-

32 Siehe Beobachtungsformular in Kapitel 3 für einen Vorschlag, wie die Vorbereitung in Angriff genommen werden kann.

33 Siehe Abschnitt *Entwicklung im Spiel* in Kapitel 1.

flikte auftreten, wie mit ihnen umgegangen wird oder wie fortgeschritten und abwechslungsreich ein Spiel von Mal zu Mal gespielt wird. Weitere Anzeichen für den Fortschritt des Spiels bestehen im Gelingen der Erwachsenen, die Kinder zum Ausprobieren neuer Spielpositionen zu bewegen, oder dass die Kinder spontan beginnen, Repliken und Handlungen zu verwenden, die einen Raum für die Teilnahme der jeweils anderen schaffen. Ein klares Anzeichen für einen Fortschritt besteht, wenn die Kinder mit der Spielanleitung so vertraut geworden sind, dass sie die Handlung des Spiels anhand der Anleitung erweitern und variieren können. Wenn das Spiel funktioniert, auch wenn Erwachsene mehr oder weniger periphere Positionen einnehmen, oder wenn Kinder inspiriert von den Spielaktivitäten rund um gemeinsame Spielanleitungen anfangen, von selbst Spiele zu initiieren, ist eine Entwicklung zu sehen.

Das Festlegen von Zielen kann auch darauf abzielen, wie bestimmte Bestandteile des Curriculums ins Spiel kommen. Die Arbeit mit gemeinsamen Spielanleitungen kann, wie erwähnt, an sämtliche Themen angeknüpft werden. Beispielsweise kann geplant werden, das Wissen über die Natur in die Spiele einzubeziehen, möglicherweise auch durch ergänzende Aktivitäten, nachdem Elemente aus der Natur in Spielen wie „Ausflug", „Bauernhof" oder „Zoo" hervorgehoben und zur Inspiration genutzt wurden. Ein Anzeichen für Lernen wäre in solch einem Fall, dass das Wissen über die Natur zunehmend Teil des Spiels wird und dass die Kinder ihre Naturerfahrungen auf fantasievolle Weise mit der Spielanleitung verknüpfen. Die Fokussierung auf ein bestimmtes Thema des Curriculums sollte an das übergeordnete Ziel angepasst werden, dass die Kinder sich die Spielanleitung aus ihrer Beteiligung am Spiel heraus aneignen sollten. Die einzelnen Themen können möglicherweise durch die Gestaltung und Auswahl der Spielanleitungen sowie in der Planung des spezifischen Spielverlaufs besonders hervorgehoben werden.

Im Spieleverzeichnis in Kapitel 4 werden in jeder Spielanleitung pädagogische Schwerpunkte für den Fortschritt des Spiels festgelegt.

Planung des Spielablaufs

Die Planung und der Nutzen der Planung hängen im hohen Grad von den Kenntnissen der Erzieher über die einzelnen Kinder und die gesamte Kindergruppe ab. Diese Kenntnisse können durch die Teilnahme der Pädagogen an den Spielaktivitäten rund um die gemeinsamen Spielanleitungen erheblich erweitert werden. Wir haben die Erfahrung gemacht, dass eine systematische Planung den Blick der Erzieher darauf erhöht, worum es bei den Spielen geht, und dass dies die Qualität der Spielaktivitäten erheblich verbessert. Hier stellen wir nun die Planungsvorlage für dieses Ziel vor.

In der Planungsvorlage beschreibt der Erzieher seine Überlegungen zu einem geplanten Spielverlauf rund um die gemeinsamen Spielanleitungen. Die Vorlage betont besonders die Unterstützung konkreter Anzeichen für Fortschritt und Lernen in der Kindergruppe und während der Spielaktivität als Ganzes. Die Lernziele beruhen auf dem Spiel als gemeinsamer Aktivität. Im Folgenden können Sie sich auch darauf konzentrieren, wie bestimmte Kinder die Möglichkeit erhalten, sich am Spiel zu beteiligen. Es kann z. B. Kinder geben, auf deren Spielentwicklung man ein besonderes Augenmerk legt. In der Planungsvorlage wird beschrieben, wie die Erzieher die Kinder auffordern und dazu inspirieren können, das Spiel zu beeinflussen. Es ist wichtig, dass die Spielaktivitäten nicht den Charakter von Steuerung oder Anweisungen erhalten, da sich dies – auch langfristig – negativ auf die Spielerlebnisse und Lernmöglichkeiten der Kinder auswirken kann (Sommer 2015). Die Erzieher müssen daher bereit sein, zwischen verschiedenen Perspektiven und Intentionen zu wechseln.

Die Planung kann auch darauf abzielen, das Lernen der Erzieher zu unterstützen. Wenn es den Erziehern z. B. an Erfahrung fehlt, zu fantasieren und spontan auf die einfallsreichen Äußerungen der Kinder zu reagieren, können bei der Vorbereitung Repliken und Handlungen ausgearbeitet werden, die während der Spielaktivität „aus dem Hut gezogen" werden können. Dies kann für die Erzieher eine konkrete Form der Übung und Entwicklung ihrer Fähigkeiten darstellen. Die Reflexion über das Lernen der Erzieher ist besonders unter den Punkten *Pädagogische Schwerpunkte, Variationsmöglichkeiten* und *Ermutigter Spielraum für die Vorstellungskraft und Mitbestimmung* von Bedeutung. Es ist naheliegend, die Erfahrungen der anderen Kollegen in die Planung mit einzubeziehen.

Offene Aktivitäten und intensive Aktivitäten

Bei der Planung wird zwischen offenen Aktivitäten und intensiven Aktivitäten unterschieden. Offene Aktivitäten sind für alle Kinder zugänglich, z. B. auf dem Spielplatz. Hier kann z. B. ein „Spielthema des Tages/der Woche“ ausgewählt und daran gearbeitet werden, bestimmte Spielanleitungen zu einem sichtbaren Teil der Spielkultur in der Einrichtung zu machen. Eine offene Spielaktivität kann mit einer großen Anzahl wechselnder Teilnehmer funktionieren, wenn die Erwachsenen in der Lage sind, in das Spiel einzutauchen und anwesend zu sein. Die intensiveren Aktivitäten können sich an eine kleinere Gruppe von Kindern gleichzeitig richten, z. B. an Kinder, die Schwierigkeiten damit haben, Zugang zu bestehenden Spielgemeinschaften in der Einrichtung zu erlangen oder möglicherweise kein Interesse an diesen zeigen. Die Teilnahme an einem fokussierten Spielverlauf auf Grundlage einer bestimmten Spielanleitung, die auf den Interessen und Voraussetzungen der Kinder beruht, kann ihre Fähigkeit verbessern, Teil der breiteren Spielgemeinschaften zu werden. Möglicherweise sind Abläufe mit weniger Repliken oder größeren sprachlichen Herausforderungen sowie zusätzliche Aktivitäten mit dem Fokus darauf, bestimmte Fähigkeiten in das Spiel einzubeziehen, notwendig, z. B. sich in den Mittelpunkt zu stellen oder sich gegenseitig Raum zu geben. Vielleicht besteht auch die Notwendigkeit, eine bestimmte Gruppe von Kenntnissen und Sprachfähigkeiten der Kinder in Bezug auf ausgewählte Charaktere aus der Kinderliteratur, z. B. *Bob der Baumeister* zu unterstützen. Für manche Kinder kann die Teilnahme an nur drei bis vier von Erwachsenen angeleitete Spielaktivitäten auf Grundlage einer bestimmten Spielanleitung zu einer sichtbaren Veränderung der Spielmuster der Kinder führen. In den einzelnen Spielanleitungen im Spieleverzeichnis in Kapitel 4 wird angegeben, ob sich das Spiel als offene Aktivität und/oder als intensivere Aktivität eignet.

Bei der Planung muss berücksichtigt werden, dass die von Erwachsenen angeleiteten Spielaktivitäten parallel stattfinden. Die Kinder sollen auch selbst Spiele initiieren, planen und beobachten können, bei denen sie Erfahrungen sammeln, Spiele ohne die Teilnahme von Erwachsenen zum Laufen zu bringen.

Anwendung einer Planungsvorlage

Die Planungsvorlage dient als Ergänzung zur Vorlage für die gemeinsamen Spielanleitungen, die wir weiter oben in diesem Kapitel vorgestellt haben. Die Inhaltspunkte aus der Vorlage für die Spielanleitungen tauchen in der Planungsvorlage wieder auf. Die übergreifenden Inhaltspunkte machen die Planung einfach und unkompliziert.

1. Der erste Teil der Vorlage enthält Fakten darüber, auf welche Spielanleitung, welche Art von Aktivität und welche Lernziele die Planung abzielt. Danach ist die Vorlage in drei Spalten unterteilt.
2. Die erste Spalte enthält die Inhaltspunkte der Planungsvorlage. Jeder Inhaltspunkt wird mit konkreten Vorschlägen vertieft, worauf die Aufmerksamkeit bei der Planung gelegt werden kann.
3. In der zweiten Spalte wird *der Plan* für die Spielaktivität eingetragen, einschließlich der Überlegungen zu Handlungen und Maßnahmen, pädagogische Aufmerksamkeitspunkten, praktischen Maßnahmen oder Vereinbarungen in Bezug zum einzelnen Inhaltspunkt.
4. In der dritten Spalte ist angegeben, auf welche konkreten *Anzeichen für Fortschritt oder Lernen* sich die Aktivität richten soll. Diese Anzeichen sollen in die Bewertung und Dokumentation der Aktivität oder des Spielablaufs eingehen.[34]

Diese Anzeichen für Fortschritt und Lernen machen das Ziel der Aktivität konkret und messbar. Es ist entscheidend, dass die Fokussierung immer auf Potenzialen, Fortschritten und Erfolgen liegt. Daher richtet sich der Blick der Erzieher darauf, die funktionierenden Interaktionen, Spielsequenzen und Handlungen zu unterstützen und hervorzuheben, damit der Fortschritt des Spiels gefördert wird. Stellen die Erzieher beispielsweise fest, dass in einer Kindergruppe häufig Konflikte um die Verteilung von Hilfsmitteln auftreten, kann darüber nachgedacht werden, welche Anzeichen dafürsprechen, dass die Kinder positive Erfahrungen beim Aushandeln/Teilen der Hilfsmittel machen. Auf diese Weise sollte in der Planung eine Richtung dafür festgelegt werden, was die Erzieher hervorheben und unterstützten sollen und in welche Richtung das Spiel im Laufe der Zeit hinbewegt werden soll.

In der Planungsvorlage, die wir im folgenden Beispiel erstellt haben, können für alle Inhaltspunkte Anzeichen für Fortschritt und Lernen formuliert werden. Alternativ können Sie sich auf ausgewählte Inhaltspunkte konzentrieren, die den festgelegten Lernzielen und dem Planungsbedarf der einzelnen Erzieher entsprechen. Sie können auch einige Inhaltspunkte gründlicher planen und andere in den Hintergrund stellen. In der Praxis bemerken Erzieher, dass sie mit der Verwendung der Vorlage schnell eine Routine bekommen, da sie sehr übersichtlich ist. Die Verwendung der Vorlage stärkt im Allgemeinen den Blick der Pädagogen dafür, wo konkrete Potenziale liegen, um das Spiel und die Partizipations- und Lernmöglichkeiten der einzelnen Kinder zu stärken.

34 Das Dokumentationstool TPL (*tegn på læring*, deutsch „Anzeichen für Lernen") wurde vom Dänischen Bewertungsinstitut erstellt (2008) und wird u. a. in der Gemeinde Fredensborg eingesetzt.

Planung des Spielablaufs: Bäckerei		
Zielgruppe: Vier Kinder aus der mittleren Gruppe		
Verantwortliche Erwachsene: Jens und Yasmina		
Aktivitätsart: Intensive Aktivität		
Physischer Rahmen: Kochnische im Eidechsenzimmer		
Zeitraum: März bis April 2015		
Initialen und Datum: YS 15.02.15		
Gemeinsame Lernziele	Die Kinder sollen neue Spielbeziehungen eingehen und neue Spielrollen und Spielpositionen ausprobieren. Die Kinder sollen als Rahmen für ihre Interaktion im Spiel Erfahrungen mit der Spielanleitung für die Bäckerei haben.	
Individuelle Lernziele	Mia soll als Teilnehmerin im Spiel positive Erfahrungen machen.	
Inhaltspunkte	**Plan**	**Erwartete Anzeichen für Fortschritt und Lernen**
Rollen *Wie wird mit einem Wechsel der Rolle umgegangen?* *Wie kann die Rollenverteilung Erfahrungen mit neuen Spielpositionen schaffen?* *Welche Rolle sollen die Erzieher spielen?*	• Die Erwachsenen verteilen die Rollen und schlagen vor, dass während des Spiels getauscht werden kann, damit jeder die Rolle des Bäckers ausprobieren kann. • Die Erzieherin spielt zuerst, zusammen mit Mia, die Bäckerin. Später übernimmt sie die Rolle der Kundin.	• Die Kinder handeln ihrer Rolle entsprechend. • Die Kinder erkennen die Rollen der anderen an. • Das Spiel läuft, während die Erzieherin und Mia eine Rolle teilen.

Inhaltspunkte	Plan	Erwartete Anzeichen für Fortschritt und Lernen
Konzept und Ausgangspunkt für das Spiel *Wie wird der Rahmen verdeutlicht?* *Sollten bestimmte Kinder besonders vorbereitet werden?*	• Mia wird auf die Handlung und die Rollen des Spiels vorbereitet. • Die anderen Kinder, die ein wenig Erfahrung mit Ladenspielen haben, werden zum Spiel eingeladen, und ihnen wird der Rahmen der Situation erläutert.	• Die Handlungen der Kinder beziehen sich auf das Konzept. • Die Kinder halten sich in Bezug auf das Konzept/die Handlung aneinander.
Imaginierte Szenerie *Wie sollen die Kinder in die fiktive Welt des Spiels eingeladen werden?*	• Wird durch das Spielgeschäft, den Spielherd und durch die Aussage des Erziehers über das Geschäft visualisiert.	• Die Kinder unterstützen die Vorstellung eines Geschäfts in Worten und/oder Handlungen.
Schlüsselrepliken *Was sind die Voraussetzungen der Kinder für die Verwendung der Repliken?* *Wie zentral sind die Repliken für das Spiel und das Lernziel?*	• Jeder kann die Repliken aussprechen, benötigt aber möglicherweise Anleitung in ihrer Verwendung und Entwicklung. • Die Gruppe sollte dabei unterstützt werden, Kindern zuzuhören, die nicht so laut sprechen.	• Alle verwenden Schlüsselrepliken. • Die Kinder antworten auf die Repliken der anderen mit Worten und/oder Handlungen.

Inhaltspunkte	Plan	Erwartete Anzeichen für Fortschritt und Lernen
Hilfsmittel und Rahmen *Welche Hilfsmittel sollen verwendet werden und zu welchem Zweck?* *Bedarf für einen speziellen physischen Rahmen rund um das Spiel.* *Absprache unter den Kollegen über die Organisation.*	• Eimer und Förmchen stellen Kuchen/Brot dar. • Die Registrierkasse verleiht dem Bäcker eine besondere Stellung. • Wird an zwei Tagen pro Woche initiiert. Die anderen Kinder gehen in den Saal.	• Die Hilfsmittel werden in das Spiel einbezogen. • Die Hilfsmittel werden auf einfallsreiche Weise verwendet. • Die Kinder teilen die Hilfsmittel je nach Rolle miteinander.
Pädagogische Schwerpunkte *Aufmerksamkeit und Positionierungen der Erzieher im Spiel.* *Müssen die gemeinsamen Schwerpunkte ergänzt werden?* *Sollte der Teilnahme bestimmter Kinder besondere Aufmerksamkeit geschenkt werden?*	• Freier Zugang zu neuen Spielpositionen. • Unterstützung des Dialogs zwischen Bäcker und Kunden, z. B.: „Haben Sie heute Gäste?“ • Die Gruppe soll positive Erfahrungen mit Mia im Spiel machen.	• Die Kinder probieren mehrere Spielpositionen aus. • Die Erzieherin inspiriert zum Dialog und zur Interaktion. • Die Erzieherin unterstützt Mia als Teilnehmerin im Spiel und macht ihren Beitrag sichtbar.

Inhaltspunkte	Plan	Erwartete Anzeichen für Fortschritt und Lernen
Variation *Wie wird das Spiel wieder interessant, wenn es ein wenig stagniert?* *Welche neuen Repliken oder Elemente können hinzugefügt werden?* *Möglichkeit zur Vereinfachung.*	• Der Bäcker wird aufgefordert zu erzählen, was er gebacken hat/was die Kuchen kosten. • Der Bäcker kann einen Assistenten bekommen. • Die imaginierte Szenerie kann zu einer Konditorei/einem Café erweitert werden.	• Der Erzieher bezieht Variationen ein, die das Engagement der Kinder unterstützen. • Die Kinder tragen zu den Variationen bei.
Spielraum für die Vorstellungskraft und Mitbestimmung *Wie können die Erzieher die Kinder dazu auffordern, das Spiel zu prägen?* *Wie können die Erzieher den Beitrag der Kinder unterstützen?*	• Die Kunden können erzählen, wer die Kuchen/das Brot essen wird. • Der Bäcker kann erzählen, was sich in den Kuchen befindet. • Die Erzieher bauen auf den Aussagen und Ideen der Kinder weiter auf.	• Sowohl die Erwachsenen als auch die Kinder tragen zur Entwicklung des Spiels bei. • Die Kinder nehmen die Aufforderungen an, sich an der Entwicklung des Spiels zu beteiligen.
Ergänzende Aktivitäten *Welche ergänzenden Aktivitäten können die Voraussetzungen der Kinder und die gesetzten Lernziele unterstützen?*	• Ausflug zur Bäckerei, Brot kaufen, darüber sprechen, was es kostet und wer es gebacken hat. • Brötchen backen. • Dialogisches Lesen des Buches *Kochen und backen mit der Maus.*	• Die Erfahrungen der Kinder aus den ergänzenden Aktivitäten werden in die Spielaktivitäten einbezogen. • Während der ergänzenden Aktivitäten beziehen sich die Kinder auf das Spiel.

Hier finden Sie die Vorlage zum Download:
www.bananenblau.de/komm-wir-spielen

Eine gründliche systematische Planung kann die spontanen pädagogischen Bewertungen, die während der Spielaktivitäten stets notwendig sind, qualifizieren. In Kapitel 3 zur Rolle und Positionierungen des Erziehers werden wir die Bedeutung der professionellen Improvisation näher betrachten.

Auswertung

Wenn die Planung schriftlich erfolgt, kann dies die Arbeit mit der Auswertung und Dokumentation erleichtern.

Die Auswertungen der Spielaktivitäten können idealerweise auf der Planungsvorlage basieren. Im Mittelpunkt der Bewertung können die beobachteten Anzeichen für Lernen bei Kindern und Erwachsenen sowie ein übergeordnetes Interesse an der Art und Weise, in der die Kinder die Möglichkeit hatten, zur Entwicklung des Spiels beizutragen, stehen.

Die Planungsvorlage und möglicherweise auch die gemeinsamen Spielanleitungen werden auf der Grundlage der Beurteilung angepasst. Die Auswertungen werden durch gezielte Beobachtungen des selbstorganisierten Spielens der Kinder sowie durch Beobachtungen der von Erwachsenen angeleiteten Spielaktivitäten auf Grundlage der gemeinsamen Spielanleitungen qualifiziert. Sie kann sowohl einzeln als auch gemeinsam erfolgen. Es sollte immer die Möglichkeit gemeinsamer Überlegungen bestehen, um sicherzustellen, dass unterschiedliche Perspektiven auf die Partizipationsmöglichkeiten der Kinder und die tatsächliche Entwicklung der Kinder einbezogen werden. Was Sie sehen, spiegelt immer das Interesse und Wissen des Beobachters wider. Daher ist es häufig so, dass jeder etwas anderes beobachtet. Was Sie feststellen, ist immer ein Ausschnitt aus einem Kontext aus Beziehungen und Interaktionen, die der Situation vorausgehen. Daher ist es von großem Vorteil, andere zum Nachdenken und Interpretieren zu bewegen, wenn eine Spielaktivität oder ein Ablauf bewertet werden (Winther-Lindqvist 2013). Es stärkt die Bewertung, wenn Sie offen für mehrere Interpretationsmöglichkeiten sind. In der Phase der Umsetzung ist es auch wichtig zu evaluieren, wie oft die gemeinsamen Spielanleitungen tatsächlich verwendet werden.

Schwerpunkte für die Auswertung

Struktur und Organisation:

- Werden die gemeinsamen Spielanleitungen im vereinbarten Umfang verwendet?
- Steht etwas der Anwendung der Spielanleitungen im Wege?
- Funktioniert die Strategie, dass alle Kinder in die Spiele eingeführt werden sollen und Erfahrungen mit den Spielanleitungen sammeln sollen?
- Sind die richtigen Erwachsenen für die einzelnen Spielanleitungen verantwortlich? Kann bei Bedarf eine andere Verteilung möglicherweise neue Partizipationsmöglichkeiten für die Kinder eröffnen?

Partizipations- und Lernmöglichkeiten für die Kinder:

- Ist die Gesamtauswahl der gemeinsamen Spielanleitungen in Bezug auf die Interessen und Voraussetzungen der Kindergruppe umfassend?
- Wie ist das Gleichgewicht zwischen der Rahmensetzung und den Initiativen der Kinder?
- Besteht ein Bedarf dafür, dass konkrete gemeinsame Spielanleitungen angepasst werden?

Die Entwicklung der Fähigkeiten der Erwachsenen:

- Gibt es Positionen oder Bewertungen, die als besonders herausfordernd empfunden werden?
- Welche Bereiche sollen in der kommenden Zeit als Lernziele aufgenommen werden?
- Besteht ein Bedarf für neues Wissen oder Inspiration?

Organisation und Umsetzung

Wenn eine Einrichtung beschließt, gemeinsame Spielanleitungen als Teil ihrer Praxis einzuführen, müssen die Mitarbeiter für die Aufgabe gerüstet sein. Die Werkzeuge und Aufmerksamkeitspunkte, die wir in diesem Kapitel vorgestellt haben, können Teil einer Gesamtstrategie für die Organisation und Umsetzung von gemeinsamen Spielanleitungen in der Praxis der Einrichtung werden. Es ist wichtig, der Zeit für eine gründliche Einführung in die Methode Vorrang einzuräumen. Allen Mitarbeitern muss klar sein, welchen Zweck die gemeinsamen Spielanleitungen haben und welche Rolle die Erwachsenen bei den Spielaktivitäten spielen sollen. Es muss die Möglichkeit zum Experimentieren, zum Sammeln von Erfahrungen und zum Austausch von Erfahrungen mit Kollegen geben. Die Umsetzungsphase kann in verschiedene Phasen unterteilt werden.

Einführung in die Umsetzungsphase

- Die Einführung in den Zweck der gemeinsamen Spielanleitungen, z. B. durch das Lesen des Abschnitts *Gemeinsame Spielanleitungen* in der Einleitung dieses Buches
- Durchgehen der Inhaltspunkte in den gemeinsamen Spielanleitungen
- Auswahl/Ausarbeitung der gemeinsamen Spielanleitungen
- Planung des konkreten Spielablaufs
- Strategie zum Ausprobieren von gemeinsamen Spielanleitungen
- Bewertung, Sammeln von Erfahrungen und Wissensaustausch
- Evtl. Anpassung von Spielanleitungen und Strategie

Bevor Sie mit der Planung des konkreten Spielablaufs beginnen, ist es von Vorteil, wenn ein Rahmen für die Organisation der Arbeit festgelegt wurde. Eine primäre Aufgabe ist die Sicherstellung der Zeit für die Planung der Pädagogen, die Möglichkeit des Eintauchens in die Spielaktivitäten sowie die anschließende Dokumentation und Reflexion. Die Erfahrungen, die die Erzieher mit den gemeinsamen Spielanleitungen machen, können in die vorausschauende Planung einfließen und die Möglichkeiten der kontinuierlichen Entwicklung und des Lernens für Kinder und Mitarbeiter unterstützen.

„Bei uns hat es richtig gut geklappt, dass eine kleine Gruppe von Erziehern, zwei aus der Krippe und zwei aus dem Kindergarten, damit begannen, sich mit dem Zweck der gemeinsamen Spielanleitungen vertraut zu machen und die Methode eine Zeit lang ausprobierten. Als die übrige Mitarbeitergruppe in die Methode eingeführt wurde, war es von großem Vorteil, dass bereits konkrete Erfahrungen mit der Einbeziehung von Erwachsenen in die Spielaktivitäten bestanden und konkrete Beispiele für die pädagogischen Vorteile für die Kinder existierten. Wir haben die Einführung dann so festgelegt, dass die gemeinsamen Spielanleitungen zu einem festen Teil der Planung und Bewertung der Abläufe zu den Themen, an denen wir bereits vorher arbeiteten, wurden. Dies bedeutete, dass alle zügig mit der Methode starten konnten und dass sich schnell eine gemeinsame Sprache rund um die Spielaktivitäten aufbaute."

Lajla Jørgensen, Leiterin der Krippe und des Kindergartens in den Kinderhäusern von Kokkedal in der Gemeinde Fredensborg

Die Arbeit mit gemeinsamen Spielanleitungen hat die besten Voraussetzungen, wenn die Einrichtung ihren Alltag so organisiert hat, dass ein gewisses Maß an Flexibilität vorgesehen ist. Es muss Raum für professionelles Improvisieren und das Ergreifen spontan entstehender Situationen geben, in denen die Interessen und das Engagement der Kinder in bestimmte Richtungen weisen. Darüber hinaus ist es von Vorteil, wenn während eines Zeitraums mehrere Erzieher für die Arbeit mit den gleichen Spielanleitungen verantwortlich sind. Dies sichert zum einen den gemeinsamen Ansatz und eine gemeinsame Sprache, und zum anderen bietet es die Möglichkeit, zwischen den Spielaktivitäten Erfahrungen über die Spielanleitungen auszutauschen. Rein praktisch betrachtet ist es auch einfacher, nach Abwesenheit in die Arbeit der Kollegen einzusteigen, wenn mehr Erzieher mit der oder den gemeinsamen Spielanleitung/en, mit denen gearbeitet wird, vertraut sind.

Der folgende Kasten enthält einige relevante Überlegungen, die man als Leitung und Mitarbeitergruppe in Bezug auf die Organisation der Arbeit mit gemeinsamen Spielanleitungen anstellen kann.

Organisatorische Überlegungen

- Sollen alle Mitarbeiter zur gleichen Zeit damit beginnen, mit den gemeinsamen Spielanleitungen zu arbeiten, oder soll ein Pilotprojekt initiiert werden?
- Wie viele und welche Mitarbeiter sollen mit derselben Spielanleitung arbeiten?
- Wann und wie sollen die konkreten Spielaktivitäten vorbereitet werden? Soll die Planungsvorlage benutzt werden, oder soll die Planung auf andere Weise systematisiert werden?
- Soll eine Struktur mit einer festgelegten Zeit für intensive Aktivitäten und festgelegten offenen Aktivitäten, z. B. auf dem Spielplatz, vorbereitet werden?
- Wie wird das Eintauchen und die Anwesenheit der teilnehmenden Erzieher in die Spielaktivitäten sichergestellt?
- Wie werden ein Erfahrungsaustausch unter Kollegen sowie eine Reflexion und Bewertung der Arbeit mit den einzelnen Spielanleitungen sichergestellt?
- Wie wird Raum geschaffen, um die gegenwärtigen Interessen und Ideen der Kinder aufzugreifen? Welche fachlichen Begründungen können es vertretbar machen, einen Plan zu ändern?
- Wie sollen Eltern über die Methode informiert werden, und wie kann das Wissen der Eltern über die Spielinteressen der Kinder einbezogen werden?[35]
- Sollen Lernziele für das Curriculum, Ziele im Jahresplan oder richtungsweisende Visionen formuliert werden, um die Maßnahmen zu unterstützen?

35 Eltern können mit wichtigen Kenntnissen über die Interessen und Spielkompetenzen der Kinder Zuhause beitragen, die in der Einrichtung pädagogisch genutzt werden können. Eltern sind für die Lernmöglichkeiten der Kinder noch wichtiger als eine qualitativ hochwertige Tagesbetreuung. Daher ist die Einbeziehung der Eltern wichtig (Sommer 2015).

In diesem Kapitel haben wir eine Reihe konkreter Maßnahmen beschrieben, die die praktische Umsetzung der gemeinsamen Spielanleitungen unterstützen können.

Im nächsten Kapitel gehen wir näher auf die Rolle der Erzieher im Zusammenhang mit den Spielaktivitäten ein.

Kapitel 3

Die Rolle und Positionierungen der Erzieher

Dieses Kapitel konzentriert sich auf die Rolle der Erzieher als Teilnehmer an den Spielaktivitäten auf Grundlage der gemeinsamen Spielanleitungen. Unter anderem wird beschrieben, wie gemeinsame Spielanleitungen die Entwicklung der Fähigkeiten der Pädagogen, einschließlich der Fähigkeit zur professionellen Improvisation, unterstützen können.

Der Erwachsene im Fantasiespiel

Dieses Kapitel handelt von Erziehern als Teilnehmer an den Fantasiespielen der Kinder. Wir haben zuvor beschrieben, wie die Qualität des Spielens sowohl in Bezug auf das Wohlbefinden der Kinder als auch in Bezug auf die Lernmöglichkeiten durch die Beteiligung von Erwachsenen am Spiel erhöht werden kann. Die Erzieher müssen sich daher in erster Linie der Bedeutung ihrer Beteiligung am Spiel bewusst sein. Die Beteiligung der Erzieher sollte auf fachlichem Wissen über das Spielen und die Spielentwicklung der Kinder basieren, wie in Kapitel 1 beschrieben. Wir werden nun erläutern, wie der Erzieher bei den Spielaktivitäten auf seine Planung zurückgreifen kann und welche fachlichen Fähigkeiten die professionelle Arbeit als Spielteilnehmer im Fantasiespiel unterstützen können. Zunächst befassen wir uns mit der Auswahl von Rollen und Positionierungen der Erzieher in der Spielaktivität. Anschließend konzentrieren wir uns auf das Gleichgewicht zwischen pädagogischer Anleitung und der Mitbestimmung der Kinder. Wir definieren das Konzept *professionelle Improvisation*. Danach beschreiben wir, wie systematische Planung und gut konzipierte Rahmensetzung die Fähigkeiten der Erzieher zur professionellen Improvisation unterstützen und entwickeln können. Anschließend besprechen wir eine Reihe relevanter Aufgaben im Zusammenhang mit der Teilnahme an Spielaktivitäten: Zusammenhänge zwischen den Spielaktivitäten und den anderen Erfahrungen der Kinder herzustellen, die Verhandlungen der Kinder anzuleiten und Partizipationsmöglichkeiten zu eröffnen. Am Ende des Kapitels wird beschrieben, wie Beobachtungen des Spielens der Kinder verwendet werden können, um die Planung der Erzieher von und die Teilnahme an den Spielaktivitäten zu qualifizieren. Wir stellen einen Beobachtungsplan vor, der dabei helfen kann, die Beobachtungen zu fokussieren.

Wahl der Spielposition

Die Erzieherin hat aufgrund ihrer Rolle als Erwachsene einen besonders bedeutenden Status. Dies kann in den Spielaktivitäten pädagogisch genutzt werden. In Kapitel 2 haben wir dazu aufgefordert, dass der Erzieher als Teil der Planung der Spielaktivitäten zu seinen verschiedenen Teilnahmemöglichkeiten Stellung bezieht. Es ist häufig ein Vorteil, dass die Erzieherin bei den einleitenden Spielaktivitäten, mit denen die Kinder in eine Spielanleitung eingeführt werden, eine anleitende Rolle spielt. Dies beinhaltet u. a., dass sich die Erzieherin als führende Teilnehmerin und Vorbild, z. B. als Mutter in einem Familienspiel, am Spiel beteiligt und zeigt, wie die Rolle ausgefüllt werden kann. Gleichzeitig kann die Erzieherin die Kinder bei der Verwendung von Repliken unterstützen, z. B. indem sie als Souffleuse agiert. Die Erzieherin kann auch eine führende Rolle mit einem Kind teilen. Bei dieser Art von Position kann man sagen, dass die Erzieherin *vorangeht.*[36]

Wenn die Kinder mehrmals an Spielen auf Grundlage der Spielanleitung teilgenommen und sich mit dem Grundkonzept und den Rollen vertraut gemacht haben, kann die Erzieherin nach und nach eine zurückgezogenere Position im Spiel einnehmen. Die Erzieherin sollte kontinuierlich beurteilen, wann es an der Zeit ist, möglicherweise vorübergehend eine weniger führende Position einzunehmen, in der sie sich als Teilnehmerin *neben den Kindern* eher auf Augenhöhe befindet. Die Erzieherin kann einen Tausch der Rollen vorschlagen, z. B.: „Willst du jetzt die Mutter sein, sodass ich die kleine Schwester sein kann?", oder die Handlung über ihre Rolle verändern, z. B.: „Ich gehe jetzt arbeiten, da müsst ihr im Kindergarten sein – tschüss!". Aus dieser zurückgezogeneren Position kann die Erzieherin Repliken anbieten, über ihre Rolle Ideen für Handlungen oder Rollenverteilungen vorschlagen und sich bei Bedarf wieder in die Handlung einklinken. Schließlich kann die Erzieherin anwesend sein, ohne eine wirkliche Rolle im (selbstorganisierten) Spiel der Kinder einzunehmen. Hier steuern die Kinder als Ausgangspunkt die Entwicklung des Spiels selbst. Die Erzieherin kann beispielsweise dadurch helfen, dass sie Hilfsmittel bereitstellt oder verteilt und das Spiel bei Bedarf unterstützt. Die Einschätzung der Bedürfnisse der Kinder sollte auf den Interpretationen der Situation durch die Kinder beruhen. Es sollte Raum für die Entfaltung der Fiktion geben, solange dies nicht zulasten eines der Kinder geht (Winther-Lindqvist 2006). Diese Position kann beschreiben werden, als *hinter den Kindern zurücktreten.*

36 Die Positionierungen des Vorangehens, Nebenhergehens und der Unterstützung aus dem Hintergrund wird u. a. bei Winther-Lindqvist beschrieben (in der Presse). Unsere Interpretation der Position hinter den Kindern unterscheidet sich ein wenig von der Winther-Lindqvists, die diese Position als Aufgabe der Planung des Spielumfelds, ohne dass die Erzieherin während des Spiels notwendigerweise aktiv anwesend ist, beschreibt.

Die Erzieherin sollte die ganze Zeit über bereit sein, zwischen den verschiedenen Arten der Positionierungen zu wechseln, je nachdem, wie das Spiel funktioniert. Daher sollte sich die Erzieherin in allen Positionen nah genug am Spiel befinden, um ein Gefühl dafür zu haben, was vor sich geht.

Zwischen Anleitung und Mitbestimmung

Viele Studien in den skandinavischen Ländern zeigen, dass eine zentrale pädagogische Herausforderung darin besteht, die Kontrolle und die Anleitung in Bezug auf die erzieherischen Ziele einer Aktivität aufrechtzuerhalten und gleichzeitig die Kinder zu motivieren und ihren Beitrag anzuerkennen (Svinth und Ringsmose 2012). Diese Balance ist sehr wichtig und sollte im Zusammenhang mit gemeinsamen Spielanleitungen unbedingt beachtet werden.

Die Pädagogen müssen versuchen, Verbindungen zwischen dem, was sie bei den Kindern erreichen wollen, dem, was sie den Kindern beizubringen verpflichtet sind, und den Interessen der Kinder herzustellen (Mehlsen 2013).[37]

Wie in Kapitel 1 beschrieben, liegt ein wichtiger Lernerfolg für die Kinder darin, das Spiel zu prägen und sich die Spielanleitung zu eigen zu machen. Auf diese Weise können die Lernziele und Interessen der Kinder in von Erwachsenen angeleiteten Spielaktivitäten auf Grundlage von gemeinsamen Spielanleitungen Hand in Hand gehen. „Die Kunst besteht für die Erwachsenen darin, dafür zu sorgen, dass mögliche erzieherische Ziele des Spiels nicht die Freude am Spielen überschatten. Für die Kinder sollte es immer ‚nur' Spielen sein." (Andersen und Brøndsted 2011, S. 161).

Einer der Vorteile bei der Arbeit mit von Erwachsenen angeleiteten Spielaktivitäten besteht darin, dass der Erwachsene länger Kontakt mit mehreren Kindern haben kann (Åm 1984). Das Aufrechterhalten eines langfristigeren Kontaktes ist übrigens häufig Mangelware in den Kitas. Wir haben zuvor festgestellt, dass das von Erwachsenen angeleitete Spielen auf Grundlage von gemeinsamen Spielanleitungen einen anderen Charakter hat als das selbstorganisierte Spielen von Kindern. Der Erwachsene hat einige pädagogische Absichten in Hinblick auf das Spiel, z. B. die Vorstellungskraft und den Einfluss auf die Entwicklung des Spiels zu fördern oder die Spiele, die die Kinder bereits selbst spielen, zu erweitern. In Bezug auf bestimmte Spielaktivitäten kann das Ziel bestehen, bestimmte Normen zu vermitteln. Dies kann z. B. die Norm sein, dass der Bäcker im Spiel „Bäckerei" die Registrierkasse benutzt und dass die Kunden warten müssen, bis sie an der Reihe sind, bevor sie etwas kaufen. Mit der Spielanleitung für *Peppa Wutz* sollen bestimmte Charaktere mit bestimmten Eigenschaften vorgestellt werden. Die pädagogischen

37 Siehe auch Abschnitt *Soziokulturelles Lernen* in Kapitel 1.

Ziele müssen im Gleichgewicht zu den Kenntnissen der Erzieher über die Interessen, Erfahrungen und übrigen Voraussetzungen der Kinder stehen. Diese Kenntnis vergrößert sich häufig durch die Teilnahme der Erzieher an den Spielaktivitäten. Die Erzieher müssen deshalb ihre Positionierungen und ihre Rahmensetzung des Spiels ständig anpassen. Die Interessen, Positionen und Erzählungen der Kinder über sich selbst innerhalb der Spielgemeinschaften sind wichtige Schwerpunkte in der ständigen Anpassung der Aktivitäten.[38] Daher kann es für die Erzieher hilfreich sein, sich während der Spielaktivitäten an diesen Markern zu orientieren (Hviid 2004).

Orientierungsmarker im Spiel

Interesse: Für das einzelne Kind weist das Interesse auf eine potenzielle Entwicklungszone hin. Das Interesse der Kinder beinhaltet großes Potenzial dafür, dass etwas Neues entsteht, dass eine Entwicklung geschieht und dass das Kind klar als Person in Erscheinung tritt.
Position: Die gegenseitigen und sich verändernden Positionen der Kinder in den sozialen Gemeinschaften beziehen sich auf den Zugang zu Spielpositionen und Einflussmöglichkeiten und prägen das Selbstverständnis des einzelnen Kindes.
Erzählungen: Beziehen sich auf die Bedeutung einer verstandenen, respektierten und gewünschten Geschichte darüber, wie man aufgewachsen ist und das Leben in der Einrichtung mitgestaltet hat (Hviid 2004). Kleine Alltagsgeschichten über die Spielerlebnisse der Kinder werden Teil der größeren zusammenhängenden Geschichte.

38 Vgl. Kapitel 1.

Die Beteiligung und das Engagement der Kinder in einer Spielaktivität nehmen zu, wenn ihren Versuchen, die Praxis zu gestalten, entgegengekommen wird.[39] Die Offenheit der Erzieher gegenüber den Beiträgen der Kinder ist für die Entwicklung des Spiels von entscheidender Bedeutung. Wenn ein Erzieher Interesse zeigt und sich von den Initiativen der Kinder inspirieren lässt, führt dies zu einer erhöhten Beteiligung und besseren Stimmung unter den Teilnehmern. Beispielsweise kann die Aussage eines Kindes, dass etwas schwierig oder langweilig ist, ein Versuch sein, die Aktivität in eine sinnvollere Richtung zu lenken. Dies kann für den Erzieher ein Hilfegesuch des Kindes sein, dass es die Aktivität nicht als sinnvoll erlebt (Svinth 2012).

Alle Kinder müssen Erfahrungen damit haben, zur Entwicklung des Spiels beizutragen, auch Kinder, die nicht aus eigener Initiative versuchen, Einfluss zu erlangen. „Wenn die Erfahrungen der Kinder mit Mitbestimmung in erster Linie auf Initiativen der Kinder selbst beruhen, werden die Erfahrungen mit Mitbestimmung unter den Kindern ungleich verteilt sein." (Svinth 2012, S. 50). Die Erzieher müssen daher die einzelnen Kinder direkt zur Mitbestimmung auffordern. Manchmal hört man die Annahme, dass es die Aktivität stören würde, wenn die Erzieher den Kindern zuhören und ihre Ansichten berücksichtigen. Studien zeigen, dass dies nicht notwendigerweise der Fall ist. Die Art und Weise, in der man den Kindern zuhört, hat dagegen eine große Bedeutung: „Wann und wie Kinder dazu aufgefordert werden, die Praxis zu gestalten, hat eine Bedeutung dafür, welche Erfahrungen mit Mitbestimmung die unterschiedlichen Kinder machen können." (Svinth 2012, S. 50). Unter anderem ist die Fähigkeit der Erzieher, die physischen Rahmen um das Spiel herum festzulegen entscheidend. Die Auswahl der Materialien, die Platzierung einer Aktivität oder die Gestaltung der Spielanleitung können die Interpretationen und Handlungen der Kinder im Spiel erweitern oder eingrenzen (Svinth 2012). In der Vorlage für die gemeinsamen Spielanleitungen und in der Planungsvorlage, die wir in Kapitel 2 vorgestellt haben, sind der Spielraum für die Vorstellungskraft und die Mitbestimmung der Kinder als fester Inhaltspunkt enthalten.

Professionelle Improvisation

Wenn die Interessen der Kinder und ihr Zugang zu vielseitigen Spielpositionen im Mittelpunkt stehen, besteht die Rolle des Erziehers zum großen Teil aus dem Ausüben professioneller Improvisation. Die Aufmerksamkeit für das Erfassen und Annehmen von Ereignissen, die während der Spielaktivität entstehen, ohne

39 Siehe Abschnitt *Blickwinkel auf das Spielen* in Kapitel 1.

im Voraus geplant zu sein, bekommt bei der Arbeit mit den Fantasiespielen der Kinder einen besonderen Stellenwert. Gemeinsame Spielanleitungen können und sollten immer so angepasst oder ersetzt werden, dass sie den Voraussetzungen, der Interaktion und dem Wohlbefinden der Kinder sowie der gegenwärtigen Spielsituation entsprechen. Es sollte ein Zeitpunkt gewährleistet sein, an dem alle Kinder „dabei" sind und an dem das Spiel noch sicher und interessant und die Beteiligung spannend ist. Es besteht immer ein Bedarf für selbstständige pädagogische Bewertungen der konkreten Spielsituationen. Die kontinuierlichen Bewertungen können durch Planung, Reflexion, Evaluierung und Beobachtungen gestützt und qualifiziert werden.

> *„Durch die Vorbereitung auf verschiedene Situationen im Voraus erreichen die Pädagogen ein großes Repertoire an Möglichkeiten, die sie in der praktischen erzieherischen Arbeit mit den Kindern nutzen können. Dies macht es möglich, während der Arbeit bessere Entscheidungen zu treffen, und es ist eine Möglichkeit, seine Fähigkeiten zum Improvisieren zu trainieren. Das Ziel ist, dass die Erzieher leichter auf die spontanen Beiträge und Bedürfnisse der Kinder eingehen können, damit sich die Aktivitäten auf der Grundlage der Reaktionen der Kinder auf die Themen entwickeln können – dabei aber weiterhin auf fachlichen Überlegungen beruhen."*
>
> Anne Kjær Olsen, derzeitige Bereichsleiterin am Dänischen Bewertungsinstitut (zitiert in *Bakspejlet*, Olsen 2014, S. 5.)

Die Voraussetzung für das Üben der professionellen Improvisation ist, dass der Pädagoge sein Wissen fachlich auf den neuesten Stand gebracht und eine gut durchdachte Planung hat, auf die er zurückgreifen kann. Darüber hinaus sind die Fähigkeiten des Erziehers entscheidend. Darauf werden wir im nächsten Abschnitt näher eingehen. Die gute Planung kann dazu beitragen, die Kompetenzen des Erziehers zu stärken und zu entwickeln. Erfahrene Pädagogen sind in der Lage, spontane Bewertungen zu verwenden und die Spielanleitung während des Spiels neu zu gestalten. Ein imaginäres Beispiel ist eine Erzieherin, die als Teilnehmerin an einer Spielaktivität auf Grundlage der Spielanleitung des Familienspiels teilnimmt. Ein Kind, das ursprünglich nicht als Teilnehmer vorgesehen war, kommt hinzu. Die Erzieherin schätzt ein, dass es sowohl für dieses Kind als auch für die Gruppe von pädagogischem Wert ist zu zeigen, wie die Schaffung einer neuen Rolle im Spiel den Raum für einen neuen Teilnehmer öffnen kann: „Hallo Oma, kommst du uns mit einem leckeren Kuchen besuchen? Wie schön. Du kannst hier sitzen!" Wenn die anderen Teilnehmer die neue Rolle akzeptieren, kann der Erwachsene anschließend zu einer Verhandlung über die Rolle auffordern, die gegebenenfalls zu einem anderen Gast geändert werden kann. Diese Form der spontanen Entwicklung des Spiels vermittelt den Kindern konkrete Erfahrungen damit, wie eine Replik zur Entwicklung des Spiels beitragen kann. Bei der professionellen Improvisation kann es auch darum gehen, Kinder in Bezug auf die Entwicklung des Spiels anzuleiten. Siehe dazu den nachfolgenden Kasten.

Vom Bäcker zum Restaurant

Eine Erzieherin spielt zusammen mit einer Gruppe von Kindern das Spiel „Bäckerei". Die Kinder haben mehrmals an der Spielaktivität teilgenommen und einige von ihnen sind allmählich mit der Spielanleitung vertraut. Zwei der Kinder, die zuerst die Bäcker gespielt haben, ergreifen die Initiative, die Bäckerei in ein Restaurant zu verwandeln, in dem die Kunden nun sitzen und essen können. Die beiden Kinder beginnen, den Tisch zu decken, und lenken die Aufmerksamkeit weg vom „Tresen". Ein Kind, das vorher Kunde war, ist verwirrt und schafft es nicht, sich auf die Änderung einzulassen. Dem Kind fehlen die entsprechenden Handlungsmöglichkeiten, und es bleibt abwartend am Tresen stehen. Die Erzieherin versucht nun, von ihrer Rolle als Kundin ausgehend die neue Wendung des Spiels mit der ursprünglichen Spielanleitung zu verknüpfen: „Kann man im Restaurant noch Kuchen zum Mitnehmen kaufen?" Als die beiden Kinder antworten: „Neeein!", spricht die Erzieherin das Kind am Tresen an: Sollen wir nicht etwas leckeren Kuchen im Restaurant hier an einem gemütlichen Tisch essen?" Das möchte das Kind gerne. Die Erwachsene schafft dann eine kleine Auszeit, in der das Konzept und die Rollen für das Restaurantspiel allen klar gemacht werden: „Jetzt sind wir die Kunden im Restaurant, und Line und Axel sind die Kellner. Sie werden uns etwas zu essen und zu trinken geben, wenn wir ihnen gesagt haben, was wir bestellen möchten."

Um die Gelegenheit zu ergreifen und den Kindern die Entwicklungs- und Lernmöglichkeiten zu bieten, die sie gerade benötigen, muss die Erzieherin über ein Repertoire möglicher Maßnahmen verfügen, auf die sie zurückgreifen kann. Entweder aufgrund ihrer Erfahrung oder aufgrund ihrer Planung. Die fachliche Kompetenz hängt daher u.a. davon ab, dass die Erzieherin ihr Fachwissen im Voraus einsetzt, um zu überlegen, welche verschiedenen Situationen während der Aktivität auftreten können (Olsen 2014).

Wenn man mit der Verwendung der Methode der gemeinsamen Spielanleitungen und der konkreten Spielanleitungen vertraut ist, wird es leichter, sich gegenüber der Spielanleitung und dem Geplanten freier zu verhalten. Durch die Erfahrung gewinnt man einen größeren Spielraum, um etwas zu improvisieren, was in der Situation am ehesten Sinn macht. Doch um professionell improvisieren zu können, muss man über einen aktuellen fachlichen Ausgangspunkt und Kenntnisse, wie Kinder lernen und sich ein kindliches Spiel entwickeln kann verfügen. Eine grundlegende Gesetzmäßigkeit des Spielens, die die Kinder lernen müssen, ist, dass sie signalisieren müssen, wann sie „so tun, als ob", z.B., indem sie es sagen. Der Erzieher kann dies unterstützen, indem er das Kind fragt: „Im Spiel oder in Wirklichkeit?" (Åm 1984). Der Erzieher kann die Fähigkeit der Kinder, eine solche Unterscheidung zwischen den verschiedenen Ebenen des Spiels vorzunehmen, nur unterstützen, wenn der Erzieher diese selbst kennt. Durch die Teilnahme am Spiel wird der Erzieher vertrauter mit den Gesetzmäßigkeiten des Spielens in der Praxis und erlangt somit bessere Voraussetzungen für die Unterstützung der spielerischen Fähigkeiten der Kinder und die Entwicklung des Spiels.

Gemeinsame Spielanleitungen für die Improvisation

Die Vorlage für Spielanleitungen schlägt mit dem Punkt „Variation" vor, dass man sich im Voraus auf verschiedene Möglichkeiten zum Variieren des Spiels vorbereiten soll. Es können z.B. mehrere Teilnehmer eingeladen werden, neue Rollen hinzugefügt oder das Thema aus einem anderen Blickwinkel dargestellt werden.[40] Dies ist eine Möglichkeit, sich auf spontan auftretende Situationen vorzubereiten und seine Improvisationsfähigkeit zu trainieren.

Wenn Sie als Erzieher Schwierigkeiten damit haben, sich zusammen mit den Kindern in Fantasiespiele zu vertiefen, befinden Sie sich mit einem Teil der Kinder auf Augenhöhe. Wenn Sie aus Ihrer Rolle als Erwachsener hinaustreten und z. B. die Rolle eines Babys annehmen und vielleicht laut aussprechen müssen, dass Sie es ein wenig seltsam finden, ein Baby zu spielen, ist es für die Kinder möglicherweise auch einfacher, neue Rollen auszuprobieren. Viele Erwachsene finden es natürlicher, sich auf paralleles Spielen, körperliches Spielen oder auf Konstruktionsspiele einzulassen (Åm 1984). Gegebenenfalls können Sie zu Beginn gemeinsame Spielanleitungen auswählen, die sich an die Spielformen anlehnen, mit denen Sie sich am wohlsten fühlen. Durch die Spielanleitung werden Schlüsselrepliken, Rollen und Rahmensetzung vorbereitet, sodass der Erzieher sich nicht alles selbst ausdenken muss. Für den Erzieher können die gemeinsamen Spielanleitungen daher auch eine Möglichkeit sein, sich darin zu üben, das Spielen als pädagogischen Ansatz zu praktizieren.

Mit den geplanten Spielanleitungen im Werkzeugkasten bekommt der Pädagoge eine gute Gelegenheit, die Tatsache auszunutzen, dass die Motivation zum Lernen aus den Kindern selbst entspringt. Wenn ein Kind den Erwachsenen auffordert, „Ausflug“ zu spielen, kann der Erzieher die Interessen des Kindes wahrnehmen und gleichzeitig auf seine bzw. die Planung der Kollegen bezüglich der Spielanleitung „Ausflug“ zurückgreifen. Der Erzieher ist daher in Form der Spielanleitung in Besitz eines Sets an didaktischen Überlegungen dazu, wie das Lernen und die Interaktion der Kinder in genau diesem Spiel unterstützt werden können. Bei dieser Form von Improvisation geht es darum, in einer individuellen und flexiblen Weise das zu tun, worauf Sie sich fachlich vorbereitet haben (Olsen 2014).

Professionelle Improvisation

- schafft spontan Partizipations- und Lernmöglichkeiten für die Kinder,
- dient dazu, das Ungeplante aufzugreifen und anzunehmen,
- baut auf fachlichem Wissen und Erfahrung auf,
- basiert auf pädagogischer Planung eines Handlungsrepertoires,
- kann mit der Methode der gemeinsamen Spielanleitungen eingeübt werden,
- wird durch Bewertung, Reflexion und Beobachtung unterstützt.

40 Im Abschnitt *Beschreibung der gemeinsamen Spielanleitungen* wird in Kapitel 2 der Inhaltspunkt „Variation“ der Spielanleitung erläutert.

Das Erschaffen von Zusammenhängen

Es ist wichtig, dass die einzelne Spielanleitung von Mal zu Mal für die Kinder wiedererkennbar ist. Daher sollte der Erzieher einen Zusammenhang zwischen den einzelnen Spielaktivitäten auf Grundlage einer bestimmten Spielanleitung herstellen. Es ist wichtig, wie Sie zum Spielen auffordern, wie das Grundkonzept und die imaginierte Szenerie präsentiert werden und wie der Inhalt des Spiels für die Kinder sichtbar gemacht wird. Verschiedene Arten von Spielanleitungen erfordern möglicherweise unterschiedliche Arten der Einführung. Beispielsweise kann ein Busspiel leicht daran erkannt werden, dass es mit dem Aufstellen einer Reihe von Stühlen und eines Lenkrads beginnt. Das Spiel *Der Wolf und die sieben Geißlein* kann beispielsweise durch Vorlesen eines Bilderbuchs mit dem Märchen oder durch eine feste Eingangsreplik eingeleitet werden, z. B. mit tiefer Stimme „Wer steht denn da vor meiner Tür? Sollen wir *Der Wolf und die sieben Geißlein* spielen?" Die Kinder müssen das Symbol für das Spiel leicht erkennen können. Im Laufe der Zeit sollten die Kinder in der Lage sein, das Symbol, die Eingangsreplik oder das Eingangsritual mit der spezifischen Spielanleitung zu verbinden. Es ist daher von Vorteil, als Kollegengruppe zu vereinbaren, wie die Rahmensetzung für das Spiel erfolgen soll, und dies in der Spielanleitung und/oder in der Planungsvorlage festzuhalten.

Außerhalb der Spielaktivitäten kann der Erzieher Verbindungen zwischen den Spielanleitungen und anderen Situationen und Erfahrungen herstellen. Der Inhalt der Spielanleitung kann durch den Alltag benannt werden, wenn es naheliegend ist. Bei dem Besuch eines Geschäfts in der Nähe können Sie z. B. sagen: „Das ist wie gestern, als wir Kuchen für unser Geschäft im Sandkasten gebacken haben." Auf diese Weise werden die Kinder dabei unterstützt, Erfahrungen aus anderen Kontexten in die gemeinsamen Fantasiespiele zu übertragen, und ihr Wissen über Spielthemen wird erweitert. Diese Form von Zusammenhängen kann auch während des Spielens unterstützt werden, wenn die Kinder vom Thema des Spiels ausgehend möglicherweise Assoziationen zu Alltagserfahrungen knüpfen. Hier ist es von Vorteil, dass sich der Erzieher genau dort befindet, wo die Assoziationen des Kindes entstehen und sie aufgreifen kann, indem er sich als Gesprächspartner anbietet. Ein Krankenhausspiel wird z. B. häufig die Assoziationen des Kindes mit eigenen Erlebnissen beim Arztbesuch oder bei einem Krankenhausaufenthalt wecken (Åm 1984).

Wenn Sie als Einrichtung eine Auswahl gemeinsamer Spielanleitungen beschreiben, kann dies den Mitarbeitern ein gemeinsames Bewusstsein dafür vermitteln, womit die Kinder langfristig vertraut werden sollen. Die Spielanleitungen können in vielen alltäglichen Zusammenhängen vergegenwärtigt werden. Bereits mit den jüngsten Kindern in der Krippe kann man daran arbeiten, ihnen einfache Elemente aus einer Spielanleitung, z. B. aus dem Geschäfts-Spiel, vertraut zu machen. Sie können Konzepte wie „Kuchen backen“ im Sandkasten, einander „Geld“ geben oder den Begriff „kaufen“ einführen. Sie können Repliken aus der Spielanleitung anwenden, während das Kind spielt, z. B.: „Bist du ein Bäcker? Darf ich deinen Kuchen probieren? Kann ich einen Kuchen für zwei Euro kaufen? Bitte sehr!“

> *„Bei uns haben die Spielanleitungen dazu beigetragen, die pädagogische Aufgabe in Bezug auf das Spielen der Kinder deutlich zu machen. Sie haben u. a. gezeigt, wie wichtig es ist, dass wir als Erzieher anwesend sind, um den Kindern so etwas Einfaches wie das Backen eines Sandkuchens beizubringen. Ich habe etwas naiv gedacht, dass dies etwas wäre, das alle können, aber die Kinder, die zu Hause noch nie im Sandkasten gespielt haben, fallen bei solch einem Bäckerspiel sehr auf.“*
>
> Erzieherin in der Krippe

Die Einbeziehung von Kindern bei der Dokumentation der Aktivitäten kann auf eine andere Weise dazu beitragen, Zusammenhänge zu erschaffen, da die Dokumentation andere zum Dialog über die Spielaktivitäten einlädt. Die Dokumentation in Form von Bildern, Erzählungen und Filmen kann sich an die anderen Kinder und Erwachsenen in der Einrichtung sowie an die Eltern der Kinder richten. Sie kann gezielt eingesetzt werden, um positive Erwartungen an neue Spielbeziehungen, an Potenziale in der Kindergruppe und an die Ressourcen bestimmter Kinder als Spielkameraden zu wecken. Die Dokumentation kann z. B. die Erfahrungen der Kinder mit neuen Spielgemeinschaften und die Vielseitigkeit der Spiele der Kinder sichtbar machen sowie Erfolgsgeschichten über den Platz bestimmter Kinder in der Gemeinschaft oder über positive gemeinsame Spielerlebnisse und Spielkompetenzen der Kindergruppe vermitteln. Auf diese Weise können Sie die gewünschte Spielkultur durch Dokumentation unterstützen. Daher ist es eine relevante pädagogische Aufgabe, ständig kleine Alltagsgeschichten und anderes Material als Beleg zu sammeln.

Das Anleiten von Verhandlungen

Beim Spielen als pädagogische Aktivität fungiert der Erwachsenen als Vorbild, Anführer und als Helfer des Kindes, um seine nächste Entwicklungszone zu erreichen (Vygotsky 1978; Hviid 2004). In der Rolle als Anführer kann der Erzieher die Spielanleitung als den Rahmen betrachten, auf den sich einfallsreiche Beiträge und spontane Ideen beziehen und aus dem sie entspringen können. Der Erzieher sollte die ganze Zeit über bereit sein, Verhandlungen über die Entwicklung des Spiels aufzunehmen. Hier muss er oder sie ein Gleichgewicht finden zwischen der Funktion als Vorbild in den Verhandlungen und den Kindern Raum zu geben, ihre eigenen Erfahrungen mit dem Verhandeln zu sammeln (vgl. die Positionierungen vor, neben und hinter). Der Erzieher kann den Kindern durch das Spiel passende Herausforderungen stellen, z. B. durch seine Wahl der Repliken und Handlungen oder indem er Vorschläge macht oder offene Fragen stellt, wenn über den weiteren Ablauf des Spiels verhandelt wird. Der Erzieher kann dabei helfen, den Übergang der Verhandlungen aus der fiktiven Sphäre in die Regiesphäre zu markieren, damit alle Kinder die Codes für diese Verschiebung der Kommunikation kennenlernen.[41] Ein wichtiges pädagogisches Prinzip ist, dass die Interessen und Ideen aller Kinder so weit wie möglich berücksichtigt werden sollten. In jedem Fall müssen die anderen Kinder gehört werden und in die Verhandlungen über die Entwicklung des Spiels einbezogen werden. Der Erzieher muss einen Kontext schaffen, in dem sich die Kinder engagieren, sich sicher fühlen und von selbst Lust bekommen zu sprechen und sich einzubringen. Auf diese Weise wird das Handlungsrepertoire der Kinder erweitert (Sommer 2015). Die Herausforderung, das Gleichgewicht zwischen den Ideen des einzelnen Kindes und dem Spiel als gemeinsame Aktivität zu finden, wird u. a. deutlich, wenn ein Kind im Spiel sein eigenes Spiel beginnt. Hier muss der Erzieher beurteilen, wie und wann das Spiel wieder gemeinsam stattfinden kann. Wenn die Kinder einen begrenzten verbalen Ausdruck haben, erfordert dies einen zusätzlichen Einsatz von Seiten des Erziehers, um die Verhandlungen zu leiten. Hier liegt die Aufgabe besonders als Vorbild darin, konkrete Handlungen aufzuzeigen, mit denen sich die Kinder im Spiel an Gemeinsamkeiten orientieren können.

Bei den Verhandlungen muss der Erzieher bereit sein, den Fokus zu verändern oder die Spielanleitung für eine Weile beiseite zu lassen, um evtl. später zu ihr zurückzukehren. Er oder sie muss auch bereit sein, zur Verwandlung des Themas des Spiels in ein völlig anderes beizutragen, wenn dies die Richtung ist, die durch die Interessen der Kinder vorgegeben wird. Der Erzieher sollte die Kinder dazu ermutigen, einander gegenüber die gleiche Offenheit zu zeigen.

Der Erzieher sollte den Kindern verschiedene Möglichkeiten zur Lösung von Konflikten aufzeigen, z. B. durch die Erfindung einer neuen Rolle, eines neuen Blickwinkels auf die Handlung oder durch das Hinzufügen neuer Hilfsmittel. Ein Wechsel der Umgebung kann die Möglichkeit eröffnen, neue Rollen in das Spiel aufzunehmen oder Konflikte zu lösen, die möglicherweise auftreten, weil nicht genug Platz vorhanden ist.

41 In Kapitel 1 haben wir mit Winther-Lindqvist drei Aspekte des Spielens vorgestellt: die fiktive Sphäre, die Regiesphäre und die reale Sphäre.

In Bezug auf die verschiedenen Arten der Kinder, sich in eine Fiktion mitreißen zu lassen, ist es auch wichtig, mit den Kindern im Nachhinein über das Setzen von Grenzen, gute und schlechte Spielsituationen sowie Regeln dafür, wie im Spiel gesprochen werden soll, zu sprechen (Winther-Lindqvist 2010b). Dies kann entweder als Teil der Fiktion, d. h. aus den Rollen heraus, oder durch einen Sprung in die Regiesphäre und das Schaffen einer Auszeit von der fiktiven Welt geschehen. Dabei geht es vor allem darum, die Norm zu stärken, dass man einander zuhören muss.

Das Eröffnen von Partizipationsmöglichkeiten

Einige Kinder benötigen Unterstützung, um bestimmte Spielkompetenzen auszuprobieren, z. B. zu fantasieren, zu warten, bis sie an der Reihe sind, Repliken zu verwenden oder eine Handlung durchzuführen, die ihnen Zugang zum Spiel verschafft. Die soziale Stellung eines Kindes in der Kindergruppe beeinflusst den Zugang zum und die Partizipationsmöglichkeiten des Kindes beim Spielen. Daran kann auf verschiedene Arten gearbeitet werden. Beispielsweise können die Erwartungen und Geschichten der Kinder an bzw. über sich selbst und einander in Bewegung gesetzt werden, indem der Gruppe neue Spielerfahrungen verschafft und diese systematisch dokumentiert werden. Der Erwachsene kann als Eintrittstor für die Kinder funktionieren, die an einem bereits laufenden Spiel teilnehmen möchten. Die anderen Kinder sind häufig offener, wenn ein Erwachsener es begrüßt, dass ein Kind mehr einbezogen wird. Es ist oft einfacher, ein weniger populäres Kind in das Spiel einzubeziehen, während es bereits in vollem Gange ist (Åm 1984). Der Erzieher kann seine Spielrolle nutzen, um die Entwicklung des Spiels von innen heraus zu beeinflussen. In dem Beispiel im Kasten „Kann ich dein Hund sein?" erzählt ein Erzieher von seiner Teilnahme an einem Restaurantspiel zusammen mit einigen größeren Kindern, die so tun, als wären sie die Kellner des Erziehers. Drei kleinere Kinder schauen eifrig zu, und eines von ihnen nähert sich dem Tisch, an dem der Erzieher sitzt.

Kann ich dein Hund sein?

„Kann ich dein Hund sein?" Ich antworte ja, aber ein Kellner kommt an den Tisch und sagt, dass Hunde in diesem Restaurant verboten sind. Ich bitte darum, dass mein Hund hierbleiben darf: „Er ist doch so niedlich." Das darf er gnädigerweise. Ein Kellner fragt, ob ich Nachtisch möchte, und ich bestelle Eis und Kaffee. [...] Plötzlich beginnt mein süßer Hund zu bellen und zu zappeln, die Kellner kommen angerannt, und ich schimpfe mit ihm: „Mein Lieber, wenn du nicht still Platz machst, muss ich dich draußen anbinden! Du hast gehört, was der Kellner gesagt hat." Der Hund will sich nicht beruhigen, sowohl ich als auch die Kellner sehen ihn erschrocken an. Dann wird er wieder ruhig: „Jetzt bin ich wieder still." (Åm 1984, S. 50, eigene Übersetzung).

Der Erzieher kann ein Spiel auch alleine mit einem Kind beginnen, das einen niedrigen Status in der Kindergruppe hat und das im Allgemeinen nicht die Möglichkeit bekommt, die Spiele zu beeinflussen. Wenn andere Kinder mitspielen möchten, kann der Erzieher das erste Kind die anderen mitmachen und mit ihnen die Rollen aushandeln lassen (Åm 1984). Dies kann neue Spielerfahrungen schaffen und das Kind als Spielkamerad interessanter machen. Mit der normkritischen Aufmerksamkeit kann gearbeitet werden, um dem entgegenzuwirken und zu verhindern, dass Kindern aufgrund ihrer kategorischen Zugehörigkeit unterschiedliche Teilnahmevoraussetzungen geboten werden.[42] Es kann auch mit den Fähigkeiten einzelner Kinder gearbeitet werden, z. B. wie Mimik und Körpersprache bestimmte Rollen unterstützen können. Wenn ein Kind sich dieser Dinge nicht bewusst ist, kann es schwierig für das Kind sein, sich im Rahmen der Spielanleitung anderen gegenüber erkennbar zu machen. Diese Arbeit kann durch ergänzende pädagogische Aktivitäten wie Drama- oder Regelspiele mit Fantasieelementen unterstützt werden (siehe Spieleverzeichnis in Kapitel 4). Ein Kind kann durchaus über die

42 Siehe Abschnitt über *Soziale Identität* und *Spielrollen und Spielpositionen* in Kapitel 1.

Fähigkeit verfügen, „zu tun, als ob" und in ein Spiel eintauchen, aber es kann etwas geben, das das Kind daran hindert, diese Fähigkeit bei der Interaktion mit anderen Kindern einzusetzen. Es ist nicht immer möglich zu identifizieren, was das Hindernis ausmacht, aber der Erzieher kann dem Kind dabei helfen. Der Erzieher kann sich als Spielkamerad anbieten, zu Beginn des Spiels evtl. alleine mit dem Kind spielen und später mit einem oder mehreren der anderen Kinder. Auf diese Weise kann der Pädagoge dazu beitragen, die an das Kind geknüpften Erwartungen zu verändern, und das Kind kann nach und nach den Mut entwickeln, mit den anderen Kindern in das Spiel einzutauchen und möglicherweise ein negatives Lernmuster zu durchbrechen. Die gleiche Vorgehensweise kann bei einem Kind angewendet werden, dass Schwierigkeiten damit hat, Kompromisse einzugehen (Åm 1984). Der Erzieher kann auch den Zugang des Kindes zu Erfahrungen als Teilnehmer am Spiel unterstützen, indem er eine Rolle mit dem Kind teilt. Ein Beispiel dafür haben wir im Kasten „Vom Bäcker zum Restaurant" weiter oben in diesem Kapitel gezeigt.

Die Rolle der Erwachsenen in den Spielaktivitäten besteht darin,

- ihre eigene Spielrolle auszuwählen und anzupassen,
- den Beitrag aller Kinder zum Spiel zu sehen und sichtbar zu machen,
- die Beteiligung der einzelnen Kinder am Spiel im Blick zu behalten,
- die Interaktion der Kinder zu unterstützen,
- die Fiktion zu unterstützen und zu respektieren,
- die Entwicklung des Spiels mit Repliken, Wissen über das Thema und Handlungsideen zu inspirieren,
- die Teilnahme bestimmter Kinder zu unterstützen, z. B. durch Einbeziehung mehrerer Kinder in das Spiel,
- den Kindern neue Spielpositionen anzubieten, z. B.: „Sollten wir nicht einen Kaufmann dabei haben? Stefan, du kannst gut zählen, also könntest du vielleicht der Kaufmann sein?",
- ein Vorbild zu sein und den Kindern die Möglichkeit zur Nachahmung zu bieten,
- das Verhalten und die Interaktion der Kinder zu beobachten,
- positive Geschichten über die Spielerlebnisse der Kinder zu sammeln,
- auf seine pädagogische Planung zurückzugreifen,
- professionelle Improvisation auszuüben.

Spielbeobachtungen

Gute pädagogische Eingriffe in die Spielaktivitäten erfordern kontinuierliche gezielte Beobachtungen und Reflexion über diese. Die Beziehungen der Kinder und ihre sozialen Positionen sind sehr wechselhaft. Sie müssen daher die ganze Zeit über beobachten, was passiert und wo die Kinder möglicherweise auf Schwierigkeiten stoßen (Winther-Lindqvist 2010b; 2015). Beobachtungen können Aufschluss darüber geben, welche Normen dominieren, und den Blick für die Möglichkeiten der einzelnen Kinder für die Teilnahme an den Spielen schärfen. Die Beobachtungen können zu Bestätigungen, Nuancen und Überraschungen in Bezug auf die Auffassungen führen, die Sie bereits von der Spielkultur und den Spielbeziehungen der Kinder haben. Darüber hinaus können die Beobachtungen die allgemeine Aufmerksamkeit des Erziehers auf die Interaktion, die Interessen, die Voraussetzungen und die Bedürfnisse der Kinder lenken. Häufig bemerkt man einschränkende Dynamiken, festgefahrene Positionen und Grenzüberschreitungen nur durch systematische Beobachtungen (Winther-Lindqvist 2010b). Eine Beobachtungspraxis ist ein wichtiges Glied in der Aufgabe, die pädagogische Arbeit zu dokumentieren und zu evaluieren. Wenn das Ziel ist, mehr über die Kommunikation, die kulturellen Gemeinschaften und die sozialen Identitäten der Kinder zu erfahren, sind Spielbeobachtungen besonders informativ (Winther-Lindqvist 2013; 2010a).

Die Beobachtungen müssen definierte und formulierte Zwecke haben. Wir schlagen in diesem Abschnitt einige Schwerpunkte für die Beobachtung des selbstorganisierten Spielens der Kinder vor. Wir führen auch einen Beobachtungsplan ein, der sich auf Beobachtungen von Spielaktivitäten auf Grundlage von gemeinsamen Spielanleitungen stützt.

Es ist weniger wichtig, wie häufig die Beobachtungen gemacht werden und wie gründlich sie interpretiert werden. Das Wichtigste ist, dass sie gemacht werden. Selbst 15 Minuten Beobachtung ein- bis zweimal pro Woche können überraschend viele Informationen liefern (Winther-Lindqvist 2013).

Festlegung eines Rahmens für den Blick

Die Art und Weise, in der der Blick während der Beobachtungen eingegrenzt wird, entscheidet, was erkannt werden kann. Der Blick wird u. a. durch die Wahl des Lernverständnisses eingegrenzt, was bereits in Kapitel 1 und 2 deutlich wurde. Die Wahl der Schwerpunkte für die Beobachtungen legt fest, welche Potenziale für die Kindergruppe und die einzelnen Kinder erkennbar sind und welche Handlungsmöglichkeiten aus den Beobachtungen abgeleitet werden können.

Wenn man Beobachtungen macht, sieht man normalerweise das, wonach man sucht. Beispielsweise kann man unangemessene Interaktionsmuster und Defizite im gesamten kulturellen Fundament und im Spieleangebot der Einrichtung übersehen, wenn man nicht systematisch danach sucht. Daher muss sowohl nach positiven als auch nach negativen Aspekten der Spielgemeinschaften gesucht werden, ausgehend von einem Interesse dafür, wie es den Kindern geht und wohin sie sich bewegen (Winther-Lindqvist 2010a). Zuerst wird der Zweck der Beobachtung bestimmt, und dann werden die Schwerpunkte ausgewählt.

Wenn der Zweck der Beobachtungen die Entwicklung der Spielkultur ist, kann es von Vorteil sein, sich sowohl auf angemessene als auch auf unangemessene Formen der Interaktion zu konzentrieren. Konflikte bezüglich der Interaktion eignen sich gut als Schwerpunkt für die Beobachtung. Die Art und Weise, wie Kinder mit Konflikten umgehen, kann etwas über die Spielkultur in der Kindergruppe aussagen. Die einzelnen Kinder treten häufig auch deutlicher hervor, wenn sie sich im Konflikt miteinander befinden (Winther-Lindqvist 2010b; 2013).

Wenn der Zweck darin besteht, die Partizipations- und Lernmöglichkeiten bestimmter Kinder zu erweitern, sollten sich die Beobachtungen auf die Ressourcen, Interessen und Potenziale des Kindes konzentrieren. Wie wir in den vorhergehenden Kapiteln besprochen haben, sind die Erwartungen der Erzieher an die Kinder und die Erwartungen der Kinder aneinander entscheidend dafür, welche Partizipations- und Lernmöglichkeiten entstehen. Beobachtungen können Geschichten über die Kinder als gute Spielgefährten und als Teil lustiger und spannender gemeinsamer Spielerlebnisse unterstützen und dazu beitragen, unpassende Lernmuster zu ändern.

Beobachtung des selbstorganisierten Spielens der Kinder

Bei der Arbeit zur Stärkung und Entwicklung der Spielkultur sind Beobachtungen des selbstorganisierten Spielens der Kinder wertvoll. Wenn Sie die verschiedenen Strategien der Kinder identifizieren können, z. B. wie Spielgruppen geschaffen werden und wie man die Erlaubnis zur Teilnahme enthält, können Sie als Fachperson leichter erkennen, wo es bei manchen Kindern schiefläuft. Darüber hinaus können Sie von den Kindern, die Experten in der Verwendung der Strategien geworden sind, lernen (Winther-Lindqvist 2013). Gerade zu Beginn der Arbeit zur Entwicklung der Spielkultur kann es sinnvoll sein, einen Überblick über die aktuellen Dynamiken innerhalb der Spielkultur und der Kindergruppe zu gewinnen. Wenn beispielsweise das Spielen der Kinder weitgehend von Eindrücken aus dem Fernsehen bestimmt wird, kann dies ein Ausdruck für die Notwendigkeit sein, mehr gemeinsame Erfahrungen zu sammeln, aus denen Spielthemen geschöpft werden können (Åm 1984). Der Kasten unten zeigt eine Reihe von Vorschlägen dafür, worauf Sie sich konzentrieren können, wenn Sie das selbstorganisierte Spielen der Kinder beobachten.

Schwerpunkte für die Beobachtung[41]

- Was sind die Themen des Spiels?
- Woher bekommen die Kinder ihre Inspiration für das Spiel?
- Spielen bestimmte Kinder besonders zu ausgewählten Themen?
- Aus wem bestehen die Spielgruppen? Wer muss einbezogen werden/wer wird ausgeschlossen?
- Wann spielen Mädchen/Jungen und jüngere/ältere Kinder zusammen?
- Wann erhalten Kinder Zugang zu bereits laufenden Spielen?
- Wie lehnen die Kinder einander ab und aus welchen Gründen?
- Wer ergreift die Initiative für die Spiele?
- Wie oft und wie lange treten die Kinder in die fiktive Sphäre ein?
- Wer agiert in welchen Rollen?
- Wer hat eine führende bzw. eine weniger einflussreiche Position?
- Gibt es Konflikte? Zwischen wem, und um was geht es?
- Wird das Spiel positiv ausgehandelt oder durch Drohungen/Dominanz?
- Wie wohl scheinen sich die Kinder in den Spielen zu fühlen?
- Wie enden die Spiele?

43 Frei nach Winther-Lindqvist 2013.

Die Beobachtungen können die Grundlage für eine gemeinsame Reflexion in der Kollegengruppe bilden, z. B. auf Grundlage der Fragen im nachstehenden Kasten.

Fragen für die Reflexion

- Woran orientieren sich die Kinder besonders (z. B. bestimmte Spielthemen, Rollen oder Spielkameraden)? Wohin bewegt sie das?
- In welchen Aktivitäten und Themen engagieren sich die Kinder besonders?
- Gibt es Kinder, die nicht in die Spiele einbezogen werden oder die sich nur sporadisch und kurzzeitig engagieren?
- Wie bieten wir Rahmen und Spielaktivitäten an, die die Interessen aller Kinder unterstützen?
- Wie helfen wir den Kindern, eine gemeinsame Fiktion aufrecht zu erhalten?

Beobachtung von Spielaktivitäten, die von Erwachsenen angeleitet werden

Es ist naheliegend, die Arbeit mit den gemeinsamen Spielanleitungen als Gelegenheit zu nutzen, das Verhalten und die Interaktion der Kinder während der Spielaktivitäten zu beobachten. Wenn Sie sich selbst am Spiel beteiligen, sehen Sie das Spiel aus einer anderen Perspektive. Dadurch wird es viel einfacher zu erkennen, was zwischen den Kindern tatsächlich passiert (Åm 1984). Wenn man sich als Kollegen gegenseitig bei Spielaktivitäten beobachtet, kann man mehr Einblicke in die Dynamik des Spiels gewinnen. Diese Art der Beobachtung ist besonders nützlich, wenn Sie Kenntnisse über die Methoden der Erwachsenen zur Rahmensetzung und Teilnahme an den Spielen erlangen oder austauschen möchten. Ein Beobachter, der selbst nicht am Spiel teilnimmt, erkennt häufig Interaktionen und Initiativen, die der teilnehmende Erzieher möglicherweise übersieht. Der Beobachter kann eine andere Interpretation der Situationen einbringen und bei der Bewertung der Aktivitäten als Sparringspartner auftreten. Eine andere Möglichkeit besteht darin, die Spielaktivität zu filmen und seine eigene Praxis von außen zu beobachten oder einige Kollegen (und evtl. Kinder) zu bitten, die Aktivität zusammen zu beobachten und zu diskutieren.

Die Beobachtungen von Spielaktivitäten, die von Erwachsenen angeleitet werden, können durch die Auswahl einiger Schwerpunkte gezielt ausgerichtet werden. Diese Art der Beobachtung erleichtert es, die Zusammenhänge zwischen der Rahmensetzung, der Positionierungen der Erzieher während der Spielaktivität sowie die Partizipations- und Lernmöglichkeiten der Kinder zu erkennen. Diese Schwerpunkte können sowohl die Planung von Spielaktivitäten als auch die Art und Weise der Teilnahme der Pädagogen qualifizieren.

Hier stellen wir eine Vorlage vor, die für die Ausrichtung und Aufzeichnung von Beobachtungen von Spielaktivitäten rund um gemeinsame Spielanleitungen verwendet werden kann. Durch das Aufschreiben werden die Beobachtungen im Zusammenhang mit der Bewertung und Dokumentation sowie für die Einbeziehung in die zukünftige pädagogische Planung verwendbar. Es ist naheliegend, seine Beobachtungen in Hinsicht auf die Anzeichen von Fortschritt und Lernen, die in der pädagogischen Planung als Ziel der Spielaktivität festgelegt wurden, auszurichten.[44]

Der Beobachtungsplan ermöglicht die Reflexion über die Partizipationsmöglichkeiten der einzelnen Kinder, die Positionierungen der Erzieher und darüber, wie die Spielaktivität die kulturellen Gemeinschaften der Kinder unterstützt. Die Vorlage kann zur Beobachtung von Spielaktivitäten, die von einem Kollegen durchgeführt werden, verwendet werden. Die konkreten Schwerpunkte für die Beobachtung werden kontinuierlich ausgewählt, abhängig vom Zweck der Beobachtungen.

Die folgende Vorlage wurde von einer Erzieherin ausgefüllt, die ihre Kollegin bei der dritten Spielaktivität in einem Verlauf auf Grundlage der Spielanleitung „Bus" beobachtete. Die Erzieherinnen wollten gerne mehr darüber erfahren, was die Positionierungen der Erwachsenen für die Entwicklung der Kinder bedeuteten. Die Beobachtungen sollten dabei helfen, Schwerpunkte für die nächsten Spielaktivitäten im Verlauf festzulegen. Anschließend reflektierten die beiden Erzieherinnen gemeinsam die Aktivität auf Grundlage der Beobachtung.

44 Siehe Abschnitt *Planung des Spielablaufs* in Kapitel 2.

Beobachtung einer Spielaktivität: „Bus“ mit den 2½ bis 3-Jährigen

Zweck der Beobachtung:
In Erfahrung zu bringen, wie sich die Erwachsene während der kommenden Spielaktivitäten positionieren sollte und wie die Erwachsene am besten die Teilnahme der Kinder am Spiel unterstützen kann.

Schwerpunkt 1:
Wie treten die Kinder in das Spiel ein, wenn die Erwachsene führend und deutlich anleitend ist?

Die Erzieherin ist Passagierin im Bus und sitzt auf dem Rücksitz, von wo aus sie die Handlung des Spiels anleitet. Sie sagt, wann der Bus anhalten soll, schlägt vor, wer ein- und aussteigen könnte und wohin der Bus fahren kann.

Ein Kind schlägt vor, wohin der Bus fahren soll, ein anderes ergreift sogar die Initiative, um in den Bus einzusteigen. Die übrigen Kinder folgen den Anweisungen der Erzieherin.

Mehrere Kinder möchten Busfahrer sein, und die Erzieherin fordert sie auf zu warten, bis sie an der Reihe sind. Ein Teil der Kinder befolgt dies. Die Erzieherin legt ein Rotationssystem fest und bestimmt, wann ein Wechsel der Rollen stattfindet.

Schwerpunkt 2:
Was geschieht, wenn sich die Erwachsene zurückzieht?

Nach einer Weile sagt die Erzieherin: „Ich steige jetzt aus dem Bus aus“, und zieht sich aus dem Spiel zurück.

Eines der Kinder, das zuvor mitgespielt und dabei den Anweisungen der Erzieherin gefolgt ist, fängt an, den anderen Kindern Sitzplätze zuzuweisen, und sagt: „Jetzt fährt der Bus!“ Mehrere Kinder folgen seinen Anweisungen, andere verlassen das Spiel.

Ein wenig später geht das gleiche Kind zum Lenkrad und versucht, Zugang zum Fahrersitz und zur Rolle als Busfahrer zu erhalten. Es entsteht ein Konflikt.

Die Erwachsene mischt sich ein und bestimmt, wer an der Reihe ist, den Fahrer zu spielen.

Überlegungen

Die Kinder haben ein Verständnis der Spielanleitung und der Rollen erlangt. Es gibt Kinder, die bereit sind, im Spiel mehr Raum einzunehmen. Die Erwachsene muss die Kinder stärker auffordern, Einfluss auf das Spiel zu nehmen, damit alle Kinder die Möglichkeit erhalten, Vorschläge zu machen, was nun

Beobachtung einer Spielaktivität: „Bus“ mit den 2½ bis 3-Jährigen

passieren soll. Es ist weiterhin erforderlich, dass die Erwachsene die Struktur des Spiels aufrecht erhält und u. a. den Wechsel der Rollen steuert. Die Rolle als Fahrgast muss attraktiver gemacht werden.

Abbildung 3.0 Beispiel für die Verwendung des Beobachtungsplans

Hier finden Sie die Vorlage zum Download:
www.bananenblau.de/komm-wir-spielen

Vor dem Hintergrund der Beobachtungen wird die pädagogische Planung qualifiziert. Im Beispiel wird es für die Pädagogen deutlicher, an welcher Stelle genau sie eingreifen können, um den Fortschritt des Spiels zu unterstützen. Die Beobachtung anderer Spielaktivitäten kann z. B. hinweisen auf Normen und Interaktionsformen, die verändert werden müssen. Ebenso hebt sie hervor welche Kinder aufgefordert werden müssen, andere Rollen auszuprobieren, wer ein wenig Unterstützung dabei benötigt, Spielbeziehungen einzugehen und sich in ihnen wohlzufühlen, und ob es deshalb notwendig ist, das Angebot an Spielaktivitäten in der Einrichtung zu erweitern oder anzupassen.

Notierte Beobachtungen können auch in die Reflexion unter Kollegen zwischen dem Beobachter, dem beobachteten Erzieher und einem dritten Kollegen, der Fragen stellen und die Situation hinterfragen kann, eingehen. Im Kasten unten sind Beispiele für Fragen zur Reflexion aufgeführt.

Überlegungen unter Kollegen zu den Spielaktivitäten[45]

- In wieweit entspricht der Nutzen der Aktivitäten für die Kinder den festgelegten Zielen?
- Wie können bestehende (festgefahrene) soziale Positionen infrage gestellt werden? Wie kommt dies den Kindern zugute?
- Wann und wie geschehen Veränderungen in den Spielbeziehungen, Spielgemeinschaften und Spielthemen, die bisher starr und festgefahren wirkten?

45 Die Fragen sind weitgehend von Winther-Lindqvist 2010a inspiriert.

- Was hat die Kinder besonders beschäftigt?
- Wie wirken sich die Interessen, Ideen und Beiträge der einzelnen Kinder auf die Entwicklung des Spiels aus?
- Wie sammeln die Kinder Erfahrungen mit vielseitigen sozialen Positionen während der Spielaktivität?
- Wann gelingt es, das Interesse von Kindern zu wecken, denen es unmittelbar schwerer fällt, sich an der Spielaktivität zu beteiligen?
- Wie unterstützt die Spielaktivität die Partizipationsmöglichkeiten der einzelnen Kinder?
- Wie unterstützt der Erzieher die Partizipationsmöglichkeiten der einzelnen Kinder?
- Wie unterstützt die Beteiligung des Erziehers die Interaktion und gemeinsamen Erfahrungen der Kindergruppe?

Die durch systematische Beobachtungen und eine anschließende Reflexion gewonnenen Erkenntnisse können für den Wissensaustausch in der Mitarbeitergruppe genutzt werden und in die Dokumentation für die Kindergruppe und die Eltern eingehen.

Die Auswirkungen, die wir in diesem Kapitel in den Rollen und Positionierungen des Erziehers festgestellt haben, geben keineswegs ein erschöpfendes Bild der Aufgaben, die die Entwicklung der Spielkultur und der Spielkompetenzen der Kinder beinhalten, ab. Es besteht weiterhin die Möglichkeit, die Spielaktivitäten durch gezielte Aufmerksamkeit auf die Spielkultur und systematische Reflexion über die Bedeutung der Erwachsenen für das Spiel zu verfeinern und zu qualifizieren.

Uns war es besonders wichtig zu zeigen, wie eine gezielte Aufmerksamkeit auf die Beiträge der Erwachsenen zu den Spielaktivitäten und der Spielkultur als Ganzes die Kindergruppe und die einzelnen Kinder bereichern kann.

Die Fragen nach den spontanen Bewertungen des Erziehers und dem Gleichgewicht zwischen Anleitung und Mitbestimmung beinhalten eine unbegrenzte Menge an Stoff zur Bereicherung der Diskussionen unter Kollegen. Häufig können die Diskussionen eine Verknüpfung zu allgemeineren Themen über persönliche Normen und unterschiedliche theoretische Überzeugungen herstellen und dadurch die gemeinsame fachliche Basis innerhalb der Mitarbeitergruppe stärken.

Abschluss

Der erste Schritt auf dem Weg, allen Kindern Zugang zu den Spielgemeinschaften und zu all den Erlebnissen und Lernmöglichkeiten, die diese bieten können, zu ermöglichen, besteht darin, Interesse für das Spiel zu zeigen. Wie wir in der Einleitung des Buches erwähnt haben, sehen wir ein gezieltes Interesse am Spielen und der Entwicklung der Kinder als eine Möglichkeit, die berufliche Identität als Pädagoge auszudrücken. Genau hier wissen und können die Erzieher etwas ganz Besonderes. Als Berufsstand haben wir die Verpflichtung, das besondere pädagogische Wissen darüber, wie wir die Voraussetzungen der Kinder dafür stärken, sich jetzt und in der Zukunft behaupten zu können, zu qualifizieren. In den ersten drei Kapiteln dieses Buches haben wir begründet und beschrieben, wie die Arbeit mit den gemeinsamen Fantasiespielen der Kinder einen erzieherischen Spielraum mit weitreichenden Potenzialen für das Wohlbefinden, die Entwicklung und das Lernen von Kindern darstellt. In Kapitel 1 haben wir deutlich gemacht, dass die Kinder in den Kitas darauf vorbereitet werden müssen, sich im Ausbildungssystem und in den übrigen Kontexten des Lebens zu behaupten, und dass die Spielgemeinschaften einen ganz zentralen Lernraum darstellen. In Kapitel 2 haben wir das theoretische Wissen über das Spielen und das Lernen der Kinder in eine Beschreibung dessen überführt, wie die Spielaktivitäten rund um die gemeinsamen Spielanleitungen in der Praxis der Einrichtung konkret organisiert werden können. Hier haben wir gezeigt, wie das Spiel auf die Tagesordnung der Einrichtung gesetzt und in einer Weise umgesetzt werden kann, die sicherstellt, dass es weiterhin und kontinuierlich die ihm gebührende Aufmerksamkeit erhält. Die Umsetzung ist erst dann richtig gelungen, wenn der Blick der einzelnen Erzieher darauf gerichtet ist, den Spielraum der Kinder in der Spielkultur auszumachen, die Initiativen der Kinder aufzugreifen und über ihren eigenen Anteil am Zugang der Kinder zu den Spielgemeinschaften nachzudenken. In Kapitel 3 haben wir einige der Überlegungen besprochen, die an die Rolle des professionellen Erziehers als Setzer der Rahmenbedingungen, als Anführer und als Teilnehmer am Spiel geknüpft sind. Wir hoffen, dass die fachliche Aufmerksamkeit, die wir in diesem Buch hervorgehoben haben, Teil der Verwendung von gemeinsamen Spielanleitungen wird und dazu beiträgt, in den Einrichtungen ein starkes pädagogisch-fachliches Umfeld und eine florierende Spielkultur zu entwickeln.

Im Spieleverzeichnis, das das letzte Kapitel des Buches ausmacht, können konkrete Inspirationen für das Initiieren von Spielen gefunden werden, indem auf eine Weise Interesse gegenüber dem Spiel gezeigt wird, die für die Kinder greifbar und fühlbar ist.

Viel Spaß beim Spielen!

Kapitel 4

Spieleverzeichnis

Dieses Kapitel umfasst ein Spieleverzeichnis mit gemeinsamen Spielanleitungen für die direkte Anwendung in der Praxis oder als Inspiration für die Gestaltung von eigenen Spielanleitungen durch die Einrichtung. Das Kapitel enthält 20 gemeinsame Spielanleitungen und sechs Regel- und Dramaspiele, die als ergänzende Aktivitäten aufgenommen werden können.

Aufbau des Spieleverzeichnisses

Dieses letzte Kapitel enthält eine Auswahl konkreter Beispiele für gemeinsame Spielanleitungen. Durch das Spieleverzeichnis können Sie sich inspirieren lassen, wie die Spielanleitungen gestaltet werden können. Sie können einzelne Spielanleitungen ausprobieren, oder sie können eine Anzahl an Anleitungen auswählen und zusammenstellen, die Sie als Einrichtung zu gemeinsamen Spielanleitungen für die Kindergruppe machen möchten.

Die Spielanleitungen decken zusammen eine Vielzahl von Themen, Rollen und Rahmensetzungen ab und sind auf verschiedene Spielpositionen und Interaktionsformen ausgerichtet. Somit können die Spiele vielen unterschiedlichen Interessen und Bedürfnissen der Kinder gerecht werden. Gemeinsam ist allen Spielanleitungen das vorrangige und übergeordnete Ziel, dass sie im Laufe der Zeit eine gemeinsame kulturelle Grundlage bilden sollen. Dies bedeutet, dass alle Kinder und Erwachsenen in der Einrichtung das Konzept in der Spielanleitung wiedererkennen und darüber sprechen können sowie in einem gewissen Umfang über Erfahrungen mit der Interaktion mit Bezug auf das Konzept in der Spielanleitung verfügen.

Die Spielthemen sind so gewählt, dass die Spielanleitungen kontextübergreifend erkennbar sind und so auch langfristig zu einer sinnvollen Erfahrungsgrundlage im Leben der Kinder werden können.

Jede Spielanleitung wird anhand einer Vorlage mit festen Inhaltspunkten beschrieben. In Kapitel 2 sind wir genauer auf die einzelnen Punkte der Vorlage eingegangen.

Inhaltspunkte in gemeinsamen Spielanleitungen

- *Rollen:* Rollen, die in der Spielaktivität eingenommen werden können oder sollen.
- *Konzept und Ausgangspunkt für das Spiel:* Hauptmerkmale der Handlung und Struktur des Spiels.
- *Imaginierte Szenerie:* Die fiktive Welt, in der sich die Handlung entfaltet.
- *Schlüsselrepliken:* Aussagen und Geräusche, die die Rollen charakterisieren und die Handlung unterstützen.
- *Hilfsmittel und Rahmen:* Die physischen Objekte, die das Spiel unterstützen sollen.

- *Pädagogische Schwerpunkte:* Bereiche, die unterstützt werden sollen, damit das Spiel funktionieren kann.
- *Variationsmöglichkeiten:* Vorschläge zur Vereinfachung oder Erweiterung des Spiels.
- *Ermutigter Spielraum für die Vorstellungskraft und Mitbestimmung:* Bereiche, in denen die Kinder ermutigt werden, die Entwicklung des Spiels zu beeinflussen.
- *Ergänzende Aktivitäten:* Weitere Arten von Aktivitäten, die den Kindern zu Erfahrungen mit dem Thema, der Handlung und den Repliken des Spiels verhelfen können.

Um die Übersichtlichkeit zu verbessern, haben wir das Spieleverzeichnis in fünf Kategorien unterteilt. Die Aufteilung basiert darauf, wo die gemeinsamen Spielanleitungen unserer Meinung nach ihre Stärken in Bezug auf bestimmte pädagogische Schwerpunkte zeigen. Die folgende Tabelle gibt einen Überblick darüber, welche Spielanleitungen wir unter welcher der fünf Kategorien beschreiben werden.

	Spielanleitungen	**Naheliegende Schwerpunkte**
Vom parallelen Spielen zu gemeinsamen Fantasiespielen	Guck-guck-Spiel Bus Tankstelle Essen kochen Bauernhof	Geeignet für die ersten Erfahrungen mit dem Eintritt in ein Fantasiespiel zusammen mit anderen. • Interesse am Spielthema • Aufmerksamkeit für andere während des Spielens
Interaktion innerhalb eines klaren Rahmens	Bäckerei Zirkus Zoo Ritterturnier	Spiele, die einfach zu verstehen sind und bei denen die Rollen klar gekennzeichnet sind. • Interaktion rund um Rollen • Abwechseln • Austausch von Repliken • Verwendung spontaner Repliken

	Spielanleitungen	Naheliegende Schwerpunkte
Märchen und klassische Figuren	*Der Wolf und die sieben Geißlein* *Hänsel und Gretel* 1 *Hänsel und Gretel* 2 *Peppa Wutz* *Bob der Baumeister* *Dornröschen*	Vermitteln Kenntnis über zentrale Erzählungen und Figuren aus der Kinderliteratur und dem Kinderfilm. • Verständnis von Begriffen • Gefühle und Ausdrucksformen • Gemeinsame Aufmerksamkeit
Regel- und Dramaspiele	*Erster Obstgarten* *Tempo, kleine Schnecke*	Können als ergänzende Aktivitäten aufgenommen werden, um bestimmte Formen sozialer Interaktion und bestimmte Spielkompetenzen zu unterstützen. • Gemeinsame Aufmerksamkeit • Abwechseln • Impulskontrolle • Deutung und Verwendung von Mimik und Körpersprache

Abbildung 4.0 Übersicht über die gemeinsamen Spielanleitungen

Die einzelnen Spielanleitungen im Spieleverzeichnis sind so gestaltet, dass sie gemeinsam unterschiedlichen Entwicklungsvoraussetzungen und Spielkompetenzen bei den Kindern entgegenkommen. Es ist gut möglich, den Inhalt der meisten Spielanleitungen zu variieren, sodass die Spiele entsprechend den gegenwärtigen Voraussetzungen der jeweiligen Kindergruppe vereinfacht oder erweitert werden können. Unter jeder Spielanleitung sind Vorschläge für Variationen aufgeführt. Die einzelnen Spielanleitungen können somit auch mit unterschiedlichen pädagogischen Zielen verknüpft werden.

Zu jeder Spielanleitung gibt es Empfehlungen in Bezug auf die Zielgruppe, die Anzahl der Teilnehmer, die Art der Aktivität und den physischen Rahmen:

- **Zielgruppe** – Hier wird auf die Zielgruppe für die beschriebene Spielanleitung verwiesen. Durch Vereinfachung oder Erweiterung der Spielanleitung nach den Vorschlägen unter dem Inhaltspunkt „Variation“ kann die Spielanleitung an jüngere oder ältere Kinder mit anderen Voraussetzungen gerichtet werden.
- **Anzahl der Teilnehmer** – Einige Spiele eignen sich für kleine Gruppen, während andere eine nahezu unbegrenzte Zahl an Teilnehmern umfassen können.

- **Art der Aktivität** – Hier wird angegeben, ob die Spielanleitung am besten für offene Aktivitäten oder für intensivere Aktivitäten in kleineren Gruppen geeignet ist. Viele gemeinsame Spielanleitungen eignen sich für beide Arten.
- **Physischer Rahmen** – Hier wird angegeben, ob das Spiel von bestimmten physischen Rahmenbedingungen abhängig ist, z. B. ob es drinnen oder draußen gespielt werden kann.

Wir empfehlen, dass Sie basierend auf Ihrem Wissen über die spezifische Kindergruppe entscheiden, welche Spielthemen und pädagogischen Ziele die Spielanleitungen in der Einrichtung mindestens abdecken sollen.

Im Abschnitt *Auswahl der Spielanleitungen* in Kapitel 2 haben wir eine Reihe von Schwerpunkten vorgeschlagen, die in diesen Prozess einbezogen werden können. Die Planungsvorlage, die wir in Kapitel 2 vorgestellt haben, kann idealerweise verwendet werden, um gemeinsame Spielanleitungen gezielt auf bestimmte Lernziele für die Gruppe, die Erzieher und einzelne Kinder auszurichten.

Vor dem Hintergrund eines soziokulturellen Lernverständnisses und des in Kapitel 1 vorgestellten Wissens über Spielen und Lernen lässt sich eine Reihe von pädagogischen Prinzipien für die Anwendung von gemeinsamen Spielanleitungen ableiten (siehe nachfolgender Kasten). Wir empfehlen, diese Prinzipien während der Spielaktivitäten als Ausgangspunkt zu verwenden.

Prinzipien für Aktivitäten auf Grundlage von gemeinsamen Spielanleitungen

- Die Kinder sollen aus Lust am Spielen mitmachen.
- Die ausgewählte Spielanleitung oder das Spielthema müssen die Kinder interessieren. Wenn es nach dem ersten Ausprobieren bei den Kindern nicht „zündet", wird es angepasst, oder ein anderes wird ausgewählt.
- Die Kinder sollten ermutigt werden, ihre Vorstellungskraft einzusetzen und das Spiel zu beeinflussen.
- Die spontanen Beiträge der Kinder sollten unterstützt und mit der Spielanleitung verknüpft werden.
- Das Konzept, die Rollen, die Handlung und die imaginierte Szenerie der Spielanleitung sollten klar und kontinuierlich hervorgehoben werden.
- Die Aktivität sollte die Möglichkeit zur Nachahmung der Handlungen der anderen und der Erwachsenen bieten.

- Die Schlüsselrepliken sollten ins Spiel eingebracht werden, wiederholt werden und als Inspiration dienen.
- Die Kinder sollten dazu aufgefordert und dabei unterstützt werden, die Repliken zu entwickeln und auf sie zu antworten.
- Die Kinder sollen Erfahrungen mit verschiedenen Spielrollen und Spielpositionen sammeln.
- Die Aufmerksamkeit der Kinder sollte auf die Rollen, Handlungen, Aussagen und Positionen der anderen Kinder im Spiel gelenkt werden.
- Alle Teilnehmer und potenziellen Teilnehmer müssen zur aktiven Teilnahme am Spiel ermuntert und dabei unterstützt werden.
- Alle Teilnehmer sollten erleben, dass ihre Handlungen und Repliken im Spiel anerkannt werden und Sinn ergeben.

Vom parallelen Spielen zu gemeinsamen Fantasiespielen

Die gemeinsamen Spielanleitungen, die wir in diese Kategorie eingeordnet haben, bilden einen guten Rahmen für die ersten Erfahrungen der Kinder mit gemeinsamen Fantasiespielen. Die Kinder können an den Spielen teilnehmen, ohne die Repliken zu verwenden, und die Spiele können im Prinzip auch funktionieren, ohne dass sich die Kinder stark aneinander orientieren. Die Kinder können innerhalb des gemeinsamen Spielthemas parallel spielen und somit an den Spielen teilnehmen, bevor sie damit begonnen haben, ihre Fantasiespiele mit anderen Kindern zu koordinieren. Durch ihre Beteiligung an der Spielanleitung können die Kinder dazu ermutigt werden, ihre Aufmerksamkeit zunehmend auf die anderen Kinder im Spiel zu konzentrieren und sich in bestimmte Rollen einzufühlen. Es ist sehr unterschiedlich, wann dieses Interesse bei den einzelnen Kindern auftritt, aber positive Spielerlebnisse in der Gesellschaft anderer Kinder, die von der Aufmerksamkeit und Anwesenheit des Erwachsenen unterstützt werden, bilden den besten Rahmen dafür, dass sich das Interesse entfalten kann, wenn das Kind dazu bereit ist.

Die Spiele in dieser Kategorie sollen besonders das Interesse am Spielthema und die Aufmerksamkeit für andere während des Spielens unterstützen.

Guck-guck-Spiel

Zielgruppe: Ab ca. 6 Monaten
Anzahl der Teilnehmer: 2 bis 3 (einschließlich des Erwachsenen)
Art der Aktivität: Intensive Aktivität
Physischer Rahmen: Relativ ungestörte Umgebung mit der Möglichkeit zur Nähe, z. B. auf dem Wickeltisch

Dies ist eine sehr frühe Version eines Als-ob-Spiels. Das Kind spielt dieses Spiel häufig zunächst mit einem Elternteil und später mit anderen, z. B. mit Erziehern in der Krippe oder in der Kita. Im Spiel kann das Kind sowohl die Kontrolle des Erwachsenen über das Spiel erleben und Spaß am Spiel haben als auch später selbst damit beginnen, die Kontrolle zu übernehmen. Zu Beginn wird das Kind beobachten und allmählich damit beginnen, Mimik und Geräusche zu verwenden, die zeigen, dass die Struktur des Spiels deutlich geworden ist. Während des Spiels sammelt das Kind Erfahrungen mit sozialen Regeln und dem Austausch einfacher Repliken um eine bestimmte Struktur herum (Cohen 2006). Die Spielanleitung für das Guck-guck-Spiel wurden mit Inspiration durch den britischen Psychologen David Cohen (2006) entworfen.

Spielanleitung für das „Guck-guck-Spiel“	
Rollen	Ein Erlebender (evtl. zwei). Ein Initiator.
Konzept und Ausgangspunkt für das Spiel	Man spielt, dass der andere Spielteilnehmer, den man nicht sehen kann, verschwunden ist. Der Initiator (entweder der Erwachsene oder das Kind) 1. stellt durch Blickkontakt, Lächeln und evtl. einem verbalen Gruß Kontakt mit dem Erlebenden dar, 2. versteckt sein Gesicht hinter etwas, z. B. hinter einem Tuch oder einem Kissen, 3. kommt wieder hervor, entweder plötzlich oder langsam. Zu Beginn ist der Erwachsene der Initiator, später auch das Kind.

Spielanleitung für das „Guck-guck-Spiel“	
Imaginierte Szenerie	Keine.
Schlüsselrepliken	1. „Wer liegt/sitzt da?“ 2. „Huch, wo bist du? Bist du verschwunden?“ 3. „Buh!“/„Guck-guck ...“/„... Da bist du ja!“
Hilfsmittel	Ein Tuch, ein Kissen oder ähnliches. Evtl. eine Puppe oder ein Teddybär.
Pädagogische Schwerpunkte	Die pädagogischen Schwerpunkte liegen darin • wie das Kind allmählich mit der Struktur des Spiels vertrauter wird, z. B. indem es erwartungsvoll schaut, lacht, am Tuch zieht usw. • wie das Kind anfängt, Interesse daran zu zeigen, selbst die Initiative zu dem Spiel zu ergreifen, z. B. indem es das Tuch vor sein Gesicht zieht. • wann das Spiel verändert werden muss, weil das Kind dabei ist, das Interesse zu verlieren.
Variationsmöglichkeiten	Anstelle des Versteckspiels voreinander, kann sich auch eine Puppe oder ein Teddybär verstecken. Diese Variante kann möglicherweise dazu genutzt werden, um das Kind darauf vorzubereiten, das Guck-guck-Spiel mit dem Erwachsenen zu spielen. Kinder können sich voreinander verstecken, z. B. verstecken sich ein Kind und ein Erwachsener zusammen vor einem anderen Kind.
Ermutigter Spielraum für die Vorstellungskraft und Mitbestimmung	Das Spiel *Der Pott ist fott* Gesten machen zum Abzählreim [...] Singen eines Fingerspiels mit Gesten, z. B. *Zehn kleine Zappelfinger*. Dialogisches Lesen: *Wie versteckt man einen Löwen* von Helen Stephens. *Versteckt? Entdeckt!* von Nastja Holtfreter.

Bus

Zielgruppe: Ab ca. 1½ Jahren
Anzahl der Teilnehmer: Ab 2 aufwärts
Aktivitätsart: Offene Aktivitäten und intensivere Aktivitäten
Physischer Rahmen: Draußen oder drinnen, unabhängig von der Umgebung

Dieses Spiel umfasst in seiner einfachsten Form nur zwei Rollen, die klar durch die Hilfsmittel und die unterschiedlichen physischen Platzierungen definiert sind. Man kann sich am Spiel beteiligen, ohne Repliken zu verwenden. Der Erwachsene kann die Repliken bekannt machen, indem er sie wiederholt und sie mit den eigenen Handlungen und denen der Kinder verknüpft, z. B. indem er, wenn ein Kind aufsteht, sagt: „Ding! Jetzt muss Luna aussteigen – stopp!" Später werden die Kinder dazu aufgefordert, die Repliken selbst zu verwenden.

Es ist einfach, anderen zu signalisieren, dass man „Bus" spielen möchte: Man kann sich ans Steuer setzen und losfahren oder einen Stuhl holen und sich hinter denjenigen setzen, der am Steuer sitzt. Es gibt gute Möglichkeiten, um das Spiel zu variieren und zu erweitern, sodass es auch den älteren Kindern Spaß macht.

Spielanleitung für das Spiel „Bus"	
Rollen	Busfahrer. Fahrgäste.
Konzept und Ausgangspunkt für das Spiel	Der Busfahrer fährt den Bus und hält an, wenn Fahrgäste ein- oder aussteigen wollen. Die Fahrgäste drücken auf die Signaltaste, wenn sie aussteigen möchten.
Imaginierte Szenerie	Ein Bus.
Schlüsselrepliken	Kann ohne Repliken gespielt werden. Der Busfahrer: „Ich fahre los. Ich hupe – tut, tuuut!", „Jetzt hält der Bus an.", „Jetzt fahren wir." Fahrgäste: „Hallo! Ich möchte gerne einsteigen/mitfahren.", „Ding! Ich möchte gerne aussteigen!"

Spielanleitung für das Spiel „Bus“	
Hilfsmittel	Eine oder zwei Reihen Stühle. Ein Lenkrad für den Fahrer. Evtl. Fahrscheine oder Busfahrkarten.
Pädagogische Schwerpunkte	Ziel ist, dass: • die Kinder mit dem Handeln nach der Spielanleitung vertraut werden, • die Kinder klar in die fiktive Welt eingeladen werden, z. B.: „Die Stühle sind Sitze in einem Bus. Wir spielen, dass wir mit dem Bus fahren.“, • die Kinder Erfahrungen auf folgenden Gebieten sammeln: – verschiedene Rollen: Eines ist der Busfahrer, sitzt vorne und fährt den Bus, die übrigen Kinder sind Fahrgäste in den Sitzen. – wie bestimmte Repliken mit Handlungen verknüpft werden können. – gemeinsame Aufmerksamkeit im Spiel: „Die anderen fahren auch im Bus. Wir fahren zusammen im Bus.“ – Abwechseln, z. B.: „Danach bist du dran, Busfahrer zu sein, aber zuerst machen wir eine Rundfahrt.“

Spielanleitung für das Spiel „Bus“	
Variationsmöglichkeiten	• Der Fahrer fragt die Fahrgäste, wo sie gerne hinfahren möchten: „Wo möchtest du hinfahren? Zur Baustelle von *Bob der Baumeister*? Nach Afrika?“ • Fahrgast: „Ich möchte zu meiner Oma nach Hause/in den Zoo/auf die Kirmes“ usw. • Der Busfahrer kann Fahrscheine verkaufen, z. B.: „Das macht 50 Cent.“ Oder die Fahrgäste können eine Busfahrkarte mitbringen und sie abstempeln, indem sie ein Geräusch machen: „Plingeling.“ • Ein Haltestellenschild anfertigen, an dem die Fahrgäste stehen und auf den Bus warten können. • Die Fahrgäste sagen, wer sie sein wollen, z. B.: „Ich bin *Bob der Baumeister*, der im Bus fährt.“ • Die Fahrgäste erzählen, was sie sehen, wenn sie aus dem Fenster gucken, z. B.: „Schau, ein Elefant!“
Ermutigter Spielraum für die Vorstellungskraft und Mitbestimmung	Wann will man in den Bus ein- und aussteigen? Hat man einen Fahrschein oder eine Busfahrkarte dabei? Wo fährt der Bus hin? Wer will man sein? Was kann man sehen, wenn man aus dem Fenster guckt?
Ergänzende Aktivitäten	Singen des Liedes *Zehn kleine Busse* mit Gesten. Eine Fahrt in einem richtigen Bus. Dialogischen Lesen: *Der blaue Autobus* von James Krüss, Lisl Stich. *Es fährt ein Bus durchs ABC* von Karsten Teich.

Tankstelle

Zielgruppe: Ab ca. 2 Jahren
Anzahl der Teilnehmer: Ab 2 aufwärts
Aktivitätsart: Offene Aktivität
Physischer Rahmen: Draußen mit Platz zum Fahren und Parken, ohne den anderen den Weg zu versperren.

Wie auch im Spiel „Bus“ schafft das Spiel „Tankstelle“ einen klaren Rahmen für die Rollenverteilung. Für die Kinder ist es einfach zu regulieren, inwieweit sie im Spiel miteinander interagieren möchten. Das Spiel eignet sich gut als offene Aktivität auf dem Spielplatz, da die Spielanleitung sehr einfach ist und da viele Kinder teilnehmen können. Es ist leicht, ohne viele soziale Erfahrungen Zugang zu dem Spiel zu bekommen. Das Fahrrad/Motorrad wirkt in der Interaktion als „Puffer“: Man beschäftigt sich mit dem Fahrzeug, nicht unbedingt miteinander. Die Spielanleitung kann manchen Kindern Sicherheit geben und Offenheit dafür schaffen, sich einladen zu lassen, z. B.: „Kommst du nicht auch und holst dir Benzin?“

Spielanleitung für das „Tankstellen-Spiel“	
Rollen	Ein Tankwart (evtl. zwei). Autofahrer, Motorradfahrer, Mofafahrer usw., evtl. Fahrgäste.
Konzept und Ausgangspunkt für das Spiel	Die Fahrzeuge fahren auf der Straße herum und zur Tankstelle, wenn sie Benzin brauchen. Der Tankwart füllt Benzin ein, damit sie weiterfahren können. Wenn mehrere Fahrer Benzin benötigen, warten sie an der Tankstelle in einer Reihe.
Imaginierte Szenerie	Tankstelle und Straßen.
Schlüsselrepliken	Kann ohne Repliken gespielt werden. Autofahrer/Motorradfahrer: „Ich hätte gerne Benzin.“ Tankwart: „Hier ist Benzin, psssssss – bitte sehr!“, „Gute Fahrt!“

Spielanleitung für das „Tankstellen-Spiel“	
Hilfsmittel	Fahrräder, Dreiräder. „Benzinschlauch“, z. B. ein Sprungseil oder ein Stock.
Pädagogische Schwerpunkte	Ziel ist, dass • die Kinder Erfahrungen mit dem Handeln nach der Spielanleitung bekommen. • die Kinder die Bedeutung der Handlung des Spiels verstehen: Die Autos können nicht ohne Benzin fahren. • die Kinder ermutigt werden, in Interaktion miteinander zu treten, z. B.: „Musst du schnell noch zum Tanken an die Tankstelle fahren?“ • die Kinder aufmerksam auf die Anwesenheit der anderen im Spiel gemacht werden: „Schau, jetzt bekommt Lotta Benzin in ihr Auto.“ • die Möglichkeit zu einem Rollentausch geboten wird.
Variationsmöglichkeiten	Erweiterung: • Aufforderung zum Dialog darüber, welches Fahrzeug man fährt und wo man hinfahren möchte • Einführen einer Bezahlung für das Benzin • Erweiterung der Tankstelle zu einer Autowerkstatt, in der die Reifen ausgetauscht oder aufgepumpt, der Motor repariert werden kann usw. • Einführen von „Ampeln“ mit rotem und grünem Licht, die von einigen der Kinder gesteuert werden, z. B. als Polizisten

Spielanleitung für das „Tankstellen-Spiel“	
Ermutigter Spielraum für die Vorstellungskraft und Mitbestimmung	Wann benötigt das Fahrzeug Benzin? Welches Fahrzeug hast du? Wo willst du hinfahren? Was ist kaputt gegangen/soll repariert werden? Was kostet das Benzin oder die Reparatur?
Ergänzende Aktivitäten	Spaziergang im Straßenverkehr mit einem Dialog über verschiedene Arten von Fahrzeugen. Besuch einer Tankstelle. Dialogisches Lesen: *Alles was fährt* von Richard Scarry. *Willy Werkel, der Bastler, baut ein Auto* von George Johansson und Jens Ahlbom.

Essen kochen

Zielgruppe: Ab ca. 1½ Jahren
Anzahl der Teilnehmer: Ab 2 aufwärts
Aktivitätsart: Offene Aktivitäten und intensivere Aktivitäten
Physischer Rahmen: Drinnen oder draußen, abgeschirmter Bereich

Diese Spielanleitung bietet einen sehr einfachen Rahmen für die Vorstellungskraft, in dem sich das Thema auf die Alltagserfahrungen der Kinder bezieht. Das Spiel eignet sich gut sowohl für das parallele Spielen, bei dem die Kinder eine aufkeimende Aufmerksamkeit einander gegenüber haben, wie auch zum Sammeln der ersten Erfahrungen damit, durch das Spielen einfachen Kontakt miteinander aufzunehmen. Es ist möglich, ohne verbale Sprache und ohne direkte soziale Interaktion am Spiel teilzunehmen. Ebenso können als Vorläufer für das Familienspiel auch einfache Spielanleitungen rund um andere Alltagsthemen wie „Baby pflegen" oder „Wäsche waschen" entwickelt werden. Kinder können andere ohne verbale Sprache in das Spiel einladen, indem sie z. B. ein wenig „Essen" auf einen Teller legen und es einem anderen Kind geben oder indem sie einem anderen Kind ein Küchengerät in die Hand drücken.

Spielanleitung für Spiel „Essen kochen"	
Rollen	In der frühen Version dieses Spiels ist die Benennung von Rollen nicht unbedingt notwendig. Die imaginäre Handlung steht im Fokus: „Ich koche Essen." Die Kinder können dazu ermutigt werden, eine Rolle zu wählen.
Konzept und Ausgangspunkt für das Spiel	Die Kinder bereiten in einer Küche für jemanden Essen zu.
Imaginierte Szenerie	Eine Küche.
Schlüsselrepliken	Kann ohne Repliken gespielt werden. Benennen Sie das Essen, z. B.: „Pfannkuchen/Ananas/Pasta." Führen Sie die Handlungen auf, z. B.: „In den Kochtopf/umrühren/in den Ofen/in die Tasse." „Das schmeckt gut/ist heiß/ist kalt."

Spielanleitung für Spiel „Essen kochen“	
Hilfsmittel	Tassen, Teller, Löffel, „Essen“, z. B. Spielzeugessen oder Sand/Steine/Blätter/Zweige. Evtl. Spielküche oder Sandkasten.
Pädagogische Schwerpunkte	Unterstützung: • Verbindungen zwischen Alltagserfahrungen und Spiel • Fokus auf das Spielen der anderen Kinder • einfache Interaktion im Spiel
Variationsmöglichkeiten	Erweiterung: • Gäste, die das Essen probieren können. • Tisch decken. • Die Kinder werden ermuntert, eine Rolle zu wählen, z. B.: „Bist du ein Koch/eine Mutter/ein Vater/*Peppa Wutz*?“
Ermutigter Spielraum für die Vorstellungskraft und Mitbestimmung	Welches Essen wird zubereitet? Wer kocht das Essen? Wie wird das Essen gekocht? Für wen?
Ergänzende Aktivitäten	Kochen oder Backen. Dialogisches Lesen: *Was essen wir?* von Doris Rübel. *Kochen mit Emma und Paul* von Monika Lehner. *Leo Lausemaus will nicht essen* von Marco Campanella.

Bauernhof

Zielgruppe: Ab ca. 2 Jahren
Anzahl der Teilnehmer: 2 bis 4
Aktivitätsart: Intensive Aktivität
Physischer Rahmen: Abgeschirmter Bereich mit Platz zum Aufstellen von Tieren

Die Spielanleitung für den Bauernhof unterscheidet sich dadurch von den vorhergehenden, dass sie für das Spiel Figuren verwendet. Das bedeutet, dass die Fantasie, Vorstellung und Rollen durch die Bauernhoffiguren ausgelebt werden. Die Begeisterung der Kinder für die Figuren kann die gegenseitige Aufmerksamkeit für die Teilnahme am Spiel und die Annäherung aneinander im Spiel durch die Figuren fördern. Das Spiel lässt sich gut damit verbinden, dass die Kinder ebenfalls spielen, dass sie selbst eine Kuh oder ein Schaf sind und z. B. zwischendurch die Figuren zur Seite legen und selbst herumkrabbeln und Tierlaute von sich geben. Die Figuren können verwendet werden, um andere Kinder in das Spiel einzuladen.

Spielanleitung für das Spiel „Bauernhof“	
Rollen	Bauernhoftiere. Bäuerin/Bauer. Die Rollen können beweglich sein und kontinuierlich gewechselt werden.
Konzept und Ausgangspunkt für das Spiel	Auf dem Bauernhof leben viele Tiere, die Futter und Wasser benötigen. Sie weiden, und der Bauer füttert und pflegt sie.
Imaginierte Szenerie	Bauernhof, Felder, Ställe.
Schlüsselrepliken	Tierlaute: „Mäh/Wuff/Gackgack“ usw. Der Bauer: „Jetzt bekommst du Futter/Heu/Körner/Wasser.“, „Jetzt gehst du raus aufs Feld/in den Stall.“
Hilfsmittel	Bauernhoftiere und -figuren, evtl. Zäune, Fahrzeuge, Häuser, Futtertröge usw.
Pädagogische Schwerpunkte	Ziel ist, dass • die Kinder mit dem Handeln nach der Spielanleitung vertraut werden. • das Spiel einen Dialog darüber schafft, was die Tiere für Laute machen und was sie tun. • die Kinder sich gegenseitig beim Spielen mit den Figuren sehen, z. B: „Sieh mal, da kommt ein kleines Fohlen.“ • die Interaktion zwischen den Figuren angeregt wirkt, z. B.: „Jetzt geht das Fohlen zu seiner Mutter und kuschelt sie ein wenig mit seinem Maul“ oder „Hey, Hühner, wollt ihr Körner fressen?“ • die Konstruktionselemente des Spiels gezeigt werden, z. B. dass man Zäune um die Tiere herum aufstellen kann, Tiere in Fahrzeuge einladen kann usw.

Spielanleitung für das Spiel „Bauernhof“	
Variationsmöglichkeiten	Erweiterung: • Es wird Abend und Nacht auf dem Bauernhof und die Tiere müssen in die Ställe und Häuser. Der Bauer bringt sie hinein und verschließt die Türen. Am Morgen kräht der Hahn usw. • Fokus auf der landwirtschaftlichen Erzeugung, z. B. Melken von Kühen, Sammeln von Äpfeln, Scheren von Wolle. Vereinfachung: • Der Bauer kann weggelassen werden, sodass nur mit Tieren, die Geräusche machen, fressen usw., gespielt wird.
Ermutigter Spielraum für die Vorstellungskraft und Mitbestimmung	Welche Tiere sollen auf dem Bauernhof leben? Was sollen die Tiere fressen? Was macht der Bauer? Was machen die Tiere? Welche Laute machen sie?
Ergänzende Aktivitäten	Anschauen von lebenden Tieren, evtl. Anfassen und Füttern der Tiere. Spielen von *Krah die Krähe – Ernte-Brettspiel* mit Nachahmung von Tieren. Singen von *Tom hat einen Bauernhof*, *Das Lied vom Bauern* oder Im *Märzen der Bauer*. Suchen nach Tieren in *Sachen suchen: Auf dem Bauernhof* von Susanne Gernhäuser. Dialogisches Lesen: *Lieselotte bleibt wach* von Alexander Steffensmeier. *Unterwegs auf dem Bauernhof* von Sabine Cuno

Interaktion innerhalb eines klaren Rahmens

In dieser Kategorie steht die Interaktion zwischen den verschiedenen Rollen in den Spielen im Vordergrund. Die gemeinsamen Spielanleitungen schlagen vor, dass der Einzelne im Spiel einen Platz einnimmt, der für das Spielerlebnis der anderen Teilnehmenden von Bedeutung ist. Der Rahmen ist noch immer einfach und deutlich, sodass die Rollen klar definiert sind. Das macht es einfach, das Spiel zu lesen und sich zu beteiligen, ohne über die Ausgestaltung der Rollen verhandeln zu müssen. Daher eignen sich diese Spiele gut für erste Erfahrungen mit der Interaktion durch verschiedene Rollen in einem Fantasiespiel. Die Kinder können mit einfachen oder in einigen Fällen auch ganz ohne Repliken an den Spielen teilnehmen. Ein einfacher Zugang dazu, Teil eines gemeinsamen Spielerlebnisses zu werden, kann wichtig sein, um positive Geschichten über Beziehungen und positive Erwartungsbilder aufzubauen (vgl. Kapitel 1). Alle Spielanleitungen können von einfach bis fortgeschritten variiert werden.

Die gemeinsamen Spielanleitungen in dieser Kategorie bieten gute Möglichkeiten dafür, dass die Kinder Erfahrungen mit folgenden Situationen sammeln:

- Abwechseln
- Austausch von Repliken
- Beginn der Verwendung spontaner Repliken und von Vorstellungskraft

Bäckerei

Zielgruppe: Ab ca. 2 Jahren
Anzahl der Teilnehmer: Ab 2 aufwärts
Aktivitätsart: Offene Aktivitäten und intensivere Aktivitäten
Physischer Rahmen: Drinnen oder draußen, abgeschirmter Bereich

Die Spielanleitung für die Bäckerei eignet sich gut dafür, dass der Erzieher eine Rolle mit einem Kind teilt, entweder als Bäcker oder als Kunde, ohne dass dies die Handlung stört. Zusammen mit der einfachen Handlung und der klaren Rollenverteilung bietet diese einen sicheren Rahmen für die frühen Erfahrungen des Kindes mit dem Eingehen einer direkten Interaktion rund um gemeinsame Fantasiespiele. Das Ladenspiel eignet sich gut als offene Aktivität, da das Spiel leicht zugänglich ist. Es sind keine großen Voraussetzungen erforderlich, um das Spiel lesen zu können. Die Kinder müssen nur zur Theke gehen und sagen, dass sie gerne einen Kuchen kaufen möchten, wodurch sie am Spiel beteiligt sind. Die Spielanleitung kann an eine Vielzahl von Geschäftstypen angepasst und mit anderen Spielanleitungen kombiniert werden, z. B. „Eltern und Baby“, „Ausflug“ oder „Geburtstag“.

Spielanleitung für das Spiel „Bäckerei“	
Rollen	Ein Bäcker (evtl. mehrere). Kunden.
Konzept und Ausgangspunkt für das Spiel	Der Bäcker backt und verkauft Kuchen und Brot an die Kunden, die auswählen, was sie kaufen möchten, bezahlen und die Kuchen mit nach Hause nehmen.
Imaginierte Szenerie	Bäckerei.
Schlüsselrepliken	Die Kinder können ohne Repliken teilnehmen, wenn die Möglichkeit besteht, dass der Kunde auf die Kuchen zeigen kann, die er kaufen möchte. Bäcker: „Guten Tag, was hätten Sie gerne?“ Kunde: „Einen Schokoladenkuchen.“ Bäcker: „Ja, bitte sehr!“ Kunde: „Danke, hier ist das Geld.“ Bäcker: „Danke. Auf Wiedersehen!“ Kunde: „Auf Wiedersehen!“ Fügen Sie evtl. einige Höflichkeitsfloskeln hinzu.
Hilfsmittel	Sand/Förmchen/Dosen/Teigrolle/„Ofen“. „Theke“, „Geld“/Registrierkasse. Evtl. Verkleidungen, evtl. iPad als „Kuchenmenü“.
Pädagogische Schwerpunkte	Ziel ist, dass • die Kinder mit dem Handeln auf Grundlage der Spielanleitung vertraut werden, damit sie z. B. verstehen, dass der Bäcker die Kuchen herstellt. • die Repliken mit den Rollen verknüpft sind. • Zugang zu Erfahrungen mit Folgendem geschaffen wird: – anderen Raum zu geben, zu warten, bis man an der Reihe ist, und evtl. Schlange stehen, – Anwendung von Repliken und Antworten auf die Repliken der anderen Kinder.

Spielanleitung für das Spiel „Bäckerei“	
Variationsmöglichkeiten	Das Spiel kann um einen Tisch herum stattfinden, an dem die Kinder sitzen und Kuchen aus Salzteig oder aus Knetmasse herstellen. Die Kinder können abwechselnd im Laden des jeweils anderen einkaufen. Informationen für Erweiterungen finden Sie im Abschnitt *Beschreibung einer Spielanleitung* in Kapitel 2. Vereinfachung: Das Bezahlen kann weggelassen werden.
Ermutigter Spielraum für die Vorstellungskraft und Mitbestimmung	Welche Art von Kuchen/Brot soll gekauft und verkauft werden? Was hat der Bäcker in den Kuchen getan? Schmeckt er gut? Wer soll die Kuchen essen? Z. B: „Haben Sie heute Gäste?“ Wer kommt in das Geschäft hinein? Z. B: „Bist du eine Großmutter?“
Ergänzende Aktivitäten	„Schlange stehen“ spielen und schauen, was für eine lange Schlange man machen kann. Ausflug in eine Bäckerei, in der die Kinder einkaufen. Backen von Brot oder Brötchen. Singen: *Backe backe Kuchen* oder *Wenn wir heute Plätzchen backen* mit Gesten. Dialogisches Lesen: *Kochen und backen mit der Maus* (ZS Verlag)

Zirkus

Zielgruppe: Ab ca. 2½ Jahren
Anzahl der Teilnehmer: Ab 2 aufwärts
Aktivitätsart: Intensive oder offene Aktivität
Physischer Rahmen: Abgeschirmter Bereich mit Platz zum Bewegen, draußen oder drinnen

Beim Spielen von „Zirkus" liegt der Schwerpunkt darauf, dass jemand im Mittelpunkt der Aufmerksamkeit und der Anerkennung der anderen steht. In dieser Spielanleitung wird vorgeschlagen, dass die Kinder (diejenigen, die möchten) sich abwechseln, um im Mittelpunkt zu stehen. Zirkusnummern können außerdem Zusammenarbeit und den erfindungsreichen Einsatz des Körpers umfassen. Im Zirkus ist Platz für viele verschiedene Rollen. Es bietet sich an, dass die Kinder selbst Ideen dafür einbringen, welche Rollen beteiligt sein können. Mehrere Rollen und Teilnehmer können während des Spiels dazukommen, ohne dass dabei notwendigerweise die Handlung und der Aufbau des Spiels unterbrochen werden. Eine Einladung zum Spiel „Zirkus" erfordert meist eine verbale Aufforderung, z. B. mit Vorschlägen dafür, bestimmte Arten von Zirkusartisten darzustellen, oder dafür, dass jemand das Publikum für die Zirkusnummern anderer Kinder spielen soll.

Spielanleitung für das Spiel „Zirkus"	
Rollen	Zirkusartisten, z. B. Zauberkünstler, Clown, Seiltänzer, Jongleur, Akrobat, Schlangenbeschwörer, Kanonenkönig. Zirkustiere, z. B. Pferde, Hunde. Publikum. Evtl. Zirkusdirektor. Evtl. Musiker, die zu den Zirkusnummern spielen. Evtl. Kartenverkäufer. Mehrere Kinder können die gleiche Rolle spielen.
Konzept und Ausgangspunkt für das Spiel	Der Zirkusdirektor präsentiert den/die nächste/n Artisten/in, die Artisten treten auf, und das Publikum bewundert sie, ermutigt sie während der Vorstellung und klatscht, wenn die Nummer zu Ende ist.

Spielanleitung für das Spiel „Zirkus“	
Imaginierte Szenerie	Eine Zirkusmanege
Schlüsselrepliken	Einige Rollen erfordern keine Repliken. Der Zirkusdirektor: „Meine Damen und Herren, jetzt kommt der fantastische Seiltänzer Elvis!“ Artisten: „Hokus pokus/Abrakadabra“, Clownsprache, Kommandos für die Tiere: „Hopp! Sitz! Roll dich herum!“ Publikum: „Bravo! Ooooh! Aaaah! Zugabe!“, klatscht.
Hilfsmittel	Verkleidung, Zauberstab, Seil, Regenschirm, Korb für die Schlange usw. Evtl. Musikinstrumente, Tickets und Digitalkamera.
Pädagogische Schwerpunkte	Ziel ist, dass • die Kinder mit dem Handeln auf Grundlage der Spielanleitung vertraut werden. • die Kinder bereit sind, sich alleine oder zusammen mit anderen in den Mittelpunkt zu stellen. • gute Erfahrungen damit geschaffen werden, mit der Rolle als Publikum umzugehen und wie man anderen Raum lässt und sich gegenseitig bei den Zirkusnummern unterstützt. • ein Rollenwechsel während des Spiels angeboten wird, damit alle (wenn sie dafür bereit sind) unterschiedliche Rollen ausprobieren können oder Zuschauer spielen dürfen. • die Interaktion zwischen den Darstellern und dem Publikum unterstützt wird, z. B. durch Fragen, ob die Zuschauer das Pferd streicheln dürfen.

Spielanleitung für das Spiel „Zirkus"	
Variationsmöglichkeiten	Die Zuschauer fotografieren die Auftretenden. Vereinfachung: • Das Publikum wird weggelassen. Alle Kinder führen zusammen die gleiche Zirkusnummer auf, also sind alle z. B. zuerst Seiltänzer, danach Clowns usw. • Eine kleinere Gruppe von Kindern bereitet zusammen mit einem Erwachsenen eine einzelne Zirkusnummer vor, zu der andere Kinder als Zuschauer eingeladen werden.
Ermutigter Spielraum für die Vorstellungskraft und Mitbestimmung	Welche Artisten gibt es im Zirkus? Welche Zirkusnummer zeigen sie? Welche Hilfsmittel und Repliken verwenden sie? Wie arbeiten sie mit dem Publikum zusammen? Wie zeigt das Publikum seine Begeisterung?
Ergänzende Aktivitäten	Besuch eines Zirkusplatzes. Spielen eines Tanzkreises (siehe ganz hinten im Spieleverzeichnis). Organisation einer Ausstellung oder Erstellung eines Buches mit den Fotos der Auftritte der Kinder. Anschauen *von Tobys traumtoller Zirkus* und *Petterson und Findus – Zirkus* oder von *Peppa Wutz – Peppas Zirkus.* Dialogisches Lesen: *Pippi Langstrumpf geht in den Zirkus* von Astrid Lindgren. *Paddington im Zirkus* von Michael Bond. Kindersachbuch *Alles über den Zirkus* von Peter Nieländer.

Zoo

Zielgruppe: Ab ca. 3½ Jahren
Anzahl der Teilnehmer: Ab 3 aufwärts
Aktivitätsart: Intensive oder evtl. offene Aktivität
Physischer Rahmen: Abgeschirmter Bereich mit ausreichend Platz, draußen oder drinnen

Diese Variante der Spielanleitung erfordert eine gewisse Impulskontrolle bei den Kindern, da die Tiere in den ihnen zugewiesenen Käfigen/Herden/Ställen bleiben müssen, bis der Tierpfleger sie schließlich herauslässt. Es ist naheliegend, dass der Erwachsene am Anfang die Rolle als Tierpfleger übernimmt, evtl. zusammen mit einem Kind.

Wenn der Zoo als offene Aktivität geplant wird, können sich während des Spiels mehrere Kinder spontan dem Spiel anschließen. Dies setzt voraus, dass die Kinder mit der Spielanleitung relativ vertraut sind.

Spielanleitung für das Spiel „Zoo“	
Rollen	Tiere. Ein oder mehrere Tierpfleger, abhängig davon, wie viele Tiere es gibt. Ein oder mehrere Besucher. Evtl. ein Tierarzt.
Konzept und Ausgangspunkt für das Spiel	Die Tiere im Zoo leben in ihren Käfigen/Herden/Umgebungen und bewegen sich in ihrer typischen Weise und machen ihre charakteristischen Geräusche. Die Tierpfleger kommen mit Futter und Wasser und pflegen und versorgen die Tiere. Es kommen Besucher und schauen sich die Tiere an. Evtl. kommt ein Tierarzt, wenn die Tiere krank sind.
Imaginierte Szenerie	Ein Zoo

Spielanleitung für das Spiel „Zoo“	
Schlüsselrepliken	Tierlaute: Löwengebrüll, Kreischen der Affen, Zischen der Schlangen usw. Tierpfleger: „He, Zebra, bist du heute hungrig? Hier gibt es Heu und Futter für dich.“, „He, Schlange, du bekommst ein paar Mäuse.“ Besucher: „Sieh mal, das lustige Tier!“, „Welches Tier bist du?“ Tiere: „Ich bin eine Riesenschlange.“ usw. Tierpfleger: „Pass auf, es beißt!“, „Möchtest du mal ein Kaninchenjunges anfassen?“
Hilfsmittel	Kennzeichnung der Käfige/Herden/Umgebungen der Tiere, z. B. mit Schnüren, Möbeln, Steinen, Stöcken, Kisten. Ein Eimer, Schale, Schüssel/„Futtertrog“ Evtl. eine Mütze für den Tierpfleger Evtl. Tierfiguren
Pädagogische Schwerpunkte	Ziel ist, dass • die Kinder mit dem Handeln nach der Spielanleitung vertraut werden, einschließlich der Unterstützung dadurch, dass dem Tierpfleger die Führung überlassen wird. • die Kinder als bestimmte Tiere erkannt werden. • herausgefunden wird, ob die Kinder genug Ideen haben, wie sie in den Rollen als verschiedene Tiere agieren können. Ihr Wissen über die Tiere und das Leben im Zoo soll erweitert werden. • der Tierpfleger zu Repliken und Handlungen angeregt wird, z. B. auf das Verhalten der Tiere zu reagieren oder den Besuchern die Tiere zu zeigen.

Spielanleitung für das Spiel „Zoo“	
Variationsmöglichkeiten	Erweiterung: • Der Tierpfleger kann Tiere in neue Käfige bringen oder sie einander besuchen lassen, z. B.: „Dein Käfig muss heute sauber gemacht werden, also musst du die Giraffen besuchen.“ • Die Tiere können krank werden, daher muss ein Tierarzt gerufen werden. Der Tierarzt untersucht die Tiere und erklärt, wie sie gesund werden können, z. B. durch Ruhe, Futter, Medikamente, Laufrunden, Purzelbäume. • Ein Tier kann aus seinem Käfig entkommen, wenn der Tierpfleger ihn öffnet. Dann muss der Tierpfleger das Tier mit seinem Lieblingsfutter zurücklocken. • „Zoo“ kann mit Figuren, z. B. Lego® oder Schleich®, gespielt werden, sodass die Kinder mithilfe der Figuren ihre Vorstellungskraft einsetzen (entsprechend dem Spiel „Bauernhof“). Für die jüngeren Kinder kann dies eine gute konkrete Einführung in das Spielen sein. Vereinfachung: • Die Besucher werden weggelassen, sodass es nur Tiere gibt, um die sich der Tierpfleger kümmert. • Der Tierpfleger wird ausgeklammert, sodass die Besucher selbst herumgehen und sich die Tiere anschauen/mit ihnen sprechen.

Spielanleitung für das Spiel „Zoo“	
Ermutigter Spielraum für die Vorstellungskraft und Mitbestimmung	Welches Tier man sein möchte. Was das Tier in seinem Käfig macht, wie das Tier seinem Tierpfleger begegnet, der mit Futter und Wasser kommt. Der Tierpfleger bestimmt, was mit den Tieren passieren soll, was sie zu Fressen bekommen und ob die Besucher sie füttern/streicheln dürfen. Die Besucher bestimmen, welche Tiere sie besuchen möchten, und können dem Tierpfleger und den Tieren Fragen stellen.
Ergänzende Aktivitäten	Ausflug in den Zoo oder in eine Tierhandlung. Zeichnen von Schildern für die Tierkäfige. Dialogisches Lesen: *Coco, der neugierige Affe* von H. A. und Margret Rey. Kindersachbuch *Benny Blu – Zoo, Tiere ganz nah* von Renate Wienbreyer. *Paddington im Zoo* von Michael Bond. Kindersachbuch *Im Zoo* von Andrea Erne u. a.

Ritterturnier

Zielgruppe: Ab ca. 3 Jahren
Anzahl der Teilnehmer: Ab 2 aufwärts
Aktivitätsart: Intensive oder offene Aktivität
Physischer Rahmen: Benötigt viel Platz in einem abgeschirmten Bereich, draußen oder drinnen

Beim Ritterturnier werden durch die Rollen verschiedene Spielpositionen eingeführt. Der König und die Königin sind die Anführer, die die Linie für die Entwicklung des Spiels vorgeben. Die Ritter müssen sich den Befehlen, Aufforderungen und Belohnungen des Königs und der Königin fügen. Das Spiel sieht auch vor, dass die Kinder ihre Wünsche für ihre eigene Rolle den Partizipationsmöglichkeiten der anderen Kinder anpassen. Der oder die Erwachsene kann natürlich beim ersten Mal die Rolle des Königs oder der Königin übernehmen, evtl. zusammen mit einem Kind.

Spielanleitung für das Spiel „Ritterturnier“	
Rollen	Die Ritter. Ein König und/oder eine Königin, die das Turnier leiten. Evtl. Publikum.
Konzept und Ausgangspunkt für das Spiel	Die Ritter zeigen Darbietungen für den König und die Königin und messen sich aus Spaß in verschiedenen Disziplinen, z. B. kämpfen sie darum, einander mit Lanzen vom Pferd zu stoßen, Dosen abzuwerfen oder um die Wette zu reiten. Schließlich vergibt der König/die Königin Preise oder Medaillen an alle Ritter.
Imaginierte Szenerie	Ein offener Platz mit Tribünen für den König/die Königin und evtl. die Zuschauer. Die Vergangenheit/die Ritterzeit.

Spielanleitung für das Spiel „Ritterturnier“	
Schlüsselrepliken	Die Ritter können ohne Repliken teilnehmen. Der König/die Königin: „Jetzt kommen Ritter Anders und Ritter Thea!“, „1–2–3, los!“ Die Ritter: „Komm schon! Ich stoße dich herunter!“, „Jetzt werfe ich alle Dosen um“, „Lauf, Pferd, schneller, wir wollen den Preis gewinnen!“ Der König/die Königin: „Bravo, was sind unsere Ritter doch geschickt!“, „Bitte sehr, tapferer Ritter, hier ist dein Preis!“ Publikum: „Bravo!“, klatscht.
Hilfsmittel	„Pferde“, z. B. Steckenpferde. Helme, Rüstungen, Lanzen, Schwerter, Schilde, evtl. ein „magisches Lichtschwert“, Kronen, Preise. Dosen und Bälle. Evtl. eine Eieruhr, um die Dauer der Darbietungen/Kämpfe anzuzeigen. Es soll angegeben werden, wo das Turnier stattfindet und wo der König/die Königin und mögliche Zuschauer sitzen sollen.
Pädagogische Schwerpunkte	Ziel ist, dass • die Kinder mit dem Handeln nach der Spielanleitung vertraut werden. • Raum für die Darbietungen aller Ritter geschaffen wird. • die Teilnehmer ein Gleichgewicht darin finden, wie sie z. B. mit Lanzen kämpfen, z. B. kann vereinbart werden, dass sich die kämpfenden Ritter gegenseitig nacheinander oder gleichzeitig von den Pferden stoßen. • ein Wechsel der Rollen während des Spiels angeboten wird.

Spielanleitung für das Spiel „Ritterturnier“	
Variationsmöglichkeiten	Erweiterung: • Der König/die Königin befiehlt allen Rittern, z. B. rückwärts zu reiten oder auf einem Bein zu springen. • Wenn mehrere Kinder in das Spiel eingeladen werden sollen, können diese Knappen sein, die noch keine Ritter sind. Der König/die Königin kann sie „zum Ritter schlagen“, indem er/sie ihnen ein Schwert auf die Schulter legt und sagt: „Jetzt bist du ein Ritter.“ Dann sind sie auch im Spiel. • Hinzufügen individueller Darbietungen, bei denen die einzelnen Ritter etwas zeigen können, das sie selbst gewählt und geübt haben. • Einbeziehung eines magischen Lichtschwerts, das der König oder die Königin einem Ritter geben kann. Der Ritter, der das magische Schwert hat, gewinnt immer in den Kämpfen gegen die anderen Ritter. Vereinfachung: • Das Ritterturnier kann aus ausschließlich zwei Rittern bestehen, die sich auf ihren Pferden („Rossen“) gegenüberstehen, einander mit ihren Lanzen von den Pferden stoßen und beide zu Boden fallen.
Ermutigter Spielraum für die Vorstellungskraft und Mitbestimmung	Der König/die Königin: Worum sollen die Ritter kämpfen? Was sind die Preise? Die Ritter: Wie sollen die Ritter heißen? Welche Mimik, Laute und Repliken werden verwendet? Was wollen die Ritter evtl. selbst gerne zeigen?

Spielanleitung für das Spiel „Ritterturnier“	
Ergänzende Aktivitäten	Besuch eines Museums mit Rüstungen, Schilden und vielem mehr. Besuch von Pferden. Basteln einer Ritterausrüstung, von Preisen, Kronen, Steckenpferden. Dialogisches Lesen: *Nicki der Ritter* von Guido Van Genechten. *Der kleine Ritter* von Daniela Römer. Kindersachbuch *Wir entdecken die Ritterburg* von Kyrima Trapp.

Alltagsthemen

Alltagsthemen machen die Struktur der Spiele in dieser Kategorie aus. Die Kinder können sich von ihren Alltagserfahrungen zu diesen Spielen inspirieren lassen, die sich mehr oder weniger gut mit Elementen aus Fantasiewelten kombinieren lassen. Die fantasievolleren Elemente, z. B. aus Märchen oder von bekannten Charakteren aus der Kinderliteratur, beziehen sich auf die durch die reale Sphäre vorgegebene Struktur und die Alltagserfahrungen der Kinder.[46] Die gemeinsamen Spielanleitungen sind so gestaltet, dass die Kinder Verhandlungen über Rollen, Spielpositionen und den Inhalt der Spiele führen können. Durch die Verhandlungen können die Kinder Erfahrungen darin sammeln, wie sie die Entwicklung des Spiels beeinflussen können. Die Spielanleitungen in dieser Kategorie führen daher zu einem Dialog in der Regiesphäre, d. h. in dem Teil des Spiels, der außerhalb der fiktiven Welt stattfindet und in dem die Verhandlungen über die Entwicklung des Spiels stattfinden. Hier können die Kinder von Erwachsenen angeleitete Erfahrungen darin sammeln, zu Wort zu kommen, mit Konflikten umzugehen und Gefühle auf eine sozial akzeptierte Weise auszudrücken. Außerdem können sie Inspirationen dafür bekommen, wie sie sich für das Spiel interessant machen können und wie sie den Ideen anderer Kinder folgen, diese aufgreifen und auf sie reagieren können.

46 Siehe Abschnitt *Aspekte des Spielens* in Kapitel 1 für eine Einführung in die Konzepte der fiktiven Sphäre, Regiesphäre und realen Sphäre.

Die Spielanleitungen in dieser Kategorie unterstützen insbesondere Folgendes:

- das Kombinieren von Fantasie und Realität
- das Verhandeln von Rollen und Handlung
- das Eingehen von Kompromissen.

Eltern und Baby

Zielgruppe: Ab ca. 3 Jahren
Anzahl der Teilnehmer: 2 bis 6
Aktivitätsart: Intensive Aktivität
Physischer Rahmen: Abgeschirmter Bereich, draußen oder drinnen

Die Spielanleitung für „Eltern und Baby" ist eine Variante des Familienspiels.[47] Das Familienspiel enthält Möglichkeiten für viele verschiedene Themen rund um Familienbeziehungen und gemeinsame Handlungen. Die Eigenschaften und Handlungen der Rollen sind nicht vorgegeben. Da das Familienspiel besonders durch die Rollen und ihre Entwicklung bestimmt wird, sind die Verhandlungen über die Rollenverteilung ein naheliegender pädagogischer Schwerpunkt. In „Eltern und Baby" stehen daher die einfallsreichen Beiträge und die Verhandlungen der Kinder über die Handlung und Entwicklung des Spiels im Mittelpunkt.

Aufgrund der Offenheit der Spielanleitung für Verhandlungen sind die Repliken meist als Vorschläge gedacht, die die Art der geeigneten Äußerungen angeben, um eine Interaktion rund um eine fürsorgliche Beziehung herzustellen. Andere Repliken können genauso geeignet sein, und die Beiträge der Kinder sollten eine Grundlage für die Entwicklung weiterer Repliken sein. Man hätte auch andere Themen im Zusammenhang mit der Familie wählen können, z. B. Hochzeiten, Gäste, Großeltern, Schwangerschaft und Geburt, oder die Familie feiert den Ramadan, Weihnachten oder Geburtstag. Die gegenwärtigen Erfahrungen und Interessen der Kindergruppe sollten in die Themenauswahl der Familienspiele einfließen.

47 Wir verwenden die Bezeichnung „Familienspiel" anstelle des verbreiteteren Begriffs Vater-Mutter-Kind. Das Ziel besteht darin, eine Möglichkeit dafür zu eröffnen, dass die Erfahrungen des Kindes mit verschiedenen Familienformen in die Spiele einfließen können. Vgl. Abschnitt über *Interaktionsformen und Spielkultur* in Kapitel 1.

Spielanleitung für das Spiel „Eltern und Baby“	
Rollen	Ein oder mehrere Eltern. Ein oder mehrere Babys.
Konzept und Ausgangspunkt für das Spiel	Die Eltern pflegen ihr(e) Baby(s), die gefüttert werden, denen die Windel gewechselt wird, die getröstet und gekuschelt werden, mit denen gespielt wird und die erzogen werden.
Imaginierte Szenerie	Ein Zuhause.
Schlüsselrepliken	Baby: „Wäääh! Gu-gu-gu/Mam-mam“ (Babysprache). „Will Essen haben! Will Schnuller haben! Will Teddy haben!“ Eltern: „Sooo, so, da hast du einen Schnuller/Kille-kille/Bussi-bussi.“, „Hast du Hunger?/Hier ist das Nuckelfläschchen/Möchtest du Apfelmus?“, „Jetzt bekommst du eine neue Windel/Jetzt machst du Heia/Du bekommst die Bettdecke umgelegt/Ist dir kalt?“ usw.

Spielanleitung für das Spiel „Eltern und Baby“	
Hilfsmittel	Teppich, Matratze, Kissen. Evtl. Babyausstattung wie Schnuller, Nuckelfläschchen, Windel. Babyspielzeug. Löffel und Teller.
Pädagogische Schwerpunkte	Ziel ist, dass • die Kinder mit dem Handeln nach der Spielanleitung vertraut werden. • alle in den einleitenden Verhandlungen über die Rollenverteilung zu Wort kommen. Evtl. die Normen dafür, was eine Familie ist, divers halten, z. B. Offenheit für zwei Mütter, wenn mehrere Kinder die Rolle der Mutter spielen wollen. • sich alle Kinder in ihren Rollen und Spielpositionen zurechtfinden. Das schließt mit ein, dass alle Rollen attraktiv, Spaß machend und spannend gestaltet werden. • die Möglichkeit für einen Rollentausch während des Spiels geboten wird. • für alle deutlich wird, wenn es zu einer Pause für Verhandlungen kommt, z. B.: „Jetzt reden wir darüber, was passieren soll. Was meinst du, sollte die Familie jetzt machen?“ • die Inspiration zu spontanen Repliken und Antworten angeregt wird.

Spielanleitung für das Spiel „Eltern und Baby“	
Variationsmöglichkeiten	Erweiterung: • Die Szenerie kann verändert werden, damit z. B. die Familie einen Ausflug machen kann. • Die Babys können größer und selbständiger werden. • Es kann noch ein Baby hinzukommen, eine Mutter kann schwanger werden und gebären. Vereinfachung: • Lassen Sie die Verhandlungen um die Rollen aus. Die Babys können Puppen sein, sodass jeder ein Elternteil mit einem Baby ist. Dann kann das Spiel auch als paralleles Spiel stattfinden, das kaum Interaktion erfordert.
Ermutigter Spielraum für die Vorstellungskraft und Mitbestimmung	Die Eltern: Was soll das Baby jetzt tun? Was braucht das Baby jetzt? Das Baby: Was kann das Baby alleine? Was mag das Baby gerne? Was sagt das Baby? Die Kinder können Bewegung in die Rollen bringen, z. B. die Rollen wechseln wollen, sodass ein großer Bruder Vater wird. Neue Rollen können eingeführt werden, indem andere Kinder in das Spiel eingeladen werden, z. B.: „Wäre es gut, wenn das Baby eine große Schwester hätte?“
Ergänzende Aktivitäten	Besuch einer Familie mit einem Baby oder bei „den Kleinen“ in der Krippe. Anschauen von *Peppa Wutz – Baby Alexander.* Dialogisches Lesen: *Leonie bekommt ein Geschwisterchen* von Sandra Grimm. Kindersachbuch *Unser Baby* von Angela Weinhold. *Karins kleiner Bruder* von Gunilla Wolde.

Arzt und Krankenhaus

Zielgruppe: Ab ca. 3½ Jahren
Anzahl der Teilnehmer: 3 bis 6
Aktivitätsart: Intensive Aktivität
Physischer Rahmen: Abgeschirmter Bereich, draußen oder drinnen

Die Spielanleitung für „Arzt und Krankenhaus“ sieht vor, dass die eigenen Erfahrungen der Kinder mit Arztbesuchen und Krankheiten in das Spiel einfließen können. Das Spiel setzt deshalb voraus, dass die Kinder über gewisse Kenntnisse darüber verfügen, was ein Arzt tut, kann und verwendet. Möglicherweise kann es erforderlich sein, den Bedarf nach zusätzlichen Aktivitäten im Voraus zu berücksichtigen. Die Rollen sind klar definiert, und nach ihrer Verteilung nicht mehr verhandelbar. Die Handlung des Spiels, die Krankheiten der Patienten, die Dauer der Erkrankungen und der Behandlungsbedarf dagegen können selbstverständlich ständig verhandelbar sein. Die Rolle des Arztes beinhaltet eine führende Position im Spiel. Der Erwachsene kann evtl. zu Beginn diese Rolle gemeinsam mit einem Kind übernehmen, damit das Kind Anregungen bekommt.

Spielanleitung für das Spiel „Arzt und Krankenhaus“	
Rollen	Arzt (evtl. unterstützt durch den Erwachsenen). Ein oder mehrere Patienten.
Konzept und Ausgangspunkt für das Spiel	Ein paar kranke Menschen rufen den Arzt, der kommt, eine Untersuchung durchführt und entscheidet, ob der Patient ins Krankenhaus muss oder Zuhause bleiben kann.
Imaginierte Szenerie	Im Spiel gibt es eine wechselnde Szenerie: Zu Hause und im Krankenhaus.
Schlüsselrepliken	Patient: „Hallo, ich bin krank geworden/Mein Baby ist krank.“ Arzt: „Ich komme sofort!“, „Lassen Sie mich Ihre Ohren untersuchen/Öffnen Sie den Mund/Ich höre den Bauch und die Lungen ab/Hier bekommen Sie Medizin.“, „Sie müssen ins Krankenhaus/Jetzt kommt der Krankenwagen/Jetzt werden Sie operiert/betäubt.“ usw.

Spielanleitung für das Spiel „Arzt und Krankenhaus“	
Hilfsmittel	Arztausrüstung wie Stethoskop, Verbände, Thermometer. „Telefone“. Evtl. Matratze, Decke, Kissen. Evtl. „Operationstisch“.
Pädagogische Schwerpunkte	Ziel ist, dass • die Kinder mit dem Handeln nach der Spielanleitung vertraut werden. • Ideen für Repliken und die Interaktion der Kinder auf Grundlage der Rollen unterstützt werden. Erweiterung des Wissens über Ärzte und Krankenhäuser. • für alle deutlich wird, wann es zu einer Pause für Verhandlungen kommt, z. B. über die Art und den Verlauf der Krankheit. • sichergestellt wird, dass alle zu Wort kommen und angehört werden. • die Beiträge der Kinder zur Entwicklung des Spiels unterstützt werden und dass sie dazu ermutigt werden, die Ideen der jeweils anderen aufzugreifen.
Variationsmöglichkeiten	Erweiterung: • Wenn das Spiel im Krankenhaus stattfinden, können die Patienten Besuch bekommen, z. B. kann die Mutter des Patienten mit Blumen und Schokolade kommen. • Die Kinder können sich gegenseitig auf einer „Trage“, z. B. einer Decke, ins Krankenhaus tragen. Vereinfachung: • Lassen Sie den ersten Teil mit dem Anrufen aus und beginnen Sie direkt mit dem kranken Patienten, der von einem Arzt untersucht wird. Klammern Sie das Krankenhaus/den Krankenwagen aus.

Spielanleitung für das Spiel „Arzt und Krankenhaus“	
Ermutigter Spielraum für die Vorstellungskraft und Mitbestimmung	Patienten: Was hat der Patient? Wo tut es weh? Arzt: Was fehlt dem Patienten? Ist der Patient sehr krank? Wie kann der Patient gesund werden? Dauert das lange? Muss der Patient operiert werden/ ins Krankenhaus eingewiesen werden/ Medizin bekommen? Wann ist der Patient gesund? Wer soll den Patienten im Krankenhaus besuchen?
Ergänzende Aktivitäten	Die Kinder können sich gegenseitig von ihren Krankheitserfahrungen erzählen. Der Film *Petzi und Doktor Flora* dient zur Ansicht. Dialogisches Lesen: *Bald bin ich wieder* gesund von Doris Rübel. *Paddington ist krank* von Michael Bond. *Nicky geht zum Arzt* von Richard Scurry.

Ausflug

Zielgruppe: Ab ca. 3½ Jahren
Anzahl der Teilnehmer: 3 bis 8
Aktivitätsart: Intensive Aktivität
Physischer Rahmen: Draußen oder Drinnen

In dieser Spielanleitung bestimmen die Rollen das Thema des Spiels. Das Spiel kann z. B. als Variante des Familienspiels angelegt oder mit Inspirationen aus Märchen oder anderen Fantasiewelten ausgestaltet werden. Der Ausflug kann mit anderen Spielanleitungen, z. B. mit „Eltern und Baby“, „Geburtstag“ oder einem Märchen, kombiniert werden. Neben den Verhandlungen darüber, welche Rollen enthalten sein sollen, ermöglicht die Spielanleitung auch Klärung über die Handlung des Spiels, z. B. darüber, was die Teilnehmer des Ausflugs machen sollen, wenn sie fertig damit sind, auf der Decke zu sitzen und zu essen. Die Offenheit der Spielanleitung lässt der Vorstellungskraft einen großen Spielraum und weist dem Erzieher eine zentrale Rolle bei der Anleitung des Kindes zwischen Fiktion und Regiesphäre zu wechseln.[48]

Eine klare Art und Weise, andere Kinder zum Spielen des Ausflugs einzuladen, besteht darin, eine Decke auf dem Boden auszubreiten und damit zu beginnen, sie mit dem Geschirr zu decken.

Spielanleitung für das Spiel „Der Ausflug“	
Rollen	Werden von den Kindern ausgewählt, z. B. Familienmitglieder, Freunde oder Fantasiefiguren wie *Schneewittchen und die sieben Zwerge*, Charaktere aus *Pippi Langstrumpf*, Monster, Hexen, Einhörner.
Konzept und Ausgangspunkt für das Spiel	Die Teilnehmer machen ein Picknick mit einer Decke und einem Proviantkorb. Sie sitzen auf der Decke und essen. Danach besprechen sie, ob sie spielen/sich ausruhen/singen/im Wald spazieren gehen wollen.
Imaginierte Szenerie	Eine Lichtung in einem Wald.
Schlüsselrepliken	„Wo wollen wir sitzen?/Hier scheint die Sonne/Komm, wir breiten die Decke auf dem Gras aus/Hier sind Teller und Gläser.“ „Was ist im Korb?/Möchtest du probieren?/Ich möchte gerne essen/trinken/probieren .../Sieh, hier ist ein Kuchen/ein Würstchen im Schlafrock/Erdbeeren.“ usw.
Hilfsmittel	Decke Korb (evtl. Kiste oder Tasche). Geschirr, „Essen“. Evtl. Digitalkamera

48 Das Fantasiespiel wird in drei verschiedenen Sphären gespielt: in der realen Sphäre, der Regiesphäre und der fiktiven Sphäre. Siehe Kapitel 1 für eine Übersicht.

Spielanleitung für das Spiel „Der Ausflug“	
Pädagogische Schwerpunkte	Ziel ist, dass • die Kinder mit dem Handeln nach der Spielanleitung vertraut werden. • geprüft wird, ob die Kinder bereit sind, offen über die Rollen zu verhandeln. Bei Bedarf Vereinfachung des Vorgangs durch Bereitstellen von 2 bis 3 Optionen. • das Thema fortlaufend beibehalten wird, das durch die gewählten Rollen festgelegt wurde. • das Spiel nacheinander mit mehreren verschiedenen Themen ausprobiert werden kann. • Inspiration zu Repliken und Handeln auf Grundlage der Rollen geboten wird.
Variationsmöglichkeiten	Erweiterung: • Hervorheben des Fokus auf den Wald, indem über die Natur und die Tiere in der Umgebung gesprochen wird, z. B.: „Sollen wir Blumen pflücken/Kastanien suchen?“, „Schau, ein Reh!“ • Hinzufügen von Tierrollen, z. B. ein Eichhörnchen, das angesprungen kommt, oder ein Fuchs, der das Essen stiehlt. • Der Wald kann ein Dschungel sein, in dem andere Tiere als in heimischen Wäldern leben. • Die Kinder können ihre Erlebnisse während des Ausflugs fotografieren. Vereinfachung: • Der Erzieher kann ein Thema für den Ausflug vorgeben, sodass die Verhandlungen über die Rollen weggelassen werden, z. B. einen Hexenausflug mit Hexenessen wie Kröten, Fledermausflügeln und Spinnennetzen organisieren.

Spielanleitung für das Spiel „Der Ausflug“	
Ermutigter Spielraum für die Vorstellungskraft und Mitbestimmung	Wer kommt mit auf den Ausflug? Was haben wir im Proviantkorb? Was sollen wir machen, nachdem wir gegessen haben? Was sehen wir im Wald? Treffen wir jemanden?
Ergänzende Aktivitäten	Ein richtiger Ausflug mit Picknick auf dem Spielplatz oder im Park. Erstellen einer Ausstellung oder eines Buches mit den Fotos und Geschichten der Kinder über den Ausflug. Singen von *In dem Walde steht ein Haus.* Dialogisches Lesen: *Mein erstes Buch vom Meer* (arsedition) *Mein Wimmelbuch: Hier in den Bergen* von Ali Mitgutsch *Der kleine Drache Kokusnuss reist um die Welt* von Ingo Siegner

Bob der Baumeister hat Geburtstag

Zielgruppe: Ab ca. 3 Jahren
Anzahl der Teilnehmer: 3 bis 6
Aktivitätsart: Intensive Aktivität
Physischer Rahmen: Abgeschirmter, ungestörter Bereich, draußen oder drinnen

Diese Spielanleitung wurde mit dem Ziel gestaltet, den Kindern Erfahrungen mit dem Geburtstag als kulturelles Narrativ zu vermitteln, damit sie ein gemeinsames Verständnis dafür erlangen, wie viele Menschen ihren Geburtstag feiern. Gleichzeitig führt diese Version des Geburtstagsspiels die Kinder an die Figuren von *Bob der Baumeister* heran. Wir haben diese Variante gewählt, weil die fiktive Welt rund um die Charaktere aus den Büchern von *Bob dem Baumeister* es den Kindern erleichtern kann, sich gegenseitig Raum für die Rolle des Geburtstagskindes zu geben. Die Vorstellung, zu Gast auf Bobs Geburtstag zu sein, kann an sich bereits attraktiv sein. Möglicherweise kann der Erwachsene zu Beginn die Rolle von Bob übernehmen.

Die Einführung klassischer Figuren aus der Kinderliteratur und dem Kinderfilm kann ein gesonderter pädagogischer Zweck der gemeinsamen Spielanleitungen sein, siehe Kategorie *Märchen und klassische Figuren* weiter unten im Spieleverzeichnis.

Spielanleitung für das Spiel „Geburtstag von Bob dem Baumeister“	
Rollen	Geburtstagskind: *Bob der Baumeister*. Gäste: Wendy, Leo, Baggi, Buddel, Heppo.
Konzept und Ausgangspunkt für das Spiel	Bob hat Geburtstag und wartet in seinem Haus auf seine Freunde. Bobs Freunde besuchen ihn mit Geschenken. Bob bietet den Gästen Hefeteilchen, Torte und Kakao an. Die Gäste singen Geburtstagslieder für ihn.
Imaginierte Szenerie	Bobs Haus.
Schlüsselrepliken	Die Gäste können ohne Repliken teilnehmen. Bob: „Hallo Wendy, meine liebste Kollegin!“, „Komm rein, Heppo, du darfst auf meinem besten Stuhl sitzen!“, Die Gäste: „Herzlichen Glückwunsch“, Bob: „Daaanke! Ich habe für euch Hefeteilchen und Kakao gemacht.“, Gäste: „Danke, Bob! Mmh.“

Spielanleitung für das Spiel „Geburtstag von Bob dem Baumeister“	
Hilfsmittel	Evtl. Kostüme für Alle Beteiligten, Geschenke. Evtl. Kissen zum Sitzen,Teller.
Pädagogische Schwerpunkte	Ziel ist, dass • die Kinder mit dem Handeln nach der Spielanleitung vertraut werden. • die Kinder bei der Verteilung/dem Aushandeln der Rollen angeleitet werden und dass jeder angehört wird. • die Kinder offen für einen Rollentausch während des Spiels sind. • das Verständnis der Kinder für das Konzept Geburtstag erweitert wird, z. B.: „Wie alt bist du jetzt, Bob?“, „Bob soll heute verwöhnt werden.“ • die Kinder dazu aufgefordert werden, Repliken zu verwenden, z. B.: „Magst du lieber Torte oder Hefeteilchen, Wendy?“ • Verknüpfungen zwischen den Handlungen der Kinder und dem Geburtstagsthema geschaffen werden, z. B.: „Wie schön, dass Bob seinen Geburtstag zusammen mit uns feiern möchte, weil wir seine Freunde sind.“ • sichergestellt wird, dass jeder eine Reaktion auf seine Handlungen erhält, z. B. durch das Überreichen von Geschenken/Anbieten von Hefeteilchen.
Variationsmöglichkeiten	• Bob kann die Gäste dazu einladen, Musik zu hören und zu tanzen. • Als Abwechslung können die Kinder Geburtstag haben anstatt Bob. Bob kann evtl. einer der Gäste sein. • Die Geburtstagstradition kann im Spiel auf eine andere Weise gefeiert werden, z. B. mit Inspiration durch die Art und Weise, wie die Familien in der Einrichtung Geburtstag feiern, oder mit Inspiration durch verschiedene Kulturen, Gemeinschaften und Traditionen.

Spielanleitung für das Spiel „Geburtstag von Bob dem Baumeister“	
Ermutigter Spielraum für die Vorstellungskraft und Mitbestimmung	Bob: Wie alt wird Bob? Wo sollen die Gäste sitzen? Was bekommen sie zu essen? Was möchte Bob zusammen mit seinen Gästen machen? Welches Geburtstagslied soll gesungen werden? Die Gäste: Wer kommt zu Besuch? Wie alt sind die Gäste? Welche Geschenke bekommt Bob?
Ergänzende Aktivitäten	Anschauen von *Paddington. Der kleine Bär hat Geburtstag* von Michael Bond. Singen verschiedener Geburtstagslieder. Dialogisches Lesen: *Petzi hat Geburtstag* von Vilhelm Hansen und Carla Hansen. *Conni hat Geburtstag* von Liane Schneider.

Eisenbahn

Zielgruppe: Ab ca. 3 Jahren
Anzahl der Teilnehmer: 2 bis 4
Aktivitätsart: Intensive Aktivität
Physischer Rahmen: Ungestörter abgegrenzter Bereich mit Platz auf dem Fußboden drinnen.

Bei der Eisenbahn tritt ein besonderer Aspekt des gemeinsamen Fantasiespiels in den Vordergrund, nämlich der Teil, in dem es darum geht, eine gemeinsame fiktive Welt aufzubauen. Diese Spielanleitung umfasst Spielzeug zum Bauen, und die fiktive Welt wird gleichzeitig zu einem konkreten Bauprojekt, das die Kinder verhandeln, in dem sie zusammenarbeiten und über das sie diskutieren können. Die Rolle des Erwachsenen besteht besonders darin, das Spiel zu einem gemeinsamen Projekt zu gestalten und den Dialog über die fiktive Welt aufrechtzuerhalten.

Spielanleitung für das Spiel „Eisenbahn“	
Rollen	Die Rollen stehen nicht im Mittelpunkt. Das Bauprojekt steht im Mittelpunkt. Möglicherweise können die Rollen auf einen Lokführer oder Gleisbauer verteilt werden, aber viele Kinder finden es am interessantesten, wenn sie zwischen beiden Rollen wechseln können, z. B. indem sie Figuren oder Fahrzeuge einbeziehen, die Handlungen ausführen.
Konzept und Ausgangspunkt für das Spiel	Eine Eisenbahn durch eine Landschaft zu bauen, in der Züge fahren und Güter und Passagiere befördern können.
Imaginierte Szenerie	Eine Landschaft, durch die eine Eisenbahnstrecke führt. Möglicherweise kann ein Thema für die Zugfahrt gewählt werden, z. B. Afrika oder China.
Schlüsselrepliken	Aussagen darüber, durch welche Landschaften die Eisenbahn fährt, z. B.: „Hier ist ein hoher Hügel/ein dunkler Tunnel/ein Dschungel.“, wo die Züge hinfahren, z. B. nach Frankreich, Holland, Dänemark, wen oder was sie geladen haben, z. B. Kohle, Bananen, Feenstaub. Viele Repliken werden sich in der Regiesphäre befinden und sich auf die Verhandlungen darüber beziehen, wie die Eisenbahnstrecke gebaut werden soll, z. B.: „Hier soll die Weiche hin/Der Bahnhof soll hier sein.“
Hilfsmittel	Gleise, Züge. Evtl. Häuser, Bäume, Figuren. Evtl. „Fracht“, z. B. Stöcke, Klötzchen, Tierfiguren.

Schule

Zielgruppe: Ab ca. $3\frac{1}{2}$ Jahren
Anzahl der Teilnehmer: Ab 2 aufwärts
Aktivitätsart: Intensive Aktivität
Physischer Rahmen: Abgeschirmter Bereich, drinnen oder draußen

Im Kindergarten wird häufig darüber gesprochen, was Schule ist. Durch das Spielen von „Schule“ können die Kinder Vorstellungen über die Schule austauschen. Sie können erste Einblicke erhalten, was man in der Schule machen kann und womit sich die älteren Kinder während ihrer letzten Zeit im Kindergarten beschäftigen. Außerdem lernen sie die Rollen der Lehrer und Schüler kennen. Dies ist nicht nur für die älteren Kinder wichtig. Alle Kinder interessieren sich möglicherweise dafür, was sie in der Zukunft erwartet. Einige Kinder zeigen früh Interesse für Zahlen und Buchstaben, dem die Erzieher durch das Spielen von „Schule“ entgegenkommen können. Durch das Spiel können die Kinder u. a. Erfahrungen damit sammeln, im Mittelpunkt zu stehen, anderen Aufmerksamkeit zu schenken und zusammenzuarbeiten.

Spielanleitung für das Spiel „Schule“	
Rollen	Ein Lehrer. Ein oder mehrere Schüler.
Konzept und Ausgangspunkt für das Spiel	Der Lehrer unterrichtet die Schüler, die versuchen, dem Lehrer zu gehorchen. Der Lehrer sagt, was zu tun ist und klingelt mit einer Glocke, wenn Pause ist und wenn die Pause oder der Schultag vorbei sind.
Imaginierte Szenerie	Ein Klassenzimmer in einer Schule.
Schlüsselrepliken	Lehrer: „Jetzt werden wir zeichnen/rechnen/schreiben/eine Geschichte hören/lesen/singen/turnen.“, „Das war gut!“, „Ding, ding! Jetzt ist Pause/jetzt haben wir frei!“ Schüler: „Helfen Sie mir?/Lehrer, sehen Sie, was ich gemacht habe!/Was frisst ein Elefant?“
Hilfsmittel	Tafel und Kreide oder Papier/Hefte und Bleistifte. Eine Brille für den Lehrer. „Schultaschen“ und „Pausenbrote“. Evtl. Stuhl und ein Tisch.

Spielanleitung für das Spiel „Schule“	
Pädagogische Schwerpunkte	Ziel ist, dass • die Kinder mit dem Handeln nach der Spielanleitung vertraut werden, einschließlich dass die Kinder dem Lehrer die Führung überlassen können. • die Kinder ihre Vorstellungen darüber austauschen, was in der Schule getan werden kann, einschließlich dessen, was in den Pausen gemacht wird. • es ein Gleichgewicht zwischen dem Einfluss der „Schüler“ auf die Entwicklung des Spiels und der Position des Lehrers als Anführer gibt. Alle müssen angehört werden, aber es steht nicht alles zur Verhandlung. • der gemeinsame Fokus beibehalten wird: Was sagt der Lehrer? • alle, die dies möchten, die Rolle des Lehrers ausprobieren können. • allen klar wird, wann Verhandlungen in der Regiesphäre stattfinden, z. B. darüber, was der Unterricht beinhalten soll oder wann Pause sein soll. • die Kinder lernen Kompromisse zu machen.
Variationsmöglichkeiten	• Die Schüler können müde sein und Blödsinn machen, z. B. können sie einschlafen, sodass der Lehrer sie wecken muss. • Der Lehrer kann die Schüler selbst bestimmen lassen, was sie beispielsweise zeichnen wollen, oder die Schüler können dazu aufgefordert werden, dem Lehrer Fragen zu stellen, z. B.: „Was frisst ein Hund?/Wo leben Giraffen?“ • Der Lehrer kann den Schülern Fragen über Tiere stellen, z. B.: „Wie viele Beine hat ein Kamel?“ • Die Schüler sollen die Hände heben, wenn sie etwas sagen möchten. Der Lehrer bestimmt, wer wann etwas sagen darf.

Spielanleitung für das Spiel „Schule“	
Ermutigter Spielraum für die Vorstellungskraft und Mitbestimmung	Was bestimmt der Lehrer, was die Schüler tun sollen? Worüber möchten die Schüler gerne etwas lernen? Was machen die Schüler in den Pausen? Was ist auf den Pausenbroten?
Ergänzende Aktivitäten	Besuch einer örtlichen Schule. Anschauen von *Lauras Stern – Der Schnuppertag*. Lösen von Vorschulaufgaben z. B. aus dem *LernSpiel-Zwerge-Übungsblock. Schreibspiele und Schwungübungen für die Vorschule*. Versuchen, den eigenen Namen zu schreiben und wie alt man ist. Spielen des *Hexenspiels* und *Alle meine Küken* (siehe ganz hinten im Spieleverzeichnis). Dialogisches Lesen: *Mein allerschönstes Buch von der Schule* von Richard Scarry. *Pippi geht zur Schule* von Astrid Lindgren. *Halfdans ABC* von Halfdan Rasmussen. *Ich kann zählen* von Richard Scarry.

Märchen und klassische Figuren

Die Spielanleitungen in dieser Kategorie sind so konzipiert, dass sie den Kindern körperliche Erfahrungen mit bekannten Märchenwelten und den Eigenschaften klassischer Charaktere vermitteln. Dies ist eine Voraussetzung dafür, dass die Kinder die Charaktere wiedererkennen können und zu Spielen rund um Märchen eingeladen werden und an diesen teilnehmen können. Den Kindern müssen die Märchen/Charaktere im Voraus vorgestellt werden, z. B. durch Kinderliteratur und Filme.

Wenn die Kinder Erfahrungen mit der Verwendung der Repliken der Charaktere und dem Eintauchen in die Rollen haben, wird ihr Sprachverständnis, ihre Aussprache und ihr Verständnis der klassischen Erzählungen unterstützt. Dialogisches Lesen kann diese kommunikative Erfahrungsbildung weiter unterstützen.

Die Rollen in den Märchen eignen sich dafür in verschiedene Gefühlswelten einzutauchen (z. B. der gute Prinz als Held, der die Prinzessin rettet, die böse Stiefmutter, die gute, liebevolle Fee). Die Spielanleitungen schaffen somit einen guten Rahmen für das Ausprobieren körperlicher und verbaler Ausdrucksformen und zum Sammeln von Erfahrungen damit, wie die Ausdrucksformen von den anderen aufgenommen werden. In den Märchen hingegen liegt der Schwerpunkt nicht so sehr auf der Entwicklung der Handlung des Spiels, da sowohl die Rollen als auch die Handlung im Voraus festgelegt werden. Alle Kinder sollten Zugang dazu haben, alle Rollen und Ausdrucksformen auszuprobieren. Die Spiele auf Grundlage von Märchen und Fantasiefiguren schaffen insbesondere die Gelegenheit für Folgendes:

- das Ausprobieren verschiedener Rollen und Gefühlsausdrücke.
- das Erleben des Unterschieds zwischen Fantasie und Wirklichkeit. Im Spiel dürfen die Trolle und Hexen gerne böse und gefährlich sein.
- der ausgeglichene Umgang mit Gefühlsausdrücken in angemessener Weise.

Der Wolf und die sieben Geißlein

Zielgruppe: Ab ca. 3 Jahren
Anzahl der Teilnehmer: 4 bis 8
Aktivitätsart: Intensive Aktivität
Physischer Rahmen: Drinnen oder draußen mit Platz, um ein wenig herumzulaufen

In dieser Spielanleitung sind die Handlung und die Rollen stark an die Repliken gebunden. Daher sind die Rollen recht eng definiert. Im Spielumfeld geht es darum, wie die Kinder die Repliken äußern und welche Körpersprache sie benutzen. Die Kinder müssen mit dem Märchen *Der Wolf und die sieben Geißlein* vertraut sein, bevor sie zur Teilnahme an den Spielaktivitäten rund um die Spielanleitung eingeladen werden.

Spielanleitung für das Spiel „Der Wolf und die sieben Geißlein“	
Rollen	Sieben Geißlein. Ein Wolf. Evtl. ein Erzähler.
Konzept und Ausgangspunkt für das Spiel	Eine Ziege lebt mit ihren sieben Geißlein im Wald. Bevor sie losgeht, um Erledigungen zu machen, erinnert sie ihre Kinder daran, niemand Fremden die Tür zu öffnen. Schon nach kurzer Zeit schleicht sich ein Wolf heran und klopft an die Tür der Geißlein und gibt sich als deren Mutter aus. Die Kinder erkennen den bösen Wolf jedoch sofort an seiner Stimme. Er versucht es ein zweites Mal mit einer helleren Stimme (durch das Fressen von Kreide), doch auch auf diesen Trick fallen die Kinder nicht herein, da die schwarzen Füße vom Wolf zu sehen sind. Nachdem er sich auch diese weiß gefärbt hat, halten die Geißlein den Wolf für ihre echt Mutter, öffnen ihm die Tür und der Wolf verschlingt sechs der Geißlein. Nur eines kann sich in der Standuhr verstecken, während sich der Wolf draußen auf die Wiese legt und schläft. Als die Mutter nach Hause kommt, erzählt das siebte Geißlein von den Geschehnissen. Die Mutter öffnet den Bauch des Wolfs, um ihre Kinder zu retten, füllt ihn heimlich mit dicken Steinen und näht ihn wieder zu. So taumelt der Wolf schlaftrunken in einen Brunnen und stirbt.
Imaginierte Szenerie	Haus der Geißlein mit einer Wiese und einem Brunnen im Garten

Spielanleitung für das Spiel „Der Wolf und die sieben Geißlein“	
Schlüsselrepliken	Der Wolf: „Klopf, klopf. Macht auf, ihr lieben Kinder, eure Mutter ist da und hat jedem von euch etwas mitgebracht!“ Die Geißlein: „Wir machen nicht auf. Du bist unsere Mutter nicht, die hat eine feine und liebliche Stimme; aber deine Stimme ist rau, du bist der Wolf!“, „Wir machen nicht auf, unsere Mutter hat keinen schwarzen Fuß wie du; du bist der Wolf.“, „Zeig’ uns erst deine Pfote, damit wir wissen, dass du unser liebes Mütterchen bist.“
Hilfsmittel	Ein Brett, mit dem das Klopfen an die Tür dargestellt werden kann, ein Nest aus Wolldecken, die den Brunnen symbolisieren
Pädagogische Schwerpunkte	Ziel ist, dass • die Kinder mit dem Handeln nach der Spielanleitung vertraut werden. • die Handlung in Übereinstimmung mit der Handlung des Märchens durchgeführt wird. • die Kinder dazu aufgefordert werden, Rollen sowohl als die Geißlein als auch als Wolf, d. h. Rollen mit unterschiedlichen emotionalen Ausdrücken, auszuprobieren.
Variationsmöglichkeiten	Erweiterung: • Erweiterung der Repliken durch Inspirationen aus einem der Bücher, die unter dem Punkt „Ergänzende Aktivitäten“ empfohlen werden. Vereinfachung: • Einbeziehung einer Erzählerrolle, damit das Spiel nicht davon abhängig ist, ob die Kinder ihre Repliken aufsagen können. • Alle spielen zusammen mit dem Erwachsenen die gleiche Figur, damit die Kinder die Möglichkeit zur Imitation bekommen und durch die Handlung geleitet werden können.

Spielanleitung für das Spiel „Der Wolf und die sieben Geißlein“	
Ermutigter Spielraum für die Vorstellungskraft und Mitbestimmung	Erstellen eigener Interpretationen von Repliken und Handlungen. Wählen von Sprache, Mimik und Körpersprache, um Gefühle und Stimmungen auszudrücken.
Ergänzende Aktivitäten	Besuch von Ziegen in einem Zoo oder auf einem Bauernhof. Ausflug zu einer örtlichen Brücke über einen Wasserlauf. Dialogisches Lesen: *Zilli, Billi und Willi* von Elizabeth Shaw.

Hänsel und Gretel 1

Zielgruppe: Ab ca. 2 Jahren
Anzahl der Teilnehmer: Ab 2 aufwärts
Aktivitätsart: Intensive oder offene Aktivität
Physischer Rahmen: Markierter Bereich, drinnen oder draußen

Wir haben zwei Varianten von Hänsel und Gretel erstellt, um zu zeigen, wie sich eine gemeinsame Spielanleitung an verschiedene Altersgruppen richten kann. Das Ziel beider Spielanleitungen ist, die Kinder auf eine erlebnisorientierte Weise an das Märchen heranzuführen. Die Kinder sollten im Voraus mit dem Märchen vertraut sein, z. B. durch das Vorlesen von Bilderbüchern, damit sie eine Vorstellung davon haben, wie ein Lebkuchenhaus aussieht. In dieser ersten und einfachsten Variante ist die Handlung auf eine einzige abgegrenzte Szenerie beschränkt: Die Kinder treffen auf das Lebkuchenhaus im Wald. Für die jüngsten Kinder ist es eine tolle Einführung in das Märchen, dass sie etwas Zentrales in der Erzählung, hier das Lebkuchenhaus, mit dem Titel des Märchens verbinden können.

Spielanleitung für das Spiel „Hänsel und Gretel 1“	
Rollen	Hänsel und Gretel. Eine Hexe. Evtl. Zuschauer. Evtl. können sich mehrere Kinder eine Rolle teilen.
Konzept und Ausgangspunkt für das Spiel	Hänsel und Gretel finden ein Lebkuchenhaus im Wald, essen davon und sprechen darüber, was sie essen und was ihnen am besten schmeckt. Plötzlich kommt eine Hexe aus dem Haus und schreit, sodass die Kinder weglaufen.
Imaginierte Szenerie	Ein Lebkuchenhaus in einem Wald.
Schlüsselrepliken	Hänsel und Gretel: „Sieh mal, ein Haus aus Lebkuchen und Süßigkeiten!“, „Mmh. Ich esse einen Lutscher/einen Lebkuchen/Schokolade.“ Die Hexe: „Buuuh! Esst ihr mein Haus? Macht euch davon! Ich komme und fange euch!“
Hilfsmittel	Ein „Haus“, z. B. eine Decke über einem Tisch oder ein Spielhaus. Verkleidung für die Hexe, z. B. ein Hut und ein Stock.
Pädagogische Schwerpunkte	Ziel ist, dass • die Kinder versuchen, nach dem Spielmanuskript zu handeln. • die Rollen durch eine anhaltende Benennung klar gemacht werden, z. B.: „Schmeckt es gut, Hänsel?/Was isst du gerade, Gretel?“, „Hilfe, eine Hexe, lauf!“ • die imaginierte Szenerie des Märchens ständig diskutiert wird, z. B.: „Schau, da ist ein Lebkuchenhaus, was für viele leckere Sachen.“ • vorgegeben wird, wann die Hexe herauskommen soll, z. B.: „Wer mag wohl in diesem Haus wohnen? Ob da wohl jemand zu Hause ist?“

Spielanleitung für das Spiel „Hänsel und Gretel 1“	
Variationsmöglichkeiten	• Das Spiel kann so organisiert werden, dass drei Kinder abwechselnd mitspielen, während die anderen Zuschauer sind. Das Beobachten der Art und Weise, in der die anderen Kinder ihre Rollen spielen, kann die Kinder mit der Handlung vertrauter machen. • Die Hexe könnte sich auch als nette Hexe herausstellen, die Hänsel und Gretel erlaubt, von ihrem Haus zu essen. Erweiterung: • Die Handlung kann als Fangen-Spiel durchgeführt werden, wenn die Hexe auftaucht. Sie versucht dann, Hänsel und Gretel zu fangen – vielleicht, um sie zu essen. • Siehe auch Spielanleitung für Hänsel und Gretel 2.
Ermutigter Spielraum für die Vorstellungskraft und Mitbestimmung	Woraus besteht das Lebkuchenhaus? Was essen Hänsel und Gretel vom Lebkuchenhaus? Was mögen sie am liebsten? Wann und wie kommt die Hexe aus ihrem Haus raus? Z. B. schleichend, laufend, hüpfend. Was ruft die Hexe Hänsel und Gretel zu? Die Hexe kann zwischen einer netten und bösen Hexe wechseln, sodass das Spiel ein Überraschungsmoment enthält. (Im Märchen wirkt die Hexe abwechselnd nett und böse).
Ergänzende Aktivitäten	Echte Lebkuchen backen und essen. Singen von *Hänsel und Gretel*. Dialogisches Lesen: *Hänsel und Gretel* von Svenja Nick und Felicitas Kuhn.

Hänsel und Gretel 2

Zielgruppe: Ab ca. 4 Jahren
Anzahl der Teilnehmer: 3 bis 7
Aktivitätsart: Intensive Aktivität
Physischer Rahmen: Ungestörter Bereich, drinnen oder draußen

Das Spiel vermittelt den Kindern Erfahrungen mit der bösen Hexe als klassische kulturelle Figur. Die Rolle als Hexe ist in einem großen Teil des Spiels führend und enthält viele Repliken. Es bietet sich an, dass beim ersten Mal, bei dem die Kinder am Spiel teilnehmen, der Erwachsene diese Rolle übernimmt. Es kann ggf. zwei Hexen geben, damit der Erwachsene die Rolle mit einem Kind teilen kann. Es ist nicht unbedingt erforderlich, dass alle Repliken verwendet werden. Das Spiel sollte nicht den Charakter eines Theaterstücks haben. Teile der Handlung können ohne Repliken durchgeführt werden, und mehrere Repliken können im Laufe der Zeit eingeführt werden.

Spielanleitung für das Spiel „Hänsel und Gretel 2"	
Rollen	Hänsel (weniger im Vordergrund stehende Rolle). Gretel (tatkräftige Heldenrolle). Eine Hexe (führend, sprechend, böse, evtl. nett).
Konzept und Ausgangspunkt für das Spiel	Hänsel und Gretel gehen hungrig im Wald herum und finden nicht nach Hause. Sie sehen ein Lebkuchenhaus und fangen an, davon zu essen. Die Hexe kommt aus dem Haus heraus und fängt die Kinder, weil sie sie essen will. Sie sperrt Hänsel in einen Käfig ein und zwingt Gretel zur Arbeit. Am Schluss schubst Gretel die Hexe in den Ofen und befreit Hänsel.
Imaginierte Szenerie	Ein Lebkuchenhaus in einem Wald.

Spielanleitung für das Spiel „Hänsel und Gretel 2“	
Schlüsselrepliken	Markierter Bereich, der das Lebkuchenhaus ist. „Ofen“, z. B. eine große Kiste. Ein „Käfig“, z. B. aus Stühlen oder unter einem Tisch. Evtl. „Feuerholz“, z. B. Bauklötze.
Hilfsmittel	Ein „Haus“, z. B. eine Decke über einem Tisch oder ein Spielhaus. Verkleidung für die Hexe, z. B. ein Hut und ein Stock.
Pädagogische Schwerpunkte	Ziel ist, dass • die Kinder mit dem Handeln nach der Spielanleitung vertraut werden. • die Symbole im Spiel deutlich gemacht werden, sodass alle wissen, wo der „Ofen“, der „Käfig“ und das „Haus“ sind. • die Handlungen und fantasievollen Beiträge der Kinder mit der Spielanleitung verknüpft sind, z. B.: „Oh, es gibt auch Hotdogs am Lebkuchenhaus, wie toll.“, „Hänsel, hat die Hexe vergessen, den Käfig abzuschließen, als du dort hineingegangen bist? Jetzt kommt sie und schließt dich wieder ein.“ • eine Auszeit genommen wird, in der über die Handlung des Märchens gesprochen wird, z. B.: „Könnt ihr euch erinnern, was Gretel gemacht hat, als die Hexe in den Ofen geschaut hat?“

Spielanleitung für das Spiel „Hänsel und Gretel 2“	
Variationsmöglichkeiten	Erweiterung: • Die Rollen können durch eine Stiefmutter und einen Vater ergänzt werden, der die Kinder in den Wald bringt und sie dort wie in den Märchenbüchern unter „Ergänzende Aktivitäten“ zurücklässt. • Die Hexe kann Hänsel und Gretel damit bedrohen, sie in Kröten oder andere Tiere zu verzaubern, Zaubersprüche aufsagen, Suppe kochen und darüber sprechen, welche mystischen und magischen Zutaten in die Suppe müssen, z. B. Fledermausflügel und Mäuseohren. • Hänsel kann Bauchweh bekommen, rufen, dass er aus dem Käfig raus will, weinen oder die Hexe dadurch täuschen, dass er so tut als ob er schliefe oder taub wäre. • Die Hexe kann eine Katze haben, die am Ende mit zu den Kindern nach Hause geht.
Ermutigter Spielraum für die Vorstellungskraft und Mitbestimmung	Was sagen Hänsel und Gretel, als sie das Lebkuchenhaus sehen? Was essen sie vom Haus? Wozu will die Hexe Hänsel verleiten, es im Käfig zu essen? Isst Hänsel das? Was macht er noch im Käfig? Welche „Hexensachen“ tut/sagt/bereitet die Hexe zu? Was tun Hänsel und Gretel, als die Hexe im Ofen und Hänsel aus dem Käfig befreit ist?

Spielanleitung für das Spiel „Hänsel und Gretel 2“	
Ergänzende Aktivitäten	Echte Lebkuchen backen und essen. *Die kleine Hexe* singen. Das *Hexenspiel* spielen (siehe ganz hinten im Spieleverzeichnis). Einen Ofen aus einem großen Pappkarton basteln, ihn bemalen usw. Dialogisches Lesen: *Hänsel und Gretel* von Bernadette/Brüder Grimm. *Hänsel und Gretel* von Svenja Nick und Felicitas Kuhn.

Feuerwehrmann Sam

Zielgruppe: Ab ca. 2 Jahren
Anzahl der Teilnehmer: 3 bis 5
Aktivitätsart: Intensive Aktivität
Physischer Rahmen: Abgeschirmter Bereich, drinnen oder draußen

Ziel dieser Spielanleitung ist es, die Kinder mit den Charakteren aus Sams Bilderbuch vertraut zu machen und ihnen zu Erfahrungen damit zu verhelfen, wie sie sich in den Rollen als Sam, Derek, Elvis Cridlington und Bella Lasagne erkennbar machen können. Die Spielanleitung baut auf dem Thema „Gäste“ auf und kann auch mit anderen Rollen verknüpft werden, z. B. als Teil eines Familienspiels.

Spielanleitung für Feuerwehrmann Sam	
Rollen	Sam, Derek, Elvis Cridlington und Bella Lasagne, Gwendolyn Jones, Norris Steele.
Konzept und Ausgangspunkt für das Spiel	Eine kleine Katze hat sich auf einen Baum verirrt und findet nicht mehr den Weg herunter. Sam und seine Feuerwehrfreunde werden alamiert um zu helfen.
Imaginierte Szenerie	Baum, Feuerwehrwache.

Spielanleitung für Feuerwehrmann Sam	
Schlüsselrepliken	Sam: „Feuerwache Pontypandy, was kann ich für Sie tun?" Katzenbesitzerin: „Meine kleine Katze Mitzi sitzt auf dem Baum und kommt nicht mehr herunter!", „Hilfe!" Feuerwehrteam: „Tatü, tataa", „Mietz, mietz, Kätzchen komm runter.", „Keine Sorge wir retten Ihre Katze."
Hilfsmittel	Einen Stuhl, der den Baum darstellen soll, eine Plüschtierkatze, Helme für die Feuerwehrmänner
Pädagogische Schwerpunkte	Ziel ist, dass • die Kinder mit dem Handeln in Übereinstimmung mit der Spielanleitung und den Eigenschaften der Figuren vertraut werden. • alle Kinder dazu angeleitet werden, in ihrer Rolle Handlungen und Repliken auszuprobieren.
Variationsmöglichkeiten	• Ein Haus brennt und soll gelöscht werden, Rettung eines Kindes, dass beim Schlittschuhfahren im Eis eingebrochen ist.
Ermutigter Spielraum für die Vorstellungskraft und Mitbestimmung	Wer möchte zuerst Sam sein? Wie verhält sich die Katzenbesitzerin?
Ergänzende Aktivitäten	Das *Feuerwehrlied* singen. Dialogisches Lesen: *Feuerwehrmann Sam – Einsatzalarm* (Phoenix International Publications) *Mit Feuerwehrmann Paul im Einsatz: Ein Tag bei der Feuerwehr* von Barbara Jelenkovich

Dornröschen

Zielgruppe: Ab ca. 3 Jahren
Anzahl der Teilnehmer: Ab 4 aufwärts
Aktivitätsart: Intensive oder offene Aktivität
Physischer Rahmen: Ruhe, um singen und einander hören zu können, Bodenfläche zum Bewegen, draußen und drinnen

Singspiele sind eine gute Möglichkeit, um ein gemeinsames Bewusstsein für eine Erzählung zu erschaffen. Für manche Kinder erleichtert der musikalische Ausdruck das Erfassen der Handlung der Erzählung. In Kombination damit, dass die Kinder die Handlung des Spiels spielen, während sie singen, eignet sich das Singspiel gut zum Sammeln körperlicher Erfahrungen mit der Handlung und den Rollen einer Erzählung. Gleichzeitig können Spielaktivitäten mit Singen den Wortschatz erweitern und das Aussprechen von Repliken, die für das allgemeine Fantasiespiel auf Grundlage des Märchens von Dornröschen relevant sind, stärken. Unter den Variationsmöglichkeiten schlagen wir vor, dass alle Kinder gleichzeitig dieselbe Rolle übernehmen können. Diese Variante kann den Jungen den Zugang zur Rolle der Hauptfigur Dornröschen und zu den Ausdrucksformen, die die Rolle mit sich bringt, erleichtern. Ebenso wird es für die Mädchen leichter, Zugang zu der Rolle des aktiven Helden, der Dornröschen rettet, zu erhalten (siehe auch Avenstrup und Hudecek 2016).

Spielanleitung für das Spiel „Dornröschen“	
Rollen	Dornröschen, Böse Fee, Prinz. Mehrere Kinder können die gleiche Rolle teilen.
Konzept und Ausgangspunkt für das Spiel	Konzipiert auf Grundlage des Liedes von Dornröschen (*Dornröschen war ein schönes Kind*). Die Strophen beschreiben die Handlungen für bestimmte Rollen, bei denen das, worüber gesungen wird, hervorgehoben wird. Wenn über die Dornenhecke gesungen wird, bewegen sich alle wie eine Hecke, die wächst und sich in einer Kette vereinigt.
Imaginierte Szenerie	Dornröschenschloss.

Spielanleitung für das Spiel „Dornröschen“	
Schlüsselrepliken	Die meisten Strophen werden von allen gesungen. Die folgenden Strophen werden auf die Rollen verteilt, sodass die böse Fee/der Prinz/Dornröschen alleine singen und/oder auftreten: „Dornröschen, schlafe hundert Jahr“ (Die böse Fee hebt den Zauberstab). „Dornröschen, holdes Mägdelein“ (Der Prinz weckt Dornröschen). „Sie feierten ein großes Fest“ (Dornröschen nimmt die anderen an den Händen und tanzt herum).
Hilfsmittel	Verkleidung, z. B. eine Krone für Dornröschen und den Prinzen, Zauberstab für die Fee. Wenn viele Kinder dieselbe Rolle teilen, kann die Rolle ggf. dadurch markiert werden, dass alle Prinzen einen roten Schal über die Schultern bekommen, die Feen einen schwarzen und die Prinzessinnen einen blauen.
Pädagogische Schwerpunkte	Ziel ist, dass • die Kinder mit dem Inhalt des Liedes vertraut werden und versuchen, nach der Spielanleitung zu handeln. • die Kinder durch die Handlung des Liedes geführt werden, ggf. mit Anweisungen zwischen den Strophen, z. B.: – „Wie hoch ist das Schloss? Hoch die Arme!“ – „Jetzt schwingt die Fee/schwingen die Feen den Zauberstab über Dornröschen.“ – „Jetzt wächst die Dornenhecke hoch und dicht. Kommt, wir halten einander an den Händen und heben die Arme!“ – „Jetzt quetscht sich der Prinz durch die Dornenhecke.“ – „Jetzt geht der Prinz/gehen die Prinzen hin und wecken Dornröschen.“ usw.

Spielanleitung für das Spiel „Dornröschen“	
Variationsmöglichkeiten	Anstatt die Strophen auf Rollen zu verteilen, können alle Kinder alle Rollen teilen, in alle Strophen eintauchen und nach ihnen handeln – auf ihre eigene Art und Weise. Der Erwachsene wirkt als Inspirator für die Handlung.
Ermutigter Spielraum für die Vorstellungskraft und Mitbestimmung	Wie führt Dornröschen/die Fee/der Prinz die Handlungen aus, die im Lied und im Märchen beschrieben werden? Wie singen sie ihre Strophen?
Ergänzende Aktivitäten	*Könnt ihr erraten, wer wir sind?* (siehe ganz hinten im Spieleverzeichnis). Auf Instrumenten zum Dornröschen-Lied spielen. Der Erwachsene führt Dornröschen als Theaterstück vor. Dialogisches Lesen: *Wer macht Dornröschen wach?* von Nastja Holtfreter. *Dornröschen* von den Brüdern Grimm und Maja Dusiková.

Weitere Ideen für gemeinsame Spielanleitungen

- Post und Postbote
- Recyclinghof
- Räuber und Gendarm
- Konzert
- Bibliothek
- Tierarzt
- Piraten und Feen (z. B. *Peter Pan* und *Tinkerbell*)
- Goldlöckchen und die drei Bären
- Die Abenteuer von Petzi

Regel- und Dramaspiele

Regel- und Dramaspiele eignen sich gut als ergänzende Aktivitäten im Zusammenhang mit Spielabläufen auf Grundlage von gemeinsamen Spielanleitungen. Die fünf Spiele, die wir ausgewählt haben, beinhalten Elemente von Fantasiespielen und der sozialen Interaktion. Die Spiele eröffnen die Möglichkeit, innerhalb eines sehr klaren Rahmens Erfahrungen mit Spielkompetenzen wie Selbstbeherrschung, gemeinsame Aufmerksamkeit, Abwechseln, mimischer Ausdruck und das Interpretieren von Körpersprache zu sammeln. Für jedes Spiel wird angegeben, welche Spielerfahrungen das Spiel besonders unterstützt.

Backe, backe Kuchen

Zielgruppe: Ab ca. 6 Monaten bis 3 Jahren
Anzahl der Teilnehmer: 2 bis 15
Physischer Rahmen: In der Version für die etwas größeren Kinder sollte ein Sitzkreis gebildet werden können.

Unterstützt Erfahrungen mit Folgendem:

- Gemeinsame Aufmerksamkeit
- Vorstellungskraft
- Befolgen der Spielanleitung
- Aufmerksamkeit füreinander während des Spielens

Beschreibung:
Beim Spielen mit den jüngsten Kindern sagt der Erwachsenen den Reim auf. Beim Spielen mit älteren Kindern können alle den Reim aufsagen, rühren in einer Schüssel und tun so, als ob sie verschiedene Zutaten in die Schüssel kippen.

„Backe, backe Kuchen,
der Bäcker hat gerufen:
Wer will guten Kuchen backen,
der muss haben sieben Sachen:
Eier und Schmalz,
Zucker und Salz,
Milch und Mehl,
Safran macht den Kuchen gel.
Schiebt in den Ofen rein.“ [49]

49 mündlich überlieferter Kinderreim

Das Gefolge des Königs und der Königin

Zielgruppe: Ab ca. 2½ Jahren
Anzahl der Teilnehmer: 4 bis 20
Physischer Rahmen: Platz, damit sich alle bewegen können

Unterstützt Erfahrungen mit Folgendem:

- gemeinsame Aufmerksamkeit
- Interpretation und Imitation von Körpersprache, Mimik und Geräuschen
- im Mittelpunkt zu stehen
- eine führende Position im Spiel einzunehmen
- sich in verschiedenen Rollen erkennbar zu machen
- Ausdruck und Rollen auf verschiedene Arten zu kombinieren

Beschreibung:
Lassen Sie alle Kinder ihre Verkleidungen selbst auswählen. Wenn alle verkleidet sind, beginnt die Erwachsene das Spiel mit den Worten: „Jetzt bin ich die Königin, die vormacht, was ihr alle tun müsst. Folgt mir, und macht es mir nach!" Die Erwachsene geht voran und zeigt, welche Bewegungen, Geräusche und Ausdrücke alle anderen imitieren sollen, während sie der Königin (oder dem König) folgen. Wechseln Sie zwischen intensiven, schleichenden, zaghaften, tanzenden, schleppenden, verrückten und wilden Bewegungen und zwischen Flüstern, Schreien, Lachen, Weinen und wütenden Geräuschen. Drücken Sie Stärke, Schwäche, Freude, Angst, Energie, Müdigkeit usw. aus. Imitieren Sie ggf. auch verschiedene Tierlaute und -bewegungen.

Lassen Sie danach die Kinder abwechselnd wahlweise König oder Königin sein, ggf. zusammen mit der Erwachsenen. Unterstützen Sie die Rolle, indem Sie dem Kind dabei helfen, seine Bewegungen und Ausdrücke für die anderen Kinder deutlich darzustellen. Für die jüngsten Kinder ist es wichtig, dass die Bewegungen und Ausdrücke, die imitiert werden sollen, sehr einfach und deutlich sind und dass sie von verbalen Erklärungen begleitet werden. Sie können z. B. darin bestehen, dass mit den Armen geboxt wird oder dass mit rauer Stimme gesagt wird: „Jetzt sind wir sehr wütend!". Auch ein Krabbeln auf dem Boden und eine dünne Stimme, die sagt: „Jetzt sind wir klitzekleine Mäuse." ist denkbar. Sie können das Spiel möglicherweise damit abschließen, dass sie zum Ausdruck bringen, was die Kinder in ihren Verkleidungen doch für starke und gleichzeitig tolle Mäuse und Prinzessinnen oder ängstliche Löwen und alberne, weinende *Spidermen* usw. gewesen sind. (siehe auch Avenstrup und Hudecek 2016)

Tanzkreis

Zielgruppe: Ab ca. 2½ Jahren
Anzahl der Teilnehmer: 8 bis 20
Physischer Rahmen: Platz, um einen Kreis zu machen

Unterstützt Erfahrungen mit Folgendem:

- Interpretation und Imitation der Bewegungen anderer
- sich in den Mittelpunkt zu stellen
- eine führende Position bei einer Aktivität einzunehmen
- spontan und kreativ zu sein

Beschreibung:
Alle stehen im Kreis, im Hintergrund läuft Tanzmusik. Abwechselnd tritt ein Kind oder ein Erwachsener in die Mitte des Kreises und führt Bewegungen seiner Wahl zur Musik aus. Alle anderen imitieren die Bewegungen für etwa eine halbe Minute. Derjenige, der in der Mitte gestanden hat, geht zu einem anderen Kind, dass sich nun in die Mitte des Kreises stellt. Wenn ein Kind nicht alleine in der Mitte stehen möchte, kann der Erwachsene oder ein anderes Kind mitgehen. Der Erwachsene sorgt dafür, dass jeder die Möglichkeit bekommt, in der Mitte zu stehen, und hilft den Kindern ggf., Bewegungen zu erfinden. Es kann zwischen Musik mit schnellen und mit langsamen Bewegungen gewechselt werden.[50]

Hexenspiel

Zielgruppe: Ab ca. 4 Jahren
Anzahl der Teilnehmer: 10 bis 25
Physischer Rahmen: Ausreichend Platz, um herumzulaufen

Unterstützt Erfahrungen mit Folgendem:

- Zusammenarbeit
- sich auf die Bedeutung der jeweils anderen für das Spiel zu konzentrieren
- einander zuzuhören
- Selbstbeherrschung
- Eintauchen in eine Rolle

Beschreibung:
Eine Hexe läuft herum und fängt Schildkröten, indem sie sie mit ihrem Zauberstab berührt. Wenn eine Schildkröte vom Zauberstab berührt wird, fällt sie auf

50 Das Spiel *Tanzkreis* wurde frei nach Andersen og Brøndsted 2009 beschrieben.

den Rücken und kann erst dann wieder aufstehen, wenn zwei andere Schildkröten ihr helfen, indem sie sie gleichzeitig berühren.

Später im Spiel kann das Befreien der Schildkröten schwieriger gemacht werden. Jetzt kann die Hexe sagen, dass vier Schildkröten notwendig sind, um eine Schildkröte zu befreien. Die vier müssen die gefangene Schildkröte zu einer Matratze tragen, um sie zu befreien. Schätzen Sie ein, ob ein Erwachsener dabei möglicherweise helfen muss.

Die Schildkröten machen sich gegenseitig darauf aufmerksam, wer befreit werden muss, z. B.: „Komm, lass uns Anton befreien!", oder: „Komm und hilf mir!" Die Hexe ruft z. B.: „Ich fange euch!", „Freche Schildkröten, verschwindet!" und „Jetzt habe ich euch bald alle gefangen!", und lacht böse, wenn der Zauberstab eine Schildkröte berührt. Am Anfang ist der Erwachsene die Hexe. Später können die Kinder die Rolle abwechselnd übernehmen, ggf. zusammen mit dem Erwachsenen. Wenn es für die Hexe zu schwierig ist, die Schildkröten zu fangen, kann es zwei Hexen geben.

In der nächsten Runde könne die Kinder evtl. wählen, ob sie die Schildkröte durch ein anderes Tier ersetzen wollen.[51]

Alle meine Küken

Zielgruppe: Ab ca. 3 Jahren
Anzahl der Teilnehmer: Ab 10 aufwärts
Physischer Rahmen: Ein großes Areal, z. B. eine Halle oder ein Sportplatz

Unterstützt Erfahrungen mit Folgendem:

- Aufmerksamkeit füreinander
- Eintauchen in verschiedene Rollen
- Verwendung von Repliken
- Selbstbeherrschung

Beschreibung:

Im Spiel kommen eine (oder zwei) Glucke, ein Fuchs und eine Menge Küken vor. Die Glucke steht an einem Ende der Halle/des Platzes, die Küken stehen am gegenüberliegenden Ende. Zwischen der Glucke und den Küken steht der Fuchs und versucht, die Küken zu fangen, wenn sie nach Hause zu ihrer Mutter laufen. Der Erwachsene hilft den Kindern am Anfang, indem er folgende Repliken spricht:

51 Das Hexenspiel stammt aus dem Konzept *Børn og voksne bevæges* („Kinder und Erwachsene werden bewegt") der Bewegungsberaterin Fie Illum. Die hier vorgestellte Beschreibung ist die Interpretation des Spiels durch die Pädagogin Maria Grüner Vangmand.

Glucke: „Alle meine Küken, kommt nach Hause!"
Die Küken: „Wir trauen uns nicht!"
Glucke: „Warum nicht?"
Die Küken: „Der Fuchs wird uns fressen."
Glucke: „Kommt trotzdem! Lauft!"

Alle Küken laufen jetzt auf die Glucke zu, während der Fuchs versucht sie zu fangen, indem er sie berührt. Die Küken, die gefangen worden sind, gehen zur Seite. Wenn die anderen Küken alle die Glucke erreicht haben, beginnt das Spiel von vorne. Die Küken, die in der ersten Runde gefangen wurden, helfen dem Fuchs in der nächsten Runde dabei, die anderen Küken zu fangen. Möglicherweise können jetzt andere Kinder die Rolle als Glucke und als Fuchs übernehmen. So geht das Spiel weiter, bis der Fuchs alle Küken gefangen hat.

Könnt ihr erraten, wer wir sind?

Zielgruppe: Ab ca. 3 Jahren
Anzahl der Teilnehmer: 6 bis 12
Physischer Rahmen: Ein abgeschirmter Bereich mit der Möglichkeit zur Aufteilung, vorzugsweise in zwei Räumen

Unterstützt Erfahrungen mit Folgendem:
- Erkennen verschiedener Rollen und Charaktere
- Verwendung und Deutung von Mimik und Körpersprache
- Selbstbeherrschung
- Dialog über die Eigenschaften der Rollen

Beschreibung:
Die Kinder werden in zwei Gruppen aufgeteilt, die abwechselnd eine bestimmte Figur oder ein bestimmtes Tier imitieren. Die andere Kindergruppe sind Zuschauer, die raten sollen, wen die auftretenden Kinder darstellen. Wenn die Zuschauer erraten, was die anderen darstellen (oder wenn eines der auftretenden Kinder es verrät), werden die Zuschauer dazu aufgefordert, ebenfalls das gleiche Tier oder die gleiche Figur nachzuahmen. Danach tauschen die Gruppen die Rollen. Es ist von Vorteil, wenn zwei Erwachsene anwesend sind: jeweils einer pro Kindergruppe.

Wenn entschieden werden soll, was die Auftretenden imitieren wollen, entfernen sie sich ein wenig von den Zuschauern, z. B. in einen angrenzenden Raum. Hier hilft ein Erwachsener den Kindern bei der Entscheidung, wen sie imitieren wollen. Möglicherweise können die Kinder abwechselnd wählen, z. B. „Hunde",

„feine Damen", „Hexen", „Drachen" usw. Die auftretenden Kinder können Verkleidungen, Requisiten, Bewegungen und Geräusche verwenden.

Wenn die Kinder mehr Erfahrung mit dem Spiel haben, können sie ohne einen Erwachsenen abwechselnd in den angrenzenden Raum gehen und eine Figur und passende Verkleidung, in der sie auftreten werden, auswählen. Die Kinder können einzeln, zu zweit oder in kleineren Gruppen von drei bis vier Kindern auftreten.

Literatur

Andersen, K. & Brøndsted, B. (2009): *Leg så hjernerne banker*. Dafolo. Andersen, K. & Brøndsted, B. (2011): *Leg så benene vokser.* Dafolo.

Andersen, P. Ø. & Kampmann, J. (2002): *Børns legekultur.* Socialpædagogisk Bibliotek.

Avenstrup, K. & Hudecek, S. (2014): *Vejledning til dialogisk læsning i børnehaven.* Gyldendal.

Avenstrup, K. & Hudecek, S. (2016): *Køn i pædagogisk praksis. Inspiration og handlemuligheder.* Dafolo.

Bayer, S. (2014): „At sætte læring på begreb". In Aabro, C. (Hrsg.): *Læring i daginstitutioner – et erobringsforsøg.* Dafolo.

Beckett, T. (2011): „Man forskelsbehandler da piger og drenge". In *Bakspejlet – forskning og ny viden om dagtilbud.* Danmarks Evalueringsinstitut.

Bromseth, J. & Darj, F. (Hrsg.) (2010): *Normkritisk pædagogik. Makt, lärande och strategier för förändring.* Uppsala tryck.

Broström, S. (2002): „Børns lærerige leg". In *Psyke og Logos* 23 (2).

Broström, S., Jensen de López, K. & Løntoft, J. (2012): *Dialogisk læsning i teori og praksis.* Dafolo.

Cohen, D. (2006): *The Development of Play.* Routledge.

Danmarks Evalueringsinstitut (2008): *Tegn på læring – sådan gør I.* EVA. Gefunden unter: https://www.eva.dk/projekter/2007/tegn-paa-laering/projekt-produkter/tegn-paa-laering/download 16.11.2015.

Davies, B. (2003): *Frogs and Snails and Feminist Tales. Preschool Children and Gender.* Hampton Press INC.

Davies, B. & Harré, R. (2000): „Positioning: The discursive production of selves." In Davies, B. (Hrsg.): *A body of writing 1990–1999.* AltaMira Press.

Dysthe, O. (Hrsg.) (2003): *Dialog, samspil og læring.* Klim.

Ellegaard, T. (2014): „Hvor blev børnene af? En diskussion af børnefællesskabets usynliggørelse i forhold til læring." In Aabro, C. (Hrsg.): *Læring i daginstitutioner – et erobringsforsøg.* Dafolo.

Faber, S. T. & Valente, A. L. (2014): „Køn i pædagogisk praksis." In Kornerup, I. & Næsby, T. (Hrsg.): *Pædagogens grundfaglighed.* Dafolo.

Fahnøe, S. (2014): „Så lidt leger pædagoger med børnene". In *Søndagsavisen* 4.–6. April.

Fisker, T. B. (2012): „Et udviklingspsykologisk skisma og et pædagogisk dilem-ma". In Svinth, L. & Ringsmose, C. (Hrsg.): *Læring og udvikling i daginstitutioner.* Dansk Psykologisk Forlag.

Hare, J. (2014): „Læring i børnehøjde – om at erobre verden". In Aabro, C. (Hrsg.): *Læring i daginstitutioner – et erobringsforsøg.* Dafolo.

Hviid, P. (2004): *Barnets alsidige personlige udvikling.* Gefunden unter: http://sm.dk/filer/arbejdsomrader/dagtilbud/barnets-alsidige-personlige-udvik-ling-af-pernille-hviid.pdf 21.08.2015.

Kampmann, J. (2003): ‚Køn er bare noget vi leger! Om ‚de stakkels drenge' og nye forståelser af køn i børneforskningen". In Baagøe Nielsen, S. & Hjort, K. (Hrsg.): *Mænd og omsorg.* Hans Reitzels Forlag.

Lohmander, M. & Samuelsson I. P. (2014): „Konstruktioner af leg og læring" In Aabro, C. (Hrsg.): *Læring i daginstitutioner – et erobringsforsøg.* Dafolo.

Mehlsen, C. (2013): „Mellem frihed og faste rammer". In *Asterisk* Nr. 9. Ministerium für Kinder, Gleichstellung, Integration und Soziale Bedingungen (2014): *Bekanntgabe des Gesetzes zu Tages-, Freizeit- und Vereinsangeboten usw. für Kinder und Jugendliche (Tagesbetreuungsgesetz).*

Neely, P.M. u.a. (2001): „Scripted Play as a Language Intervention Strategy for Preschoolers with Developmental Disabilities" In *Early Childhood Education Journal,* 28(4).

Nelson, K. & Seidman, S. (1984): „Playing with Scripts". In Bretherton, I. (Hrsg.): *Symbolic Play.* Academic Press.

Nilsson, K. (2009): „Her er kernefamiliens 37 afløsere". In *Politiken* 29. Dez.

Olesen, J. u.a. (2008): *Mere end to slags børn – en rapport om køn og ligestilling i børnehaven.* Ministerium für Gleichstellung und Universität Aarhus.

Olsen, K.A. (2014): „Dygtige pædagoger kan improvisere og designe". In *Bakspejlet.* Danmarks Evalueringsinstitut.

Salling, L. (2011): *Fagter og grimasser.* Dafolo.

Sozialministerium (2005): *Pædagogiske læreplaner i dagtilbud.* Unterrichtsmaterialien.

Sommer, D. (2015): „Tidligt i skole eller legende læring? Evidensen om langtidsholdbar læring og udvikling i daginstitutionen". In Klitmøller, J. & Sommer, D. (Hrsg.): *Læring, dannelse og udvikling. Kvalificering til fremtiden i daginstitution og skole.* Hans Reitzels Forlag.

Svinth, L. (2012): „Børnehavebørns medbestemmelse i pædagogisk tilrettelagte aktiviteter – analyseret i et sociokulturelt læringsperspektiv". In Svinth, L. & Ringsmose, C. (Hrsg.) *Læring og udvikling i daginstitutioner.* Dansk Psykologisk Forlag.

Søndergaard, D. M. (2006): *Tegnet på kroppen.* Museum Tusculanum. UNICEF (2015): *Kinderrechtskonvention. Übereinkommen der UN über die Rechte des Kindes.*

UNICEF. Gefunden unter: http://skole.unicef.dk/sites/default/files/mediafiles/Boernekonventionen.pdf 10.09.2015.

Valsiner, J. (1997): *Culture and the development of children's actions.* Wiley.

Vogt, M. C. & Ryel, S. (2014): *Foranderlige fortællinger – Mangfoldige øjeblikke med inklusion* (nicht veröffentlicht).
Vygotskij, L. S. (1978): *Mind in society: the development of higher psychological processes.* Harvard University Press.
Wahlström, K. (2005): *Piger, drenge og pædagoger. Ligestillingspædagogik i praksis.* Forlaget Børn & Unge.
Winther-Lindqvist, D. A. (2004): „Fantasi-gruppeleg" In *Psykologisk set* 21(54).
Winther-Lindqvist, D. A. (2006): *Skal vi lege?* Frydenlund.
Winther-Lindqvist, D. A. (2007): „Boldspil – en leg med faste roller" In *0–14 Pædagogisk Tidsskrift* 17(4), November.
Winther-Lindqvist, D. A. (2010a): „Social identitet som baggrund for intervention i børnehaven". In *Pædagogisk Psykologisk Tidsskrift* 47(2).
Winther-Lindqvist, D. A. (2010b): „Leg er ikke altid positivt ladet". In *0–14 Pædagogisk Tidsskrift* 20(4), November.
Winther-Lindqvist, D. A. (2013): „Beobachtung des Spielens der Kinder im Kindergarten". In Mark, K. (Hrsg.): *Pædagogens arbejde med spor og billeder.* Akademisk Forlag. Winther-Lindqvist, D. A. (2015): Positionspapier „Legen frem" auf der *Småbørnskonferencen ved Institut for Uddannelse og Pædagogik* am DPU am 9. Juni 2015.
Winther-Lindqvist, D. A. (in der Presse): „The role of play in Danish Child Care". In Ringsmose, C. & Kragh-Müller, G. (Hrsg.): *The Nordic Social Pedagogical Approach to Early Years Learning.* Springer Press (Early childhood series).
Åm, E. (1984): *Lek i barnehagen – de voksnes rolle.* Universitetsforlaget AS.

Über die Autorinnen

Kristina Avenstrup ist Bereichsleiterin der Kinderhäuser Kokkedal in Dänemark. Sie ist ausgebildete Pädagogin und hat ein Diplom im Bereich Management abgeschlossen. Ihr akademischer Fokus liegt besonders auf den Zusammenhängen zwischen der pädagogischen Berufsidentität, den Visionen für den Bereich der Tagesbetreuung und der Qualität der pädagogischen Praxis.

Sine Hudecek ist pädagogische Beraterin in den Kinderhäusern Kokkedal in Dänemark. Sie ist ausgebildete Pädagogin, hat einen Master of Arts in Pädagogik und Kulturstudien abgeschlossen und eine Zusatzausbildung im Bereich Minoritätsstudien absolviert. Ihr akademischer Fokus liegt besonders auf der pädagogischen Methodenentwicklung, Sprache und Kommunikation.

Notizen